세계시민과 미래교육 총서 01

정보사회의 철학

구글·빅데이터·인공지능

저 다이고쿠 다케히코

역 최승현

박영story

　텔레비전과 신문, 라디오는 여전히 중요한 대중매체이지만 그 위상은 예전 같지 않습니다. 유튜버들이 유행시킨 콘텐츠를 공영방송이 따라 하고, 트위터에 올린 의견을 언론이 보도합니다. 이른바 네트워크미디어의 시대에 전 세계인이 마치 하나로 연결된 느낌입니다. 인터넷 기술은 로봇과 사물인터넷, 드론과 자율주행차 같은 형태로 우리의 일상을 바꿔 놓고 있습니다. 정보사회가 도래한 것입니다.

　그러나 '코로나19'는 정보사회의 어두운 면을 보여 줍니다. 사회적 거리두기로 비대면 업무와 소통이 활성화되면서 사람과 사람이 만나 처리하던 일이 온라인 소통으로 빠르게 대체되고 있습니다. 우리는 이 속에서 사회적 불평등을 실감하고, 기존 지식의 가치를 의심하며, 교육 방식도 바뀌어야 한다는 생각에 이르게 됩니다.

　앞으로 우리는 정보사회에서 지식의 의미와 교육의 방향을 묻고자 합니다. 인터넷으로 연결된 세계는 순기능 못지않게 많은 부작용을 초래하고 있습니다. 사적인 연인의 행위가 제3자에게 중개되는가 하면, 범죄 행위가 유튜브에 올라오고, 댓글 창은 비난과 조소로 얼룩집니다. 과연 정보라는 무한한 연산 앞에서 개인과 공동체의 의미는 무엇인지, 정보사회에서 데이터는 누구를 위한 것인지 근본적 물음 앞에 서게 됩니다. 본래 19세기에 출현한 로봇은 인간의 고된 노동을 대체하기 위한 상상력의 산물이고, 고대에서 구글에 이르는 범용지식 기획은 모든 것을 수집하여 세상을 이롭게 한다는 인간의 꿈을 반영한 것입니다. 그러나 오늘날 인간은 데이터의 요소로 취급받고 있습니다. 18세기의 프랑스 혁명이 내건 인간해방의 꿈은 고립된 개인이 되지 않기 위한 몸부림으로 퇴행하고 말았습니다.

우리는 이런 문제의식에서 세계시민과 미래교육의 조건을 탐구하였습니다. 세계시민, 빅데이터, 가상현실, 증강현실, 인공지능, 포스트휴먼, 글쓰기, 예술과 같은 주제들을 지식과 교육의 변화라는 키워드 아래 모으고자 합니다. 여기에는 학교와 시민사회, 가르침과 배움, 앎과 무지에 대한 통찰이 담겨 있습니다. 앞으로 이 같은 융합, 도전, 창발이 활성화되길 기대하면서 독자 여러분들을 초대합니다.

2021년 4월

충북대학교 미래교육센터장 김종연
충북대학교 시민교육역량강화사업단장 이종연

선험적 사유 수준의
미디어 분석

이정우(소운서원 원장, 경희사이버대학교 교수)

'매체＝미디어'에 있어 20세기 말에 시작된 다양한 변화는 오늘날까지도 계속되고 있고 우리의 인지 구조에서의 변화에, 나아가 욕망과 감정의 구조에까지 큰 영향을 미치고 있다. 구글에 의한 범용지식의 확대, 빅데이터의 등장에 의한 정보공학적 혁신, SNS의 활성을 통한 사회 변화 그리고 최근에는 인공지능의 등장을 통한 포스트－휴먼의 가시화 등.

이 저작은 '정보사회의 철학'이라는 제목이 가리키듯이, 이렇게 하루가 멀다 하고 급변해 가는 정보사회의 변화를 철학적으로 분석하고 있다. 여기에서 '철학적'이라는 형용어는 곧 '선험적transcendental'으로 사유함을 가리킨다. 즉, 경험적인 인식이 아니라 경험을 가능하게 하는 '가능조건condition of possibility'에 대한 인식을 뜻한다.

이런 종류의 책들은 인터넷만 뒤져도 충분히 알 수 있는 잡다한 정보를 늘어놓으면서 자신이 '첨단' 정보를 소유하고 있음을 과시하거나, 후기 자본주의에 의해 추동되는 현재 진행형의 세상의 흐름에 영합하면서 세속적이기 이를 데 없는 가치들을 늘어놓거나, 점쟁이들을 흉내내면서 미래를 예언하는 허풍선이 같은 담론을 전개하는 경우가 적지 않다. 그러나 이 저작은 이런 경우들과는 수준을 달리 하면서, 오늘날 우리가 사물을 바라보는 방식에 큰 영향을 끼치는 매체적 환경을 선험적 수준에서 분석해 주고 있다.

인식의 선험적 조건을 탐구하는 작업은 철학사 내내 진행되어 왔다. 개별적이고 구체적인 것의 근저를 인식하기 위한 조건으로서 보편적이고 추상적인 차원의 존재를 제시한 플라톤으로부터, 경험적인 것을 종합·구성해 인식으로 고양시킬 수 있는 능력으로서의 의식의 구조를 분석한 칸트, 우리의 인식을 보이지 않게 조직하는 무의식적 조건으로서의 언어를 심층적으로 분석한 분석철학과 구조주의 등. 이 저작은 '선험적인 것'의 또 다른 차원으로서 '매체'의 차원에 주목한다. 우리의 인식은 특정 매체를 선험적 조건으로 이루어지며, 따라서 인식의 내용이 아니라 그것을 조건 짓는 차원으로서의 매체를 주목하는 것은 선험철학의 지평을 확대하는 의미 있는 작업이다. 이런 작업은 이전에도 여러 형태로 진행되어 왔으나, 이 저작은 20세기 말부터 최근에 이르기까지 진행되어 오고 있는 현재진행형의 매체적 변환을 대상으로 이런 작업을 포괄적으로 또 구체적으로 전개하고 있다는 점에 흥미롭다.

이 책은 우리가 살고 있는 삶을 선험적 수준에서 들여다 볼 수 있는 좋은 기회를 제공한다. 그런 점에서 충분히 일독할 가치가 있다.

정보사회에 관한 철학적 비판은
어떻게 가능한가?

진태원(고려대학교 민족문화연구원 선임연구원)

  빅데이터, 인공지능, 제4차 산업혁명, 메타버스, … 우리는 최근 이런 용어들을 언론에서 흔히 접하게 된다. 하루가 멀다 하고 새롭게 쏟아져 나오는 이 용어들은 한편으로 우리 사회가 점점 더 촘촘한 정보 네트워크의 그물망으로 짜인 정보사회로 전환하고 있음을 실감하게 해준다. 하지만 다른 한편으로는 이러한 현란한 신조어들의 범람을 경험하다 보면 과연 우리 사회가 나아가는 방향이 어디인지, 정보사회가 기존의 사회 구조, 사회적 관계와 어떻게 다른 사회이며, 그것을 어떻게 전환하고 있는지 제대로 가늠하기가 어렵다.

  시중에서 숱하게 접할 수 있는 IT 관련 도서들도 이런 문제에서는 별로 도움이 되지 못한다. 그 책들은 특정한 기술, 예컨대 빅데이터나 인공지능 또는 메타버스 등과 관련한 기술적 동향을 이해하는 데나, 이러한 기술이 어떤 실용성을 지니고 있는지 이해하는 데는 도움이 되지만, 그것이 지닌 사회적·인간학적·생태학적 함의를 비판적으로 살펴보는 데는 크게 도움이 되지 못한다. 이런 관점에서 보면 다이고쿠 다케히코 교수의 이 책은 여러 측면에서 주목할 만한 저작이라고 할 수 있다.

우선 이 책은 정보통신기술의 최근 동향에 관한 풍부한 지식을 담고 있다는 점에서 정보사회의 현황을 개관하는 데 매우 유익한 책이다. 특히 저자는 빅데이터나 인공지능, SNS, 로봇 등과 같은 2010년 이후 정보통신기술의 비약적 진화를 소개하면서 그 특성과 함의를 일목요연하게 소개하고 있다.

하지만 이 책의 더 중요한 의의는 이러한 기술적 진화를 평면적으로 소개하는 데서 그치지 않고, 이를 철학적 관점에서 비판적으로 검토하고 있다는 점이다.

사실 근대 사회에서 기술이 비약적으로 발전하면서 철학자들도 기술 문제에 많은 관심을 갖고 논의해 왔다. 칼 마르크스가 자본주의 생산양식의 전개과정에서 기술의 발전이 차지하는 역할을 비판적으로 논의한 바 있으며, 저자도 본문 중에서 언급하는 마르틴 하이데거나 프랑크푸르트 학파의 비판이론은 오늘날에도 여전히 영향력 있는 기술철학을 제시한 바 있다. 하지만 20세기 전반기에 나온 하이데거나 프랑크푸르트 학파의 논의는 21세기 정보사회의 특성과 함의를 살펴보는 데는 뚜렷한 한계를 지니고 있다.

21세기 후반 이후에는 독일의 니클라스 루만의 체계이론이나 프랑스의 질베르 시몽동의 기술철학 그리고 자크 데리다의 탈구축 사상에 기반을 둔 베르나르 스티글레르의 탈구축적 기술철학 등이 정보사회를 철학적으로 이해하고 비판하기 위한 유력한 이론들로 각광받고 있다. 하지만 이들의 사상은 매우 복잡하고 난해해서 보통의 독자들이 쉽게 접하기에는 적지 않은 어려움이 있다.

『정보사회의 철학』을 읽으면서 내가 놀란 점은 저자가 정보통신기술의 최근의 발전에 관한 풍부한 지식을 지니고 있으면서도 다른 한편으로는 하이데거와 루만, 데리다 등과 같은 현대의 대표적인 기술철학에 관해서도 깊은 이해와 통찰력을 지니고 있다는 점이다. 더욱이 저자는 복잡하고 난해한 여러 기술철학들의 핵심을 놓치지 않으면서도 그것을 교양독자들이 충분하게 이해할 수 있게끔 간명하게 제시하는 뛰어난 능력을 지니고 있다. 그리고 저자는 이를 기반으로 정보사회의 진화의 방향과 의미를 탁월하게 철학적으로 비판하고 있다. 바로 이런 점에서 이 책은 국내에 소개된 정보사회에 관한 숱한 개론서들과 수준을 달리하는, 정보사회에 관한 최고의 철학적 입문서라고 평가할 만한 저작이다.

아마도 이 책의 백미는 이 책의 마지막 장이 아닐까 생각한다. 여기에서 저자는 정보사회에서 어떤 윤리가 가능한가에 대해 매우 유익하고 통찰력 있는 논의를 제시해 주기 때문이다. 사실 기술에 관한 많은 철학적 논의는 여전히 인간중심주의의 관점에서 기술을 단순한 수단이나 도구로 파악하고 있는 실정이다. 하지만 현재의 기술적 진화의 양상의 중요한 의미 중 하나는 근대철학의 기초에 놓여 있는 이러한 인간중심주의가 더는 불가능하다는 것을 명확히 드러내고 있다는 점이다.

그렇다면 정보사회에서의 윤리의 문제는 더욱더 시급한 과제가 된다. 여기에서 우리는 중요한 선택의 기로에 놓이게 된다. 한편으로 여전히 인간중심주의를 고수하면서 기술의 발전을 자연을 파괴하고 동물을 무분별하게 학대하면서 또한 부의 독점을 위한 새로운 도구로 삼는 길이 있다. 이것은 오늘날의 생태적 재앙과 사회적 불평등의 심화가 낳은 문명의 위기 상황 속에서 우리가 택하기는 어려운 길일 터이다. 반대로 이제 인간을 더 이상 자연과 기술의 주인으로 상상하는 미망에서 벗어나, 탈인간주의의 관점에서 좀 더 정의롭고 호혜적인 기술적 진화의 경로를 따르는 길도 존재할 것이다. 저자는 결연하게 이 후자의 관점을 택하고 있는데, 내 생각에는 이 책의 진정한 가치는 바로 여기서 찾을 수 있다.

철학은 오래 전부터 비판을 자신의 존재 이유로 삼아 왔다. 하지만 철학이 추구하는 비판은 비판의 대상을 공격하거나 비난하는 것이 아니다. 정확한 의미에서 철학적 비판은 탐구 대상의 근거와 조건을 묻는 것이고, 그러한 탐구를 통해 철학하는 주체의 삶의 올바른 길을 모색하는 것이다. 이 책은 기술에 관한, 정보 사회에 관한 철학적 비판의 길로 독자들을 인도하는 탁월한 입문서로서 손색이 없다. 독자들의 일독을 권한다.

    2014년 4월 애플이 시계형 단말기인 애플 워치Apple Watch를 발명하고, 구글은 안경형 단말기인 구글글래스Google Glass의 시험단계를 마치고 상품화해 나가고 있다.[1] 또, 8월에는 소프트뱅크가 가정용 로봇 단말기인 페퍼Pepper의 일반 판매를 시작하여 점차 인간과 로봇이 공생하는 사회의 막이 열리고 있다. 2015년은 웨어러블 원년이라고 이야기되며, 로봇이나 인공지능이 인간의 능력을 넘어설 특이성(특이점)의 문제도 그럴듯한 것으로 여겨지기 시작했다. 2016년은 일본에서 '마이넘버'[1] 제도가 파란을 일으키며 본격적으로 시작된 해이기도 하다. 정보사회론의 창시자인 마스다 요네지[2]가 1960년대 말 최초로 청사진을 제시한 전자정부가 인터넷을 매개로 국민을 네트워크로 포섭하여 완성 단

---

  1) 역자주 – 일본판 주민등록번호 제도이다. 사회보장·세금 공통번호라고도 한다. 2012년 2월 국회에 제출되었으며 2013년 5월 9일 일본 중의원 의회가 가결했다. 참의원 심의를 거쳐 최종 확정되면 2016년부터 본격 실시된다. 마이넘버 제도가 시행되면 일본인들은 할당받은 번호로 연금·납세 정보 등을 한꺼번에 관리할 수 있으며, 행정기관은 국민 소득 수준, 고용 보험, 의료 보험 등을 파악하기 쉬워질 것으로 예측되고 있다. 일본의 다이와증권은 마이넘버 제도가 민간으로 확대되면 일본 IT 시장에 3조 엔(약 33조 원) 규모의 IT 특수가 발생할 것으로 예측하고 있다.

계에 돌입했다. "우리 모두에게 소셜넘버가 부여되어 텔레비전 전화 국민 투표로 총리대신을 선출한다. 이런 시대가 다가올 것이다."3라던 마스다의 예언이 얼마 걸리지 않은 것이다. 정보사회는 이제 새로운 단계를 맞이하고 있다. 그렇다면 정보사회란 무엇일까? 다음과 같은 특징을 꼽을 수 있을 것이다.

- 정보와 현물이 모두 중요한 가치로 인정되고 상품으로 유통되는 사회
- 물리적 폭력이 아닌 정보 조작으로 사람들을 관리하는 새로운 형태의 관리사회
- 매일 홍수처럼 몰려드는 정보에서 바른 정보를 선별하는 비판적 미디어 리터러시가 필수항목이 된 사회 등

이런 대답들은 확실히 정보사회의 어떤 상이나 현상을 지적한 것이다. 그러나 결코 정보사회의 총체적 본질을 파악한 것은 아니다. 이들은 어디까지나 정보사회의 입구와 효과에 지나지 않는다. 복수의 입구는 지층이라는 구조물(바꿔 말해, 맨틀이라는 운동체)의 일부에 불과한 것으로서 본체의 존재와 기능을 전제한다. 다시 물어보자. 정보사회의 지층, 맨틀 혹은 그 본체란 무엇인가?

결론을 앞질러 말하자면, 이는 모든 미디어가 구성되어 닫힌 체계이다. 정보사회의 저류에서 꿈틀대는 것, 이는 인터넷이라는 미디어 기술을 중심으로 자기조직화한 네트워크라는 미디어 체계이다. 1980년대에 등장하여 1995년 사회 인프라가 된 인터넷은 이제 기존의 미디어, 예컨대 텔레비전, 신문, 영화 등 대중매체는 물론 책(활자 미디어)이나 수기로 쓴 문자, 음성 미디어(즉, 대면적

소통)도 다룬다. 이는 기존 미디어의 사회적 기능을 대체하면서 네트워크미디어를 주 미디어로 삼아 지금까지 본 적 없는 미디어 생태계, 미디어 자기조직화 체계를 완성시켜가고 있다.

그리고 이 체계는 가까운 장래에 (웨어러블, 로봇, AI를 매개로) 우리의 시각·청각·후각·미각·촉각과 같은 감각(신체 미디어)까지 탈취하여 미디어 생태계로 들여보낼 확률이 짙다. 기존의 정보사회론이 실증성을 구실로 피상적인 시류 비평이나 단편적인 현상 해석에서 끝난 이유는 정보사회를 가시적 사실과 현상의 총체로만 파악했기 때문이다. 이 책은 이를 타산지석 삼아 다양한 시사적 현상의 바탕에 존재하는 비가시적인 정보사회의 본체를 연구 대상으로 삼는다. 즉, 이 책은 매클루언이 제창한 "지금까지의 인류사는 주도적인 미디어가 만들어온 미디어 생태계, 미디어 사고방식—매클루언은 이를 '은하계'galaxy로 칭한다—의 변천사"인 미디어 사관의 빛 아래에 있었다는 인식을 참고한다. 이를 바탕으로 루만이 구상한 사회를 종래와 같이 인간의 '양화' 代數和 2)나 인간적 행위에 대한 응답으로 보는 것이 아니라 비인칭적 소통의 연쇄이자 지속으로 파악하는 사회체계론을 채용한다. 이를 통해 구글, 빅데이터, SNS, 로봇, AI, 웨어러블, 정보윤리와 같은 구체적이고 개별적인 현상을 분석하여 비가시적인 미디어 생태계를 백일하에 드러내고자 한다.

이 책은 형식적으로는 2010년부터 2016년에 걸쳐 정보사회가 겪어 온 놀랄만한 진화에 관한 화젯거리를 주로 다루고 있다. 그 취지는 개개의 현상에 대한 분석만이 아니라 정보사회 자체의 존립 구조와 기제를 들춰내 이를 탈구축하는 것이다. 따라서 이

---

2) 역자주—정正.부負의 부호를 가진 수, 또는 식을 더하여 합친 것

책의 목표는 표층적인 현상 해석에 불과한 비평이 아니라 정보 사회의 '철학', 즉 마르크스가 말한 체계적 비판Kritik에 있다.

각 장을 개관해 보자. 서장에서는 지금까지 과소평가 되어 온 마셜 매클루언의 사상을 검증한다. 마르크스의 유물 사관에 비견되는 미디어 사관의 리더인 그의 논의를 바탕으로 기존의 정보사회론과 그의 체계론을 대비시킨다. 이어 논의의 전반부에서는 구글, 빅데이터, SNS라는 세 가지 현상의 총체적 윤곽을 지식, 정보, 데이터 및 소통이라는 주제들을 중심으로 그린다. 먼저 구글은 인터넷이 주도하는 정보사회의 사고방식을 견인해 온 기업이다. 구글은 세간에 존재하는 모든 데이터를 수집하고 이를 바탕으로 거대한 데이터베이스를 구축하여 코페르니쿠스적 전회를 이루었다. 제1장에서는 구글을 그리스 시대의 신화에서 코메니우스의 범지학을 거쳐 백과전서로 이어지는 지식론의 계보 가운데 위치 짓고 이 기획의 문명사적 의미를 확인한다. 동시에 정보사회에서 지식의 존재방식이 어떻게 변했는지를 생각한다.

한때 유행했던 '통계학은 최고의 학문이다.'라는 말과는 반대로 인터넷이 주도하는 정보사회는 이를 시대에 뒤떨어진 학문으로 취급한다. 왜냐하면, 통계학은 데이터의 전수 해석이 원리적으로 불가능한 시대에서 샘플 데이터를 바탕으로 한 모델(가설)과 검증을 기본으로 삼기 때문이다. 그러나 현재의 빅데이터는 모든 데이터를 손에 쥐기 때문에 그런 모델은 아무 쓸모가 없다. 빅데이터는 동적 특성을 본질로 삼기에 애초 그것을 대상화할 수 없다. 제2장에서는 통계 사상의 역사를 되돌아보면서 마르크스가 분석한 자본das Kapital의 운동과 빅데이터의 본질을 비교한다. 이를 통해 정보와 데이터의 교차적 증식에 따른 '주체

Subjekt＝실체Substanz'화 그리고 그 결과인 의미 결정의 자동화를 확인한다.

루만의 사회체계론은 난해하여 대부분 독자가 어려워한다. 그의 이론은 현실의 사회를 파악하는 일에는 아무런 쓸모가 없다는 조롱을 당하고 있다. 그러나 사회체계론의 추상성은 정보사회의 추상성을 파악하는 데에 필수적이다. 제3장에서는 이른바 트위터나 페이스북으로 대표되는 SNS에 의해 소통이 극도로 추상화되어 그 이론적 파악을 가능하게 해주는 것이 사회체계론밖에 없다는 점을 밝히고자 한다. 또, 루만의 사회체계론과 매클루언의 미디어 사관 사이의 친화성을 확인한다.

후반부에서는 인공지능, 로봇, 정보윤리라는 세 개의 현상을 통해 정보사회에서 인간 행위의 종말을 점친다. 나는 1970년대에 창궐했던 미래학Futurology 같이 정보사회가 실현해 줄 장밋빛 미래 생활, 현재 성업 중인 아이티IT 비평가처럼 위기를 부채질하는 일 또는 최신 정보기술이 어떻게 생활을 편리하고 풍요롭게 하는가 등의 공허한 말을 할 생각은 없다. 아이티 비평가는 단편적인 최신 기술과 단기적 효과에만 주목하여 기술의 체계성을 반성하지 않는다. 미래학의 경우 기술 간의 시너지 효과와 가까운 미래사회를 보여준다는 점에서 일정한 체계성을 보여줄 수는 있다. 그러나 경박한 목적론에 입각한 이 담론은 기술이 실현할 '이상 사회＝테크노토피아'를 앞서 결론으로 내걸고 있기에 기술에 대한 비판적 안목이 들어설 여지가 없다. 그러나 우리가 다루고자 하는 것은 정보사회에 대한 **체계적 비판**이다.

정보사회 이후는 결코 밝지 않지만 표면적인 현상에 일희일비할 것이 아니라 우선 현상을 관찰한 뒤 체계화해야 한다. 이를 통해 정보사회의 본질과 인간이 갈 길을 생각해 볼 수 있다. 앞으로 일상화된 작업만 하는 산업용 로봇이나 토이 로봇을 넘어 자율적인 사회적 로봇이 시장에 투입될 것이다. 소프트뱅크의 페퍼나 로봇 청소기인 룸바Roomba는 시작에 불과하다. 구글 또한 로봇 벤처 기업을 사들여 자율주행차의 완성 지점까지 도달하였다. 로봇과 인간의 사회적 공생이 에스에프SF 이야기가 아니라 현실감각을 띠기 시작했다. 이런 움직임 속에서 '2045년에는 로봇의 능력이 인간을 초월한다.'라는 특이성(기술적 특이점) 문제가 제기되고 있다. 이 문제를 포함해 현재의 로봇과 인공지능에 대한 이해는 '로봇(AI) 대 인간'이라는 대립 구도를 전제로 한다. 그러나 인터넷 사고방식 속에서 이런 식의 로봇(AI) 이해는 현실적이지 않다. 제4장에서는 인공지능과 로봇 기술의 진화 과정을 살핀다. 이 과정에서 네트워크가 AI를 매개로 인간이나 로봇을 '소트'3)로 자기조직화하여 구체적이고 인칭적인 신체Leib를 신체성Leiblichkeit으로 추상화·비인칭화·자원화하는 과정, 곧 자율화된 AI와 로봇(및 인간)의 새로운 지평을 논한다.

윤리학의 한 분야나 응용윤리학의 하나인 정보윤리의 핵심은 네터러시,4) 네티켓(넷에서의 의례·작법), 저작권 준수, 사이버 세계의 차별과 격차(디지털 분리) 등이다. 어떤 주제든 인터넷으로 일어난 혼란, 무기력, 무질서를 기존의 사회질서 조직을 토대로 평가할

---

3) 역자주—컴퓨터에서 데이터를 수의 크기나 알파벳 순서에 따라 체계적으로 배열하는 것, 또는 정보의 레코드를 키 항목이나 필드값에 따라 일정하게 배열하는 것, 또는 각 레코드에 포함된 키에 따라 오름차순 또는 내림차순으로 파일을 재배열하는 시스템 프로그램을 말한다.
4) 역자주—네티켓과 미디어 리터러시의 합성어

것인가라는 문제와 연관된다. 그러나 오히려 정보사회에서 애초 윤리가 가능한가라는 원초적 물음을 던져야 할 것이다. 왜냐하면, 종래의 일원적 가치에 의거한 사회통합과 같은 윤리의 대원칙이 정보사회의 가치 상대화 속에서 무너지고 있기 때문이다. 세계화와 나란히 진행되는 민족주의와 종교적 원리주의의 득세가 이를 보여주고 있다. 종장에서는 정보사회에서 다양한 윤리·도덕 학설의 가능성을 검토하면서 미디어론적·체계론적 각도에서 '정보사회의 윤리는 가능한가'라는 문제를 살펴보기로 한다.

• 목 차

이 책은 일본 인명, 지명, 고유명사의 한글 표기를 교육부의 지정표기법에 따라 통일하였습니다.

대중매체의 종말과
미디어 사관

대중매체의 종말과 미디어 사관

0-1 대중매체의 붕괴에서 종말까지

0-1-1 2010: 대중매체 붕괴의 기점

2010~11년이라는 겨우 2년 동안 텔레비전이 수십 년간 견인해 온 대중매체는 인터넷을 인프라로 삼는 네트워크에 주도권을 빼앗겼다. 이 시기야말로 이후에 이어질 정보사회의 본격적 가동 시점으로서 사건의 의미를 파악하는 작업은 필수적이다. 필자는 이 기간의 미디어 정황에 관해 검토해 줄 것을 의뢰받아 글을 쓰게 되었다. 이 글을 의뢰한 일본문예가협회의 승낙을 얻어 내용을 아래에 소개하고자 한다.

독자에게 몇 가지 유의사항을 알린다. 첫째, 이 글은 시의성에 따른 제한점이 있다. 연감에 실린 글이라 그해의 사건과 현상만을 다룬다. 때문에 '미디어 2010'과 '미디어 2011'이라는 두 개의 독립적인 논고로 이루어져 있다. 두 개의 논고에는 연속성이 있다. 둘째, 이것은 역사성을 담은 문서이다. 때문에 필자의 통제할 수 없는 부분이 있다. 지금 보면 바꾸고 싶은 부분이 있지만 글의 성격상 그렇게 하기는 어렵다. 집필 당시 필자의 판단이나 느낌을 포함하여 역사적 과정에 맞게 조직되어 있음을 감안해 주기 바란다. 이에 게재 당시의 문장을 바꾸지 않고 그대로 실었다. 셋째, 게재한 잡지가 문학계 종사자를 대상으로 한다는 점이다. 상정된 독자층과 지면을 고려하여 사회과학이나 철학적으로 엄밀한 용어를 쓰지 않고 상식적인 말로 바꾼 부분이 있다. 사례 선택에 있어서도 문학계를 고려했다. 그러면 2010년의 미디어 정황을 돌아보자.

미디어 2010[1]

미디어라는 말은 범용성이 있는 반면 지나치게 헐겁게 사용된다. 때문에 실제로 무엇을 의도하는지 명확히 파악하기 어려운 특성이 있다. 2010년은 미디어라는 말이 가진 애매모호함이 매우 깊어진 해이다. 일반적으로 미디어는 ① 정치권력, ② 대중, ③ 기업이라는 세 행위자를 중개하는 기능을 담당한다. ① 정치권력에 관련되어 상시감시하는 기능은 저널리즘(보도)으로, ② 대중에 관련되어 변화하는 욕망에 맞추는 기능은 엔터테인먼트(오락)로, ③ 기업에 관련되어 상품의 구매 의욕을 높이는 기능은 광고로 불린다. 중요한 것은 세 개의 기능을 담당해 온 것이 대중매체이기 때문에 지금까지 미디어라는 말은 실질적으로 대중매체와 동의어로 사용되어 왔다는 점이다. 그런데 이제 '미디어=대중매체'[1]라는 등식이 의심받기 시작했다. 이는 본질적으로 다른 인터넷이 새로운 미디어로 등장했기 때문이다.

인터넷 또한 일반적 대중매체의 하나가 아니냐는 물음이 제기될 수 있다. 텔레비전·신문·라디오 같은 대중매체는 특정 집단이 만들어 불특정 다수의 대중에게 일방향적이고 정기적인 형태로 정보를 전달한다. 정보의 배포 스타일에 있어서든, 뉴스·오락·광고 같은 정보 콘텐츠와 관련해서든 그러하다. 위에서 아래로 향하는 정보는 원볼 이미지를 띤다. 반면 인터넷에는 정점이 없다. 신문사 홈페이지에 업로드된 사설이나 개인 블로그의 주장과 트위터에서 가볍게 하는 말 등은 권리상 동격이다. 정보의 가치는 발송자의 지위와 무관하게 수신자가 판단한다. 동시에 정보 수신자도 자신의 의견을 네트워크에 올릴 수 있다. 인터넷은 이런 평면적 무한 연쇄로 이루어진다. 필자는 대중매체와의 차이를 강조하기 위해 이를 '네트워크 미디어'라 부를 것이다.

21세기 들어 '웹2.0'으로 불리는 광대역 인터넷 접속이 가능해졌다. 이용자의 정보를 발신할 수 있게 되자 미디어라는 말이 흔들리기 시작했다. 그러나 보도·오락·광고 분야를 막론한 구글의 확장으로 텔레비전과 신문 모두 판매량이 떨어졌다. 방송이 정보유통의 허브 자리를 검색에 양보하고 아이폰이나 안드로이드 휴대폰의 인기로 트위터 같은 개인 실황중계가 번성하기 시작했다. 페이스북이라는 SNS 수단이 유행하기 시작한 2010년이야말로 대중매체에서 네트워크 미디어로의 정권교체가 이루어진 해이다.

네트워크 미디어의 패권은 다양한 국면에서 기존 권위를 깎아먹

---

1) 역자주—매스 미디어를 번역한 말이 대중매체이다.

고 있다. 소비자는 상품을 구매할 때 광고의 권위를 믿지 않는다. 또, 한때 신뢰의 상징이었던 생활수첩 같은 소비자로서의 권위도 사라졌다. 반면 소비자는 가격닷컴 같이 네트워크에서 다른 소비자들의 의견을 참고하여 물건을 산다.

오락 분야에서도 사태는 마찬가지다. 최근 아쿠타가와 상[2]을 필두로 독자들은 문단의 권위인 비평과 심사기준을 신뢰하지 않기 시작했다. 작가들도 예전의 문학청년들이나 사로 잡혔을 고전이나 교양에 눈길조차 주지 않는다. 오히려 애니메이션이나 만화, 오락 소설과 휴대용 소설을 부끄러워 하지 않고 아주 즉물적이고 개인적인 선호를 창작의 기준으로 삼는다. 대중매체라는 구체제 덕분에 순수문학과 문단이라는 권위가 유지되어 왔음을 깨닫게 된 것이다. 특정 네트워크 미디어의 대두, 특정한 창조 방식이 가시화되었다. 최근 순수문학의 엔터테인먼트화로 드러난 사소설[3]의 해체현상이 그것이다.

물론 사태를 민감하게 알아차린 기존 문단계는 문학상을 선정할 때 네트워크 세대를 고려한다. 다만 그것이 순수문학의 권위를 떨어뜨리는 결과로 돌아오고 있다. 2010년 4월 북쓰리BOOK3에서 출간되어 베스트셀러가 된 무라카미 하루키의 『1Q84』또한 기존 문학의 빠른 적응 현상으로 볼 수 있다. 또, 순수문학은 아니지만

---

2) 역자주—아쿠타가와 류노스케를 기념하여 1935년 문예춘추사의 기쿠지칸이 제정한 신인 문학상. 연 2회 수상함

3) 역자주—일본 특유의 소설 형식이며, 원류는 자연주의 및 시라카바파[白樺派]의 문학에서 찾을 수 있다. 사소설이라는 개념이 정착된 것은 대체로 1920년경이었고, 그 무렵 사소설만이 예술이며 그 밖의 것은 통속소설이라는 주장(구메마사오)까지 나올 정도였다. 그 후에 때로는 갖가지 비판·공격을 받으면서 일본문학의 주류 혹은 저류(底流)로서 현재에 이르렀다.

같은 해 5월 교고쿠 나츠히코의 신작 『죽었으면 좋겠는데』의 전자
출판도 이런 흐름에 부합한다.

미디어 환경의 격변에 가장 둔감한 것은 구 저널리즘이다. 구 저
널리즘은 지금까지의 기득권에 매몰된 채로 권위주의를 일소하기는
커녕 메이지기 사족士族의 상법을 따르는 듯하다.[4] 이들의 불안을
보여주는 사례를 몇 가지 살펴보자.

우선, 빈번한 여론조사와 결과에 대한 과장. 민주당이 이긴
2009년 여름 총선거 이후 여론조사의 빈도와 과대평가는 상식을
넘어섰다. 여론이란 본래 공적 의견public opinion이다. 한 달이나 한
주 단위로 바뀌는 히스테릭한 감정 상태까지 여론으로 볼 수는 없
는 것이다. 우리가 대중매체에 기대하는 것은 이성적이고 안정적인
리더 역할이다. 우리는 한때 여론의 리더, 사회의 버팀목이라는 존
경과 영예를 그들에게 부여했다. 한 주가 바뀔 때마다 주가 변동처
럼 여론의 변동을 부채질하는 일은 식상하기 짝이 없다.

국내 뉴스와 관련하여 다수의 여론조사가 오자와 이치로의 민주
당 대표 사임, 회계 조작 의혹, 국회 증인소환, 강제 기소 등과 관
련되어 이루어졌다. 대중매체에 대해 검찰, 자유민주당, 민주당 반
反 오자와파가 함께 하는 네거티브 캠페인은 편집광적이다. 이 문제
는 기자클럽으로 상징되는 오자와 편향의 매스컴이 지닌 폐쇄성을

---

4) 역자주 ― 에도시대 후기에 개국하여 왕정복고에 의해 성립된 메이지
   정부는 사민평등 정책 하에 다이묘, 무사 계급을 폐지하고 화족, 사족
   을 창설한다. 녹봉 처분에 의해 봉록 (가록) 제도는 철폐되고 폐도령
   의 시행 등 신분적 특권도 폐지되었다. 또한 메이지 정부가 시행하는
   문명개화, 식산흥업 정책에 의한 서양 기술, 문화의 수입, 조선 출병
   을 둘러싼 정한론을 둘러싸고 정부가 분규를 겪으며, 메이지 6년 정
   변으로 사이고 다카모리, 에토 신페이, 이타가키 다이스케 등이 하야
   하면서 사족층에 영향을 주어 메이지 정부에 반대하는 사족을 '불평
   사족'이라고 불렀다.

잘 보여준다.

다른 하나의 사례는 10월 류샤오보의 노벨평화상 수상에 대한 중국 정부의 대응이다. 몇몇 대중매체는 류사오보를 1935년 노벨평화상을 수상한 칼 폰 오시에츠키Carl von Ossietzky에, 반면 중국 정부를 히틀러의 나치 부흥에 빗대는 기사를 썼다. 물론 중국 정부의 대응은 비난받아야 한다. 그러나 문제는 일본의 대중매체가 오시에츠키를 인용하여 중국 정부를 비난할 자격이 있는가라는 점이다. 오시에츠키는 살아있는 동안 펜을 통해 나치와 최후까지 투쟁한 불굴의 저널리스트이다. 현재의 대중매체가 진절머리 나도록 그를 인용하는 것은 병리적이다.

물론 비망록이나 일기로 의심되는 것이 여럿 트위터와 블로그에 존재한다. 그럼에도 불구하고 이케오 신이치의 『르포 미국발 블록혁명』(2009)이나 츠다 다이스케의 『트위터 사회론』(2009)처럼 언론 비평적이고 사회 혁명적인 기능을 띤 기능을 하기도 한다. 따라서 저널리즘이 대중매체와 거의 동의어라고 한다면 그것 자체로 전매특허일 수는 없다. 여론을 리드하며 존재해 온 대중매체가 여론에 휩쓸리는 우스운 그림이 연출되고 있다. 대중매체는 자신이 극복되어야 할 구체제 쪽에 있음을 슬슬 자각하기 시작했다.

2010년은 네트워크 미디어의 대두로 사회구조가 바뀜에 따라 미디어의 중심 문제가 콘텐츠보다 기술 쪽에 있음을 보여준 해이다. 정보사회의 본질을 묻는 논의도 늘었다. 필자가 출판한 『정보사회란 무엇인가: 미디어론의 전초』 외에 아즈마 히로키와 하마노 사토시의 『혁신과학과 경제발전ised5) 정보사회의 윤리와 설계』, 사토 도시키의 『사회는 정보화의 꿈을 꾼다』 같은 책이 잇따라 출간

---

5) 역자주 – innovation science and economic development.

되었다. 2011년은 지상파 완전 디지털화가 이루어질 해이다. 이제 우리는 미디어가 어디까지 사회를 바꿀 수 있을지 주시해야 한다.

0-1-2 2011: 대중매체 종말의 해

필자는 이듬해인 2011년의 정황을 대중매체의 완전한 종말로 보았다.

미디어 2011[2]

2011년은 영향력이 서서히 떨어져 온 텔레비전을 중심으로 기존의 대중매체가 네트워크 미디어에게 자리를 양보한 해로 기억될 것이다. 네트워크 미디어란 인터넷을 무대로 동격의 사용자가 각자의 관점에서 정보를 발신함에 따라 평면적인 정보의 연쇄가 작동하는 소통 방식의 총칭이다. 구체적으로는 트위터, 페이스북, 유튜브, 구글과 같은 인터넷상의 다양한 서비스로 실현된다. 이는 대중에 대한 일방적인 통보식 송신이라는 위계적 체제를 특징으로 삼는 대중매체와 대비된다. 이하에서는 보도, 광고, 엔터테인먼트 순으로 미디어 전체의 추세를 살피고자 한다.

본래 일본에서 비망록이나 일기를 본뜬 웹상의 서비스는 신문기자들의 활동을 위해 보급된 것이다. 미국에서는 네트워크 미디어가 대통령 선거에서 텔레비전 광고와 나란히 활약하였다. 중국에서도 네트워크 미디어는 정치적 선전을 포함한 비평적 기능을 수행한다. 대중매체와 비교할 때 네트워크 미디어의 특이한 점은 당사자성과 익명성이다. 네트워크 미디어 이용자는 각 **현장에서 당사자로서**, 저명인사나 전문가가 아닌 **익명의 시민 자격으로** 정보를 발신한다.

이런 네트워크 미디어의 특성을 최대한 이용한 것이 비밀 서약이나 비밀 문자를 폭로한 위키리스크이다. 2011년 5월 위키리스크는 미·일 핵밀약의 공개에 대한 미국 측의 우려를 폭로하여 일본 정부를 당황하게 만들었다. 위키리스크 편집자들은 세미프로 집단이라는 점에서 대중매체와 친연성이 높다. 이들은 2011년 1월 튀니지의 벤 아리 정권을 붕괴시키고 나아가 이집트의 무바라크 정권, 리비아의 카다피 정권과 아랍의 장기독재정권을 도미노식으로 붕괴시켰다. 비록 당국이 알아차려 불발로 끝났지만 2월 중국의 민주화운동에까지 불똥이 튀었다. 여기에는 조직적인 계획도, 주모자도 존재하지 않는다. 페이스북, 트위터, 유튜브와 같은 네트워크 미디어를 통해 은폐되었던 진상을 고발하자 일어난 자연발생적인 새로운 시민혁명이 일어난 것이다. 동시에 시민 전원이 참가한 새로운 저널리즘의 탄생이기도 하다.

대중매체의 추락과 새로운 네트워크 미디어의 대두라는 세계적인 경향이 기자클럽을 중심으로 하는 고립된 문화를 고수해 온 일본의 대중매체에도 몰려들었다. 2011년 3월의 동일본대지진에 이어 일어난 후쿠시마 원전사고를 둘러싼 두 미디어의 접근방식은 극명한 차이를 보여 주었다. 3월 12일 1호기 수소폭발 직전 독자 판단에 따라 대중매체가 피난 경고를 했지만, 즉시 논조를 약화시켜 3월 말까지 합심한 듯 정부와 도쿄전력, 전문가의 발표가 묵살된 채 완전한 정보통제가 이루어진다. 해외 미디어 정보나 네트워크상의 정보들은 현저히 엇갈리고, 아마추어에게도 의도를 들키는 어린아이 수준의 일률적 보도만 존재하는 상태가 지속되었다. 필자는 3월 10일부터 12일까지 타이완에서 해외 미디어와 일본 미디어의 원전 발전 사고 보도를 비교하면서 정보를 수집하고 그들과 우리의 괴리에 놀랄 수밖에 없었다.

이런 상태는 『에어리어*AERA*』가 3월 28일 「방사능이 온다」라는 제목의 충격적인 특집을 내자 급변한다. 곧바로 많은 주간지가 따르면서 원전 발전 사고에 관한 특집호가 성시를 이루었다. 특히, 영유아를 키우는 여성을 독자로 삼는 잡지들이 원전 발전과 방사능을 대서특필했다. 시장원리에 의해 사회주의적인 정보통제가 파괴된 꼴이었다. 늦었지만 5월 15일 대중매체인 T텔레비전에서 방영된 『T텔레비전 특집: 네트워크로 만드는 방사능 오염지도』는 반향을 일으켰다. 이 프로그램은 방송국 내에서도 제작·방송을 둘러싸고 설전이 이어졌다고 전해지며 훗날 문화청 예술제 대상을 수상한다.

애초 대응이 둔했던 것은 신문이다. 가을이 되자 아사히신문이 석간으로 「원전 발전과 미디어」라는 제목의 연재를 시작한(10월 3일~) 것이 그나마 빠른 편이었다. 많은 중앙일간지가 10월 15일부터 신문 주간이라는 핑계로 사설이나 위원회, 심포지엄의 형태로만 검증하는 것에 불과했고 그 폐해를 진지하게 반성하지 않았다.

네트워크 미디어의 보도는 어땠는가? 물론 인터넷상의 유언비어나 정보의 부정확성에 대해서는 많은 비판이 있었다. 위계적인 체제에 입각해 사실상 정보를 독점한 대중매체와 정부와 결탁하여 정보통제를 펼칠 때 중요한 것은 정보의 일원화가 아니라 대안의 존재 여부일 것이다. 일본 기상청이 텔레비전 뉴스로 나오지 않은 인터넷에서, 독일 기상청으로부터 받은 풍향 정보를 바탕으로 동경전력에 대해 고발하였다. 텔레비전 연출이 아닌 반反 원전학자가 블로그에 쓴 견해를 알린 것이다. 확실성이라는 면에서 불확실한 면이 있었다 해도 선택지나 판단의 자유를 담보하는 것이야말로 비상상황에서 사회적 책임을 다하는 최소한의 도리이다. 이렇듯 네트워크 미디어는 정보조달의 대안을 확보하는 역할을 충분히 감당하고 있다.

광고에서 주목해야 할 것은 지진 직후 반복된 공공기관의 상업광고가 아니다. 이는 비상사태에서 대중매체가 사회주의적 정보통제에 쉽게 굴한다는 또 다른 증거에 지나지 않는다. 오히려 2011년 시작되어 이듬해 1월에 부랴부랴 발각된 음식벨로그(Belog)를 둘러싼 스텔스마케팅(위장 광고) 소동이다. 음식점 평가 사이트인 음식벨로그의 글이 관객으로 위장한 점포 측의 조작으로 알려져 문제를 일으켰다. 그러나 인터넷이야말로 익명성을 이용한 진짜 행세나 목표대상을 쉽게 특정할 수 있는 스텔스마케팅 장치이다. 여러 기업이나 개인이 이를 이용해 위장 광고를 해왔음은 잘 알려져 있다. 쉽게 말해, 이는 인터넷상의 야바위로서 새로울 것이 없다. 모두가 해오던 일이 인터넷상에서 이루어진 것이다. 사건의 핵심은 스텔스마케팅 시비가 아니라 대중매체가 네트워크 이용자 간의 상식을 과장했다는 점이다. 생각해 보면 대중매체에서도 대중성 있는 기사나 드라마에서 맥락과 무관한 협력업체의 상품을 배치하는 등 정도만 다를 뿐 수많은 위장 광고를 해왔다. 스텔스마케팅을 인터넷의 고유한 위장 광고처럼 보도하는 대중매체야말로 네트워크 미디어의 영향력 확대에 대한 초조함과 과잉반응을 보여주고 있다.

엔터테인먼트 분야에서도 대중매체에서 네트워크 미디어로의 이행이 엿보인다. 예컨대, 전자책은 단순히 활자를 디지털화한 기술이 아니다. 전자책 시장에서 일본에 앞선 미국 아마존의 킨들Kindle은 독자가 친 밑줄이 네트워크를 통해 동기화된다. 또, 같은 책의 독자 전원에게 공유되는 파퓰러 하이라이트 기능을 장착하고 있다. 전자책은 독서를 개인적 행위에서 소통적 행위로 변화시킬 가능성을 지니게 되었다. 영화에서도 주목해야 할 것은 쓰리디3D 영화의 보급이 아니라 고객의 요구(온디맨드)에 맞는 네트워크 전송의 본격화이다. 온디맨드 전송은 영상 대여, 영화, 가전 업계를 재편하면서, 영화관 프로그램에 따라 한꺼번에 영화를 감상하는 기존의 상식을 뒤집어 놓고 있다.

이에 비해 지금까지 대중매체를 이끌어 온 텔레비전의 추락은 자명하다. 2011년 7월 지상파 디지털화에 따른 환불 요구는 텔레비전의 급속한 퇴조를 보여준다. 지진·원전 발전 사고의 잘못된 보도에 대한 반성도 없이 반복되는 대중매체의 권위의 추락, 한국 가전기업들의 염가 공세, 텔레비전 국의 콘텐츠 제작 능력 저하 같은 요인이 맞물려 텔레비전 이탈이 진행 중이다. 2011년 9월에는 미국 동영상 배급업체인 훌루Hulu가 일본에 진출하여 미국의 텔레비전 프로그램 전송을 개시하였다. 텔레비전은 네트워크에 통째로 먹히고 있다. 2011년은 묘하게도 텔레비전 찬미 논쟁을 펼친 미디어론의 창시자 마셜 매클루언의 탄생 백 주년이다. 텔레비전 수호신의 탄생 백 주년을 맞아 울리는 조종을 고인은 상상도 못했을 것이다.

0-1-3 세 가지 보충

집필 당시 본질적인 논점을 제시하였고 기본적인 정황 인식도 변한 것이 없지만 세 가지를 보충하고자 한다. 우선, 대중매체를 비판하고 인터넷을 찬양하는 것이 필자의 입장으로 받아들여질 수도 있겠다. 그러나 필자는 양 미디어 간의 우열을 평가하거나 어느 편을 옹호할지 태도를 표명하고자 하는 것이 아니다. 사실 대중매체에 대한 비판이 거세지만 텔레비전의 자식들 세대는 여전히 대중매체를 더 사랑한다. 앞서 지적한 대중매체의 도태 현상은 사고방식으로서의 대중매체가 종식을 맞이한 징후를 지적한 것에 불과하다. 인터넷을 찬양하는 서술도 기능부전에 잠긴 대중매체를 대체한다는 사실에 대한 지적일 뿐이다. 이 점을 염두에 두면서 이후의 논의는 인터넷으로 대표되는 네트워크 미디

어에 대한 칸트적이고 마르크스적인 의미의 비판Kritik에 할애하
고자 한다.

두 번째 보충할 것은 전환기 지식인의 미디어에 대한 태도이
다. 텔레비전 여명기에도 활자나 영화를 무대로 삼는 지식인들
이 오오야 소이치가 내건 '일억총백치화' 캠페인으로 상징되는
구 미디어에 대한 옹호와 신 미디어 비판을 감행했지만3 이번에
도 유사한 광경이 나타났다. 몇몇 지식인은 잡지에서 텔레비전
이나 신문의 보도 통제는 함구하면서 SNS에서의 확산을 극도로
비난하는가 하면, 다른 지식인은 『에어리어AERA』의 「방사능이
온다」 특집호 제목의 선정성에 분개하며 기고를 거부하기도 했
다. 후자의 경우 방사능에 관한 자연과학적 지식이나 사회과학
적 감각이 있는가 여부는 접어두더라도, 대중매체를 비판하는
것으로 보이지만 사실 그 영향력을 과대평가하는 경향이 있다.
이것이야말로 그가 게재를 포기한다는 연기를 **지면상에서** 하는
셈이다. 즉, 그에게 중요한 것은 비판의 내용이 아니라 몸짓일 뿐
이며 그 몸짓이 일정한 영향력을 행사한다. 이렇듯 『에어리어』
특집호에 대한 비판이 쇄도하여 편집장이 사과까지 하였다. 이
또한 대중매체의 권위실추를 상징하는 사건이다. 이에도 불구하
고 '방사능은 이미 **왔다.**'

여기서 필자는 '일억총백치화' 시대와 이 사례 간의 상이함에
주목하고자 한다. 본래 지식인은 학자와 달리 대중매체를 활동
무대로 서식한다. 이에 비해 학자는 대학과 학회를 무대로 삼는
다. 때문에 지식인이 내는 책은 팔려야 한다. 즉, 대중의 관심을
받아야 한다. 이에 비해 학자가 내는 책은 반드시 팔릴 필요가
없다. 오히려 팔려서는 안 된다. 최대의 영예는 학계에서 권위를

인정받는 것이다. '일억총백치화'의 경우 대중매체의 주요 무대
가 활자나 영화 같은 미디어에서 텔레비전이라는 미디어로 이행
한 것에 불과했다. 여기서 지식인은 텔레비전으로 활동의 장을
옮겨 삶을 연장할 수 있었다. 실제로 콧대가 높은 오오야는 텔레
비전 비판이라는 말을 꺼낸 것에 불과한데도 텔레비전으로 바꿔
타는 데에 성공했다. 그런데 이번 사례에서 망한 것은 텔레비전
이 아니라 그 토대를 이루는 대중매체 자체이다. 지식인은 대중
매체와 운명을 함께할 수밖에 없다. 그러나 이제 그들이 떠난 곳
은 남아있지 않다. 현재 누군가의 손에 들려있는 구글 검색만이
모든 정보에 접근 가능하므로 더 이상 지식인에 대한 수요가 없
다. 그의 식견은 저잣거리에서 나누는 한담에 불과한 것이 되었
다. 익명 블로그의 글이 신문 사설이나 텔레비전 리포터의 엉성
한 코멘트보다 풍부한 통찰을 담고 있음을 감안하면 지식인의
존재의의가 한계점에 다다랐음을 알 수 있다. 실제 신문기사나
잡지의 최초 소재가 블로그인 경우도 적지 않기 때문이다.

　마지막으로 보충할 것은 두 번째 사항과 관련 깊다. 지식인과
학자의 차이를 미디어와 관련지어 강조했던 최초의 인물은 매클
루언이다. 매클루언은 대중매체(≒텔레비전)를 활약 무대로 삼는
지식인과 학계(≒활자)를 거처로 삼는 학자를 구별한 뒤 후자를
사라질 종족이지만 자신은 전자에 속한다고 말하였다. 사실 그의
태도야말로 세간의 오해를 낳았다. 이 장 후반부에서는 매클루언
에 대한 오해를 푸는 동시에 그에 대한 과대평가도 검토한다. 더
불어 그의 이론의 한계를 확인하고 핵심을 도출한다. 앞선 두 개
의 글을 포함한 지금까지의 서술, 다음 장에서 볼 다양한 각도의
정보사회의 분석도 매클루언이 넓힌 사상적 지평이다.

0-2 매클루언 이론의 본질과 한계

0-2-1 '매클루언 이해하기'라는 현상

매클루언은 독자적이고, 특이한 용어에다 콜라주collage 풍의 스타일로 자신의 주장을 편 사람이다. 그는 발랄하면서도 독자를 어리둥절케 한 미디어론의 구루에 가깝다. 독자적인 용어를 제출한 팝 사상가로는 최근 들뢰즈와 가타리를 떠올릴 수 있다. 실제, 들뢰즈와 가타리의 '팝 철학'도 저널리즘에 대한 전략적 이용과 기존 학계와의 거리두기를 포함해 미디어론적 성격을 다분히 띠고 있고 양자의 유사점 또한 적지 않다. 물론 들뢰즈와 가타리가 반체제적, 반자본주의적이라는 점에서 정치적 성격이 두드러지는 데에 비해, 매클루언은 체제 순응적이고 자본주의를 친화적이지만 매클루언이 의식적인 비정치론자라는 점에서 다르다. 양자의 공통점은 미래지향적이고 예언적이며 넓은 의미에서 유물론적이고 실천적이라는 점이다.

매클루언은 콜라주 풍의 스타일에 대한 독자들의 무관심과 비평가들의 자가당착적 주장에 대해 열린 자세로 다음과 같이 말한다. 요컨대, 자신의 관심은 탐사probe나 탐구exploration에서 분석이나 설명이 아니라는 것이다. 즉, 그는 새로운 미디어 환경을 만지고 아는 것觸知, 즉 촉각tactile으로 체험하고 그대로 보고할 뿐이라고 말한다. 때문에 구 활자 미디어의 특성인 일관성을 주장하는 것은 생떼에 불과하다고 말한다. 그가 보기에 무모순성이나 수미일관함을 따지는 것은 선형적인linear 구 대중매체적 사고에 갇힌 것이다. 새로운 미디어 환경은 촉각적이고, 모자이크

적인mosaic 발상이나 표현을 중시한다. 그가 자신을 기존의 활자
인간typographic man과는 다른 감각을 갖춘 신인류라고 말한 점에
주의를 기울여야 한다. '당신이 늦었기 때문에 내 느낌을 알 리
없다.'라는 것이다. 이런 대담한 주장은 매클루언 본인이 1960년
대부터 했었지만 최근에도 그의 이론 속에서 탐사의 수행적 계
기를 강조하는 해석이 제시되고 있다.4 그렇다고 해서 매클루언
의 이론이 수미일관함을 결여한 채 신기루만을 좇는 아포리즘에
불과하다는 뜻은 아니다. 오히려 그 반대이다.

매클루언의 전공이 근세영문학 안의 레토릭 연구임을 감안한
다면 그의 미디어 이론은 레토릭 연구에서 출발하여 그 연장선
에서 완성된다. 레토릭은 설득의 기술인 동시에 은닉의 기술이
다. 때문에 매클루언의 주장을 그대로 받아들이면 바보가 된다.
매클루언의 발언이나 문장이 은유와 은닉, 아이러니와 유비를
통해 성립하는 이상 우리는 은폐된 그의 '비가시적인 것=심층'
을 읽어내야 한다. 대중들이 말년에 그가 남긴 단편적 경구를 제
멋대로 파고들자 말년에는 매클루언도 과학적으로 포장된 정합
적 체계화를 시도하였다. 이를 남겨진 유고만으로 판단하는 한
그에 대한 이론화 기획은 실패할 것이다.5 나는 그가 남긴 모자
이크 풍의 단편적 글쓰기로부터 가능한 정합적인 이론을 복원하
고자 한다. 이를 위해 매클루언 이론의 균열과 한계를 살펴보고
자 한다. 다만 우리는 그의 원칙에 반하여 분석과 기술을 철저하
게 선형적으로 수행한다.

0-2-2 매클루언과 저널리즘/상업주의

매클루언의 사상이 사람들에게 회자되기 시작한 것은 1960년

대 후반부터였다. 1951년 출판되어 광고나 희극, 신문의 신문 지면과 서부극, 추리소설 같은 대중문화를 분석한 처녀작 『기계의 신부: 산업사회의 민속학』6은 전혀 팔리지 않았다. 1962년에 나온 『구텐베르크의 은하계: 활자인간의 형성』7도 당초 내부 성원에게만 회람될 정도로 인지도가 낮았다. 그러나 1960년대에 텔레비전이 급속히 보급됨에 따라 매클루언의 사상도 폭발적인 인기를 누리게 되었고 매클루언주의라고 불리는 유행어를 낳았다.

우리는 여기서 매클루언주의가 텔레비전 찬양, 특히 상업에 대한 찬양으로 한 세대를 풍미했음에 주목해야 한다. 실제 전성기의 매클루언에게 기업 강연 의뢰가 끊이질 않았고 텔레비전에도 자주 출연하였다. '나서길 좋아하는 사람(でたがり)'으로서의 자질과 수완도 뛰어났다.8 1960년대 후반에서 1970년대 초반에 걸쳐 그는 시대의 총아로 대접받았다.

일본의 맥락에서 매클루언주의는 오오야 소이치를 비롯한 구 미디어 진영이 1950년대 말 내건 이데올로기적인 '일억총백치화론'의 해독제 역할을 담당했다. 텔레비전에 대한 옹호 진영을 넓혀 '일억총백치화론'으로 뒤집어쓴 오명을 설욕하고 재난을 치유하고자 했기에 많은 저널리스트나 광고 종사자 같은 텔레비전 업계 관계자가 달려들었다. 실제 일본에서 매클루언을 재빨리 그리고 호의적으로 소개한 이들은 다케무라 겐이치나 오오마에 마사오미9 같은 신진 저널리스트들이었다. 이에 비해 학계는 최근까지도 매클루언을 냉소적으로 대하고 있다.

매클루언이 미디어론의 광범위한 유통에 공적이 있음은 의심할 바 없지만 분과학문의 확립에 기여했다고는 할 수 없다. 반대로 매클루언이 미디어론의 광고탑 역할을 맡았기에 그것은 일회성으로 간주되어 학계의 거부반응을 일으켰다. 여기에서 그가 미디어론의 창시자임과 동시에 그 방해자이기도 하다는 숙명적 역설이 엿보인다.

0-2-3 학자로서의 매클루언

이미 탄생한 지 백 년이 넘은 매클루언의 사상을 현재와 미래에 활성화하고자 한다면 지금까지 빛을 보지 못한 학문적 맥락을 길어올릴 필요가 있을 것이다. 미디어론을 시평이나 평론이 아닌 원리에 기반한 학문으로 세우는 작업이 바로 그것이다.

학문도 유행을 좇는다. 이에도 불구하고 학문이 유행과 분명히 구분되는 것은 원리나 전통을 따르기 때문이다. 유행은 원리나 전통과 단절함으로써 문맥을 무시한 돌발적 선풍을 일으켰다. 이에 비해 학문은 다양한 원리에 기반하여 여러 전통과 학설의 문맥에 얽혀 처음부터 존재해 왔다. 매클루언의 사상이 오늘날까지 살아남을 수 있었던 것은 유행으로서의 겉모습 안에 학문이라는 뿌리를 지니고 있기 때문이다. 이를 매클루언이 독자적인 댄디이즘(멋부리기)으로 감추고 가벼운 스타일로 교묘하게 은폐했다고 할 수 있다.

그렇다면 매클루언 사상에서 학문성의 근원은 무엇인가? 그것은 두 가지이다. 하나는 매클루언이 태어난 캐나다나 직장인 미국을 떠나 1934~36년 및 1939~40년 두 번 유학한 영국 케임브리지대학에서의 근세영문학에서 레토릭에 관한 문제이다. 다른 하나는 프로테스탄트계 교파인 뱁티스트에서 로마 가톨릭으로 그를 개종하도록 한 토미즘과의 해후이다. 전자인 레토릭 연구는 1946년 직업을 얻고 학파를 형성한 토론토대학에서 동료인

해럴드 이니스의 경제학적 미디어론을 촉매로 그가 독자적으로 발전시킨 것이다. 한편 1939~44년 강사로 활동한 제수이트 성직자 양성기관인 세인트루이스대학은 당시 미국에서 토미즘 연구의 메카였다. 여기서 매클루언의 사상적 배양지인 토마스 아퀴나스 연구가 심화된다. 매클루언의 사상을 순수하게 학문적 형태로 계승한 월터 옹과의 만남도 이 대학에서였다.

이처럼 매클루언의 사상은 심층에서는 다양한 전통에 연결되어 영양분을 얻고 있다. 이와는 별도로 그가 사상계의 아이돌로 받들어진 이유는 기자적이고 상업적인 측면이 그로테스크한 형태로 확산되었기 때문이다. 그의 모자이크적이고 난해한 스타일의 글쓰기가 과도하게 강조되고 행위가 과대평가된 것이다. 매클루언의 사상은 옹처럼 완전히 선형적인 형태로 바꾸어 놓는 것이 가능하다.10 이하에서는 학문적 네트워크와의 관계를 참고하면서 매클루언의 미디어론이 보여주는 가능성의 중심이랄 수 있는 핵심 논점을 개관하고자 한다.

0-2-4 레토릭 연구와 소통 연구의 교차

매클루언이 케임브리지에 유학하여 배운 레토릭 연구는 박사논문인 『고전교육의 삼학*trivium*: 동시대의 학문에서 토마스 나슈의 위치』11로 결실을 맺는다. 이는 선형적으로 쓴 순수 학술논문이다. 이 논문에서 매클루언은 서양사상사를 플라톤에서 시작하는 변증법^{διαλεκτική}과 소피스트에 기원을 둔 변증술^{ρητορική}, 즉 수사학과의 항쟁의 역사로 그린다. 매클루언이 편을 든 것은 물론 후자인 레토릭이다. 논문 제목 중의 토마스 나슈는 레토릭 전통 하에서 16세기 후반 활약한 문인이다. 여기서 디알렉틱과 레토릭이라는 두 개의 방법이 첨예하게 대립한다는 점에 주목하자. 디알렉틱은 진정한 실재에 이르기 위한 방법이다. 때문에 이는 엄밀한 방법, 즉 논리=선형성!을 필요로 한다. 이에 비해 레토릭은 내용의 진위나 선악을 문제 삼지 않는다. 이는 설득의 기술이며, 독자나 청중에 미칠 효과effect만을 문제 삼는다. 즉, 콘텐츠나 메시지만이 아니라 이를 표현하는 스타일이나 미디어에 주목한다. 여기서 매클루언 미디어론의 맹아를 볼 수 있다.

토론토대학의 동료인 해롤드 이니스의 소통 이론은 매클루언의 착상을 다른 각도에서 보강하는 동시에 일반이론으로의 확장 가능성을 열어 주었다. 매클루언이 부임했을 때 이니스는 이미 캐나다의 특산품에 관한 경제사 연구자로 이름을 알린 상태였다. 그는 특산품 자체보다 운송수단이나 운송로에 주목한다. 1940년대에 들어 이니스는 특산품을 지식으로 전환시켜 지식 전달, 곧 소통의 문제를 다루기 시작했다. 그리고 지식 전달을 위한 물질적 수단의 변화가 이를 통치하는 제국의 운명을 결정한다고 주장하기 시작했다. 이니스가 이때 지식이라는 콘텐츠나 메시지가 아닌 운송수단인 미디어 기술에 주목한 것에 주목할 필요가 있다.12 경제사적인 관점에서 이니스의 통찰이 매클루언의 레토릭 연구와 동형적인 것임을 알 수 있기 때문이다.

0-2-5 매클루언에게 미디어란 무엇인가

그렇다면 매클루언이 자신의 레토릭 연구와 이니스의 소통 연구를 결합시켜 얻은 미디어란 무엇일까? 결론부터 말하자면 이는 '비가시/투명한 것'으로서 어떤 체험의 시작을 가능하게 해주는 광의의 기술적 환경이다. 비슷한 사례를 들어 보자. 우리는 텔레비전 프로그램을 시청할 때 결코 브라운관 주사선이나 액정 화면의 점을 볼 수 없다. 또, 텔레비전 수상기 본체의 디자인이나 프레임에 개의치 않는다. 물론 이것들이 없다면 애초부터 물리적으로 텔레비전 프로그램을 접할 수 없다. 반대로 이것이 보이면 텔레비전 프로그램을 볼 수 없다. 이들은 '비가시/투명한 것'으로서만 콘텐츠로의 접근을 가능하게 해주는 출발점으로서 메시지를 전달하는 수단이다. 즉, 체험을 가능하게 해주는 도구이다. 책이라는 미디어도 마찬가지이다. 우리가 책을 종이를 묶은 물체나 잉크가 물든 인쇄물로 인식하면 그 내용에 접근할 수 없다. 매클루언은 이렇게 체험을 가능하게 해주는 비가시적이고 투명한 것을 미디어medium 내지 환경environment이라고 부른다.

문제는 여기서부터이다. 매클루언은 어디까지나 게슈탈트 심리학에서 '전경-배경'図-地처럼 내용과 반대되는 '비가시/투명한 것'을 미디어로 본다. 앞서 든 예를 보자면 프로그램이 아니라 주사선이나 수상기 자체를 보고, 책의 내용이 아닌 잉크의 얼룩이나 종이 다발을 보는 것이다. 문학으로 치면 스토리가 아닌 스타일이나 레토릭을, 경제사적으로 치면 상품이 아닌 유통수단을, 통신으로 치면 정보가 아닌 송신로를, 요리로 치면 조리된 진수성찬이 아닌 접시에 담긴 것을 주목하는 것이다. 이때 여태까지 투명하고 비가시적이었던 것이 내용을 가지는 동시에 메시지로서 부상한다. 이런 반전, 여태까지의 네거티브가 포지티브가 되는 사태를 은유적으로 표현한 캐치프레이즈가 저 유명한 "미디어가 메시지이다."The Medium is the Message.라는 말이다.

그런데, 여태까지 비가시적이었던 미디어가 가시화된 메시지가 된다 해도 당연히 별도의 투명하고 비가시적인 미디어가 존재한다는 점에 주목해야 한다. 콘텐츠나 메시지 자체로의 직접적 통로는 존재하지 않는다. 그것은 미디어라는 보이지 않는 우회로를 매개로 해야만 한다. 텔레비전이라는 새로운 미디어 기술의 등장으로 여태까지 투명한 것으로 간주되었던 영화나 책이 가시화된 동시에 기존의 환경 면에서 이들이 미디어라는 사실을 알게된 것이다. 미디어란 그 인식에 있어서 맹점, 더구나 '콘텐츠=메시지'로 접근하는 데 수반되는 불가피한 맹점이다. 매클루언은 이 '비가시/투명한 것'인 '미디어/환경'이 우리의 체험의 질과 틀을 결정한다고 말한다.

0-2-6 범용 감각으로서의 범용 미디어

그렇다면 '미디어/환경'을 가능하게 해주는 체험experience이란 무엇일까? 매클루언이 생각한 체험이란 주체와 대상의 관계를 말한다. 예를 들어, 시각이라는 감각을 통해 모양이나 색을 보는 체험이 가능해진다. 후각을 통해 향을 맡는 체험이 가능해진다. 물론 인간은 시각, 청각, 후각, 미각, 촉각이라는 오감을 가지며 체험은 이런 오감이 한데 어우러진 복합적인 것이다. 그러나 본래 여러 감각은 제각각 존재하며 어떤 공통성도 없다. 이와 같이 제각각인 감각이 왜 하나의 통합체로 체험될 수 있는 걸까? 여기서 등장하는 것이 토마스 아퀴나스의 공통감각sensus communis이다. 공통감각은 제각각인 오감을 비교하여 한가지로 통합하는 고차원의 각별한 감각, '제6의 감각'(식스 센스)이다. 매클루언은 토마스에서 유래한 공통감각을 감각배합 비율sense ratio로 환골탈태시켰다. 감각배합 비율이란 복수의 감각 간에 평형 상태를 이루는 균형잡힌 생태계를 뜻한다. 예를 들어, 시각을 잃으면 감각배합 비율이 역동적으로 바뀌어 청각과 촉각이 발달하고 새로운 감각평형이 일어난다. 매클루언의 발상은 여기서 다시 비약을 거듭한다.

인간이 여태까지 발명한 기술은 모두 인공적 감각기관, 감각의 연장물이다. 예를 들어, 의복이나 주택은 피부의 연장물이며 자동차나 비행기는 발의 연장물이다. 안경은 눈의 연장물이며 망치는 손의 연장물이다. 우리는 이런 새로운 인공기관을 개발하여 체험의 질과 틀을 확대하고 변용시켜 왔다. 인공적인 것을 포함한 감각기관이 우리의 체험을 가능하게 해주는 '비가시/투명한 것'인 이상 우리는 모두 '미디어/환경'이 되는 셈이다. 이것이 바로 매클루언 미디어론의 특징으로 묘사된 '미디어＝연장된 신체'설이다. 이 연장된 신체를 감각배합 비율이 맡고 있음은 말할 것도 없다. 결국 매클루언의 설명은 범미디어론이자 범감각론에 이른다.

0-2-7 사관史觀으로서의 미디어론

매클루언에 따르면 '신체의 연장＝범 감각체계'인 각 시대의 기술환경은 감각배합 비율에 따라 평형 상태를 이루며 각각 닫힌 미디어 생태계를 구성한다. 어떤 미디어 생태계든지 그 생태계 전체를 특징짓는 지배적 미디어 기술이 존재한다. 이를 주도적 미디어 기술이라고 할 수 있다. 매클루언은 인류사에서 세 번에 걸쳐 주도적 미디어 기술의 교대가 일어났으며, 자신이 살던 당대야말로 네번째 미디어 생태계를 경험하는 중이라고 말한다. 곧, 음성 미디어가 주도하는 생태계, (손으로 쓴) 문자 미디어가 주도하는 생태계, 활자 미디어가 주도하는 생태계(즉, '구텐베르크 은하계'), 텔레비전으로 대표되는 전기 미디어가 주도하는 생태계가 그것들이다. 미디어 생태계가 체험의 조건이자 필수환경인 이상 미디어 생태계의 재조합은 인간 체험의 틀을 엄청나게 바꾸어 놓는다. 이는 미디어 기술이 인간 체험의 질을 결정한다는 극단적 견해이다. 매클루언 이론이 기술 결정론이라는 비판을 자주 받는 것은 이 때문이다. 그의 미디어론은 미디어 사관으로도 볼 수 있다.

미디어 사관에는 매클루언 특유의 편향이 보인다. 즉, 그것은 노골적인 종교적 구원 사관이며 가톨릭 친화적인 교설이다. 그에 따르면 원초적인 음성을 주 미디어로 삼는 생태계는 모두 소규모 공동체 내부에서 직접 대면하는 촉각 중심의 체험을 나누는 환경에 속해있다. 이 모델은 신자들이 교회에 모여 설교를 듣고, 기도를 올리고, 찬송가를 부르면서 일체감에 빠지는 보편적이고 원시적인 기독교 교단에 다름 아니다. 현대로 치자면 아이돌의 노랫소리와 팬들의 합창이 어우려져 콘서트장 전체가 일체감에 빠져드는 것과 같다.

이처럼 음성이라는 미디어는 일체화를 실현하는 공동체를 형성하는 미디어이다. 이어서 나온 손으로 쓴 문자 미디어도 음성 미디어의 특성을 계승한다. 그러나 이에 관해서는 생략하자.13 문제는 활자 미디어이다. 활자는 동일한 콘텐츠를 대량으로 만든다. 때문에 음성처럼 콘텐츠를 공유하기 위해 한 장소에 모일 필요가 없다. 이 공동체는 장소 없이 분산된 내면을 가진 각각의 개인들이 만든다. 활자 미디어는 음성 생태계에서 발화자와 청취자가 맥락을 공유하는 장소 없이 콘텐츠가 제작자의 손을 벗어나 독립한다. 따라서 장소의 부재를 보충하기 위해 상세한 묘사를 특징으로 하는 작품세계가 창조된다. 활자 미디어 작품이 의존해야 하는 이 독자적 법칙이 매클루언이 말하는 선형성 linearity이다. 이상과 같이 활자 미디어는 공동체 해체적, 개인주의적, 내면 형성적, 대상 묘사적인 시각이 두드러진 미디어 환경을 낳았다.

0-2-8 공동체론으로서의 미디어론

여기서 우리는 다음과 같은 점을 생각해 보아야 한다. 매클루언이 음성 미디어가 주도하는 공동체적 미디어 환경을 이상화한 것과 반대로 활자 미디어가 주도하는 개인주의적 미디어 환경, 즉 구텐베르크 은하계를 피해야 할 것으로 보았다는 점이다. 여기에도 종교적인 동기가 있다. 구텐베르크가 발명한 활자 인쇄술로 처음 출판된 것이 성서이다. 프로테스탄트인 루터는 인쇄된 성서로 교회와 미사, 우상숭배와 공동체를 부정하고 내면의 신앙을 제창하였다. 매클루언이 활자 미디어를 혐오한 것은 그것이 초래한 보편주의적 공동체의 파괴와 개인주의의 만연 때문이다.

새로운 미디어 기술인 텔레비전을 매클루언이 찬양한 것 또한 텔레비전이 새로운 음성 미디어로서 촉각 우위의 감각배합 비율을 인류에게 선사하여 아름다운 공동체를 부활시킬 것으로 기대했기 때문이다. 이렇듯 텔레비전이라는 새로운 미디어는 전기로 음성을 증폭하여 지구 공동체, 즉 지구촌global village을 만들 가능성을 가진 것이었다.

우리는 매클루언 미디어론의 대중적 스타일 이면에 종교적 동기가 숨어 있다는 것, 또 미디어론이 가톨릭적인 면을 지닌 미디어 신학임을 알아야 한다. 그의 미디어론이 원초적인 음성의 공동체를 이상화하고 현대에 부활시키고자 할 때 이는 역사관뿐 아니라 공동체론으로 모습을 드러낸다. 매클루언 계통의 전문용어로 알려진 '뜨거운 대 차가운'이라는 대립 개념이 바로 그것이다. 미디어가 지닌 공동체 형성 능력의 지표로서 콘텐츠 완성도가 높은 저자 이외의 사람은 감상만 할 뿐인 '뜨거움'(예컨대, 지브리스튜디오의 애니메이션을 떠올려 볼 것), 반대로 콘텐츠의 완성도가 낮기에 제작과 감상 간의 역할 분화나 권위가 이루어지지 않은 채로 불특정 다수가 제작에 참여하여 공동체를 형성하는 '차가움'(동인지 서클이나 코믹 마켓을 떠올려 볼 것)의 구별이 그것이다.14

0-2-9 매클루언에게 '비가시적인 것'

그렇다면 매클루언의 이론이 인터넷이라는 새로운 미디어 환경을 설명하기에 유효한가를 살펴보자. 우선 언급할 것은 1990년대 후반부터 2000년대 전반에 걸친 매클루언 붐이다. 지구촌이 매클루언이 제창한 것과 달리 텔레비전이 아닌 인터넷으로 실현되었다는 주장은 틀렸다. 정보사회를 지구촌으로 부를 수는 있겠지만 매클루언이 희망한 지구촌과는 전혀 닮지 않았기 때문이다.15 이는 '제사'祭り나 '엔조'炎上6)라고 불리는 인터넷에서의 개인 살해, 고의적이고 집중적인 엑세스를 통해 서버를 다운시키는 도스DoS 공격, 컴퓨터 바이러스 같은 공동체 파괴 행위를 통해 사후적으로 알게 된 것이 아니다. 오히려 앞의 주장은 매클루언이 생각한 공동체를 오해하고 있다. 매클루언이 희망한 것

6) 역자주 – 인터넷상에 의도적 비방 댓글이 쇄도하는 현상

은 전성원이 하나된 의식으로 융합하는 원초적이고 부족적인 공동체, 신비한 공동체이다. 즉, 자립적인 개인을 전제로 전원이 참여하는 직접 민주주의나 전뇌화된 일반의지에 따라 네트워크상의 공공권을 논하는 하버마스나 루소류의 공동체와는 아무 관계가 없다.

물론 인터넷 서비스, 예컨대 트위터나 페이스북, 라인 등은 텔레비전 이상으로 음성 미디어에 근접했다. 그러나 매클루언이 생각한 지구촌은 출현한 적이 없으며 이후에도 출현하지 않을 것이다. 왜냐하면 미디어는 일반적으로 융합과 분단·차별화를 동시에 산출하기 때문이다. 전화라는 미디어는 단순히 사람과 사람을 잇는 기술이 아니다. 그것은 언제라도 전화로 이야기를 나눌 수 있기 때문에 사람과 사람을 단절에서 벗어나게 해준다. 또, **어떤 사람**과 이어진다는 것은 **그 사람**을 선별하는 것이자 **그 이외의 사람**을 배제한다는 것을 뜻한다. 매클루언은 미디어의 이상적 형태를 음성에서 찾은 결과 융합의 계기만을 강조한 나머지 분단과 차별화의 계기를 망각하고 말았다. 매클루언을 인터넷 시대에 소생시키려 할 때 그가 말하는 미디어를 근본부터 의심해야 한다.

둘째, 필자는 매클루언의 '미디어가 메시지이다.'라는 테제를 높이 평가한다. 그러나 이 테제는 매클루언 자신의 주장에도 적용되어야 한다. 즉, 매클루언의 주장이 콘텐츠, 메시지인 이상 성립의 조건인 '비가시/투명한 것=미디어/환경'이 존재할 수밖에 없다. 즉, 매클루언에게 자명하게 보일지 모르지만, 매클루언의 미디어가 가진 맹점을 보는 것이 중요하다. 이는 바로 대중매체라는 맹점이다.

매클루언의 이론은 대중매체를 '미디어/환경'으로 삼는다. 즉, '대중매체=메시지'가 매클루언의 맹점이다. 매클루언은 활자가 미디어라는 사실을 알아차렸다. 활자라는 '구 미디어 환경=구텐베르크 은하계'를 자명한 것으로 보는 학문적 태도를 시대에 뒤처진 것으로 여겼다. 그렇지만 매클루언은 자신이 칭송한 텔레비전이 미디어로서 잘 보였던 걸까? 여기에 뻥 뚫린 구멍이 있다. 매클루언은 자신이 기댄 미디어가 텔레비전으로 대표되는 전기 미디어라고 생각했다. 그러나 실제로는 아니었다. 매클루언이 자명한 것으로 본, 때문에 그에게는 결코 보이지 않았던 미디어란 바로 대중매체였던 것이다.

인터넷이라는 미디어 기술의 등장과 보급으로 분명해진 것은 활자 미디어 생태계 이후 전기 미디어나 전자 미디어 생태계가 성립한 것이 아니라는 점이다. 새로운 전문가들이 제작한 정보 콘텐츠가 대량으로 복제되고 불특정 다수의 수용자에게 상품으로 일제히 송신되는 환경, 즉 대중매체 생태계가 생겨난 것이다.

현재 대중매체 생태계는 바뀌고 있다. 즉, 원리상 모든 정보의 수신자가 동시에 발신자가 되고, 감상자가 제작자가 되어 정보의 평면적 연쇄가 무제한으로 연장된다. 특권적인 정보 발신이 불가능한 새로운 생태계, 네트워크 미디어 생태계가 서서히 모습을 드러내고 있다. 이 새로운 미디어 환경에 따라 여태까지 자명한 것으로 본 '비가시/투명한' 대중매체라는 구 '미디어/환경'을 메시지로 해명해야 할 필요성이 생겨난다. 이 작업의 수행이야말로 매클루언에 대한 최선의 찬사가 아닐까.

0-3 정보사회에서 지知와 학學

0-3-1 네트워크 사고방식으로서의 정보사회

매클루언이 말한 구텐베르크 은하계는 주도적 미디어인 활자가 다른 여러 미디어를 거느리며 구성한 '미디어 생태계=성좌'적 배치였다. 그는 뒤이어 온 '생태계=미디어 사고방식'인 대중매체 은하계에 기대어 구텐베르크 은하계의 외부에서 활자 **미디어의 메시지적** 성격을 통찰하였다. 그는 자신이 확립한 미디어가 '전기=텔레비전'이라고 생각했지만, 사실은 대중매체 은하계였다. 이 점에서 그는 메시지성을 인식하지 못한 것이다. 지금 대중매체 은하계가 위태롭다. 인터넷을 주 미디어로 삼아 다른 미디어를 복속하는 중인 미디어 생태계, 바로 네트워크 생태계가 주도권을 잡아가고 있기 때문이다. 이 책의 제목인 정보사회란 네트워크가 구성한 미디어 사고방식, 곧 매클루언의 말을 빌리자면 네트워크 은하계를 가리킨다. 때문에 정보사회라는 말은 원칙적으로 인터넷을 기반으로 삼는 네트워크 사고방식을 의미한다.

이제 우리가 다룰 것은 네트워크 미디어 사고방식으로서의 정보사회에 대한 분석, 즉 미디어의 메시지화에 대한 분석이다. 그러나 이는 미디어의 본질적 자기지시성에 비춰볼 때 필자에게도 해당한다. 독자는 당연히 다음과 같이 물을 것이다. 분석자 본인도 네트워크 사고방식의 내부에 있는 이상 그 틀의 제약을 받지 않겠는가. 사고방식의 바깥으로 나가려 해도 결국 사고방식의 내부에서 착각하고 있는 것이 아니겠는가. 매클루언도 마찬가지 전철을 밟지 않을 것이라고 어떻게 보증할 수 있는가. 이제부터 철학적 논의를 시작하고자 한다. 이는 이 책 전체의 방법론적 문제이기도 하거니와 정보사회의 구조분석, 즉 정보사회 비판이기도 하다.

미디어론은 숙명적으로 자기지시Selbstreferenz이라는 십자가를 짊어지고 있다. 왜냐하면 미디어론의 고찰대상이 당시 광범위하게 유통된 것prevalent 뿐 아니라 지배적인prevailing 주도적 미디어이기 때문이다. 이는 바로 대상을 관찰·분석·기술하는 대상인 주 미디어를 사용해야 한다는 것을 뜻한다. 수학자인 뢰프렌의 말을 빌리자면 미디어론이란 자기서술적autological 분야라고 할 수 있다.16 또, 롤랑 바르트의 말을 빌리자면 미디어란 '서술 décrire의 영도'degré zéro라고 할 수 있다. 활자 미디어 사고방식, 즉 구텐베르크 은하계라는 시각에서 음성 미디어의 사고방식을 분석하면서, 새로운 네트워크 미디어의 입장에서 대중매체적 사고방식을 평가하는 것은 아무 문제가 없다. 왜냐하면 검토대상인 미디어 사고방식의 외부에 관찰 시점을 구축하였기 때문이다. 그러나 매클루언의 텔레비전분석이나 정보사회에 대한 비판적 고찰은 자기지시의 패러독스를 지니고 있다. 매클루언의 경우 활자에 입각한 '논리적=선형적' 분석을 비판함으로써 자신에 대한 실질적 분석을 금기시하고 말았다. 감성적으로 모자이크 처리한 '텔레비전'적 사고방식을 동일화함으로써 도피적 태도를 정당화하였다. 그럼에도 학문과 지식 수준의 관찰, 즉 학지für uns적 수준의 관찰임은 분명하다. 우리가 매클루언을 부정한다 해도 활자 미디어를 노골적으로 무시할 수는 없다.

우리는 정보사회에 대한 분석에서 개별 현상이나 요소를 관계성 수준에서 관찰하고 총체적 체계에 이르고자 한다. 체계 내부에서 전체를 파악하는 방법은 어떤 의미에서는 체계의 외부에 이르는 길이다. 물론 체계의 전부를 신처럼 초월적인 위치인 외부에서 파악한다는 것은 아니다. 이는 불가능하다. 대신 하향적 absteigend 분석을 경유하여 상향적aufsteigend 종합으로 나아가 체계 자체의 존립 구조를 내부에서 서술할 수 있을 것이다. 마르크스가 자본das Kapital의 체계적 운동을 비판적으로 서술하기 위해 채용했던 방법이다. 이를 통해 내부에서 외부를 관찰할 수 있다. 이는 체계 외부를 알기 때문이 아니라 체계의 '자기인식＝자기비판'을 위해 그 외부를 드러낸다는 의미에서 칸트의 초월론적 transzendental 시각에 해당한다.

'헤겔→마르크스→히로마츠 와타루'[17]로 이어지는 이 방법은 일상적 의식für es이 자기지시적 운동의 물화에 불과함을 지적한다. 즉, 상식에 입각한 단편적 양상으로 드러나는 구체적 사물이나 현상, 예컨대, 상품과 화폐가 변항[7) 형식의 고차함수, 즉 자본주의로 표현되는 것이다. 이를 학지für uns 수준에서 관찰Beobachtung하는 동시에 체계의 즉자An-sich적 형태도 해명한다. 이 경우 즉자 형태란 학지를 통한 관찰이 '진리＝에피스테메'$^{\epsilon\pi\sigma\tau\acute{\eta}\mu\eta}$로 대상에 귀속되어 진실태로 실체화됨을 뜻한다. 일상적인 경험에서 자명한 것으로 생각되는 예를 들자면, 별들의 일주운동이라는 현상은 사실 가상적 '억견＝독사'$^{\delta\delta\xi\alpha}$에 불과하며 '진실＝본체＝실체'는 지구의 공전과 자전이라는 사실이다. 이때 대상에 관한 진리인 지구의 공전과 자전이 천문학이라는 학지를 통한 관찰을 바탕으로 매개된 인식임에 주의해야 한다. 다시 말해, 이런 고차원의 인

---

7) 역자주 – 'a는 아름답다.'라고 할 때의 a를 가리킴

식이 대상으로 귀속되는 '존재=실체'화된 사태, 즉자 형태이다.

　물론 학지는 제도적 권위를 전혀 가지고 있지 않다. 우리가 별들의 일주운동이 지구의 공전과 자전임을 알 때 이미 일상적 의식을 넘어 학지의 입장에 서는 것이다. 일상적 의식은 '그 이상, 바깥으로'etwas Mehr, etwas Anderes라는 학지로의 초월을 감행한다. 바꿔 말해, '고립된 개인'das Ich이라는 '억측적 사고=일상적 의식'이 메타 수준의 고차원적 의식으로 발전할 때 자아는 학지 für uns의 일원으로서 우리Wir의 견지에서 자신을 가리킨다. 헤겔의 이른바 '우리로서의 우리=자아로서의 우리'Ich das Wir, und Wir, das Ich ist라는 경계가 '학지로서의 개인적 자아=개인적 자아로서의 학지'를 이루는 것이다. 결국 학지란 일상적인 여러 현상을 체계적 학Wissenschaft의 수준에서 관계적 태도 내지 체계 System에의 의지로 바꾸는 작업이다.

　앞서 본 '서술=인식'의 구조는 정보사회에 대한 체계적 비판을 지향하는 이 책에서도 관철된다. 이는 '저자=독자'의 분열과 통일이라는 경계상의 우리Wir를 가리킨다. '저자=독자'가 협력하여 체계 내부를 총체적으로 파악하거나 체계 내부에서 그 외부로 나아가는, 일상과 학지 양자를 오가는 체계로서의 정보사회 분석인 것이다. 매클루언이 조롱한 단순한 '선형적=이성적'verständlich 성격의 하향적 분석만이 아닌, 그렇다고 매클루언이 실천한 모자이크적 직관도 아닌, 체계 전체를 개념적으로 파악begreifen하는 '전체적=이성적'vernünftig인, 바꿔 말해 매클루언이 말한 상향적aufsteigend이고 체계적systematisch인 학Wissenschaft을 추구하고자 한다.

　학에 입각한 정보사회 비판은 프랑크푸르트학파에게서 전형적으로 나타나는 외부적이고 초월적이며 계몽적인aufklärend, 나아가 고답적이고 무조건적인 것과는 확실히 다르다. 여기서 비판이란 일상적 의식과 학지적 관찰의 왕복을 오가면서 체계를 내재적으로 초월하는, 그렇게 함으로써 일상적으로 드러나는 구체적이고 사물의 질료성이나 현상의 의의를 체계적인 학지 수준에서 반성하는 것이다. 즉, 체계의, 체계에 의한 자기지시적 반성 Reflexion으로서의 비판이다. 거칠게 말해, 칸트의 이성 비판, 매클루언의 비판을 계승한다. 정보사회의 분석은 구글, 빅데이터, SNS, 인공지능, 로봇, 정보윤리 등이 왜 선호되고, 왜 세간의 주목을 받게 되었는가를 밝히고자 한다. 화제거리나 현상을 '발단 anfang = 단서^{ἀρχή}' 삼아, 곧 일상적 의식을 출발점 삼아 하향적 소재^{ὕλη} 분석에서 체계 전체에 이르는 상향적 종합을 지향한다. 결국 학지적 수준에서 질료의 '형상^{εἶδος} = 체계적 의의'를 발견하는 작업이다.

0-3-2 지와 학

이 장 전반부에서 다룬 지식인과 학자 대립으로 다시 가보자. 매클루언은 학자를 학계라는 닫힌 활자 미디어 사고방식(= 구텐베르크 은하계)에 속한 '선형적 = 이성적' 사고만 가능한 종족으로 간주하였다. 매클루언은 텔레비전을 활용해 선정적 퍼포먼스를 연출하는 모자이크적 정보처리에 탁월한 자신과 전통 지식인을 대립시킨다. 이때 매클루언이 인식하지 못한 것, 혹은 알면서도 은폐한 것은 지식인이 학자에게 의존한다는 사실이다. 이는 매클루언도 예외가 아니다. 지식인은 시의적절한 담론을 센스있게 독자적으로 선택하거나 쉽고, 말끔하게 그리고 유쾌하게 대중을 계몽하고 여론을 선도한다. 그러나 지식인이 전제하는 담론의 자원, 담론의 풀은 학자들이 쌓아온 성과이다. 물론 무노 다케치나 이시무레 미치코, 고바야시 히데오나 요시모토 다카아키, 오오시마 나기사나 노사카 아키유키, 오오에 겐자부로나 오다 마코토 등 이른바 재야의 지식인 계보가 존재한다. 반면 지식을 장난감 삼아 휘두르는 자칭 지식인도 있다. 전자는 대항적 존재인 반면 후자는 이를 사칭하는 존재로서 정통적 권위자로서의 학자를 염두에 두고 있다. 매클루언이나 일본의 경우 가토 슈이치와 같이 지식인과 학자를 겸비한 경우도 있으며, 이는 그 사람의 전문분야 밖으로까지 '학자=학문' 영역이 확대된 경우이다. 이 경우에도 지식인은 학자를 전제로 한다.

지식인의 사회적 기능은 학문적 논의를 대중을 위해 약속·번역·해석 혹은 재해석하는 것이다. 지식인이란 학자와 대중 사이에서 양자를 중개하는 중개업자이다. 배포에 이용하는 것이 대중매체이다. 학자는 바벨탑에 갇힌 전문바보에 비유되는가 하면 지식인은 균형감각을 지닌 세속적 '지식=지혜'를 통해 찬사를 받는 경우도 있다. 이 또한 대중매체가 주 미디어로서 비판 능력을 지닌 시대에 가능했던 일이다. 대중매체 시대에 지식인의 영향력은 범위나 실천력에 있어서 절대적이었다. 가장 융성했던 시기에는 정치·경제적 영향력에 있어서 학계를 넘어서는 권위, 이른바 제4의 권력을 뽐냈다.

그러나 오늘날 네트워크 사고방식의 성립으로 '대중매체-대중'이라는 위계적인 구조는 황혼을 맞이하고 있다. 그리고 대중매체의 종말과 더불어 '대중=덩어리'塊, mass 또한 균질적이고 수동적인 존재에서 스스로 정보를 발신하는 능동적이고 고립된 사람들인 군중crowd, 즉 연합체collective로의 변용을 감행하는 중이다.18 다만 제3장에서 보게 될 것처럼 정보 발신이 아닌 정동情動의 노출에 불과하다는 것을 알게될 것이다. 이제 단순한 중개업에 지나지 않는 지식인은 면직 처분되었다. 1960년대에 매클루언 자신이 선두에 서서 화려하게 어필했던 지식인은 이제 바람 앞의 등불이다. 지식인을 대신해 현재 지식의 수집·유통·가공을 조절하고 학문의 사회성 및 권력관계의 재편을 주도하는 것은 학자 출신이 만든 검색 서비스 기업 구글이다.

구글의 범용지식 기획과
철학의 종말

제1장

구글의 범용지식 기획과 철학의 종말

1-1 구글이라는 문제

1998년 창립한 구글은 웹 검색 엔진 개발로 출발한 벤처 기업이었다. 그러나 현재 파죽지세로 성장하고 있다. 구글이 다루는 분야는 범용성, 다종다양성을 띠며 아메바처럼 막힘이 없다. 빠르고 정확도 높은 웹 검색기술은 창업 이후 현재까지도 이 회사의 핵심이다. 이 외에도 개인용 컴퓨터나 모바일 단말기용 플랫폼인 크롬Chrome OS 및 안드로이드Android OS 개발, 플랫폼을 따지지 않는 사스SaaS: Software as a Service와 클라우드 컴퓨팅 서비스, 대학도서관을 중심으로 한 도서 콘텐츠의 전자 아카이브화 Google Books, 지도정보와 지피에스GPS 및 검색의 연동, 최근 교통 시스템의 도입에 따라 실용화를 목전에 둔 자율주행차, 자동 인덱스 생성을 통해 시시각각 순위가 바뀌는 뉴스기사를 알고리즘화하는 사업Google News도 한다.

이것만이 아니다. 검색 연동 광고에서 새로운 광고 모델의 창출, 유튜브 매입을 통한 동영상 데이터베이스 구축과 검색의 조직화, 인프라 구축을 통한 지구적 수준의 네트워크화Project Loon, 안경형 단말기 개발을 통한 증강현실Augmented Reality, AR의 실현Google Glass,1 딥러닝 기술을 활용한 인공지능Deep Mind 개발 −2016년 3월, 이 인공지능기술을 탑재한 알파고AlphaGo가 이세돌 9단을 이겼다는 소식이 세간의 이목을 끌었다−과 도쿄대학교 학내창업 벤처 기업인 섀프트SCHAFT를 포함한 세계적인 로봇 벤처 기업의 재빠른 매입, 궁극적으로 개인 수준의 게놈 정보를 웹상에 제공하려는 바이오벤처 기업 '트웨니 쓰리 앤 미'23 and Me에 대한 출자, 노령화 사회에 주목받는 바이오기업인 칼리코 Calico 설립을 통한 유전자 공학과 의료정보 분야로의 진출 등 구글의 사업 범위는 도무지 끝을 알 수 없다.

탐욕을 넘어 순수하기까지 한 구글의 야욕의 단서는 창업자의 한 사람인 세르게이 브린이 운영하는 구글 엑스Google X라는 이름이 붙은 비밀개발부서의 존재에서 엿볼 수 있다. 사람들은 세간의 이목을 끄는 구글의 활동에서 다양한 의미와 징후를 읽어낸다. 예컨대, 구글을 통해 포디즘 이후 인지활동조차도 노동에 포섭되어 착취 대상으로 삼는 인지 자본주의의 최전선을 확인할 수 있다. 구글을 예로 삼아 인지노동의 착취를 일삼는 고도정보사회에서 새로운 단계의 자본주의를 모델화할 수 있다.2 또, 조너던 베라가 영화 분석에서 채용한 미디어 기술을 이용한 '주목' 관리 이론인 '주목 경제'economy of attention를 네트워크 미디어 논의로 확장할 수 있다. 이를 통해 미시적이고 미디어론적인 관점에서 '주목'이라는 자원을 독점하려는 구글을 고발하고 재분배 문제를 다루는 일도 가능하다.[3] 혹은 구글을 무료화하는 비즈니스 모델의 확립자로 간주하여 네트워크 미디어와 여기서 유통되는 정보 상품에 관한 사고방식의 전환을 논할 수도 있을 것이다.[4] 세계 각지에 널린 자사의 서버군이 모이는 데이터센터 하드, 고도의 병렬분산처리기술이라는 소프트웨어로 가능해진 데이터수집의 극대화, 네트워크를 통해 실현되는 집단지성wisdom of crowd을 활용한 최적 해법의 발견을 추구하는 구글의 철학이 지닌 의미를 풀어나갈 필요도 있다.[5]

나는 지금 거론한 과제들이 구글이라는 문제에 접근하는 데 유효한 시각을 제공하리라 믿는다. 특히 베라가 제공한 '주목'이라는 문제는 영화나 인터넷 같은 특정 미디어의 분석을 넘어 신체 미디어를 포함한 미디어 일반의 해명에 폭넓은 시각을 제공해 줄 것으로 보인다. 나는 이 논의들을 접속시키고자 한다. 그렇다고 이 장에서 앞서 말한 과제들을 모두 다룰 수는 없다. 그것은 우리가 구글이 드러내는 개별 현상만을 보는 것이 아니라, 기술이나 미디어라는 관점에서 통시적으로 보고 현재를 상대화하여 정보사회의 본질을 알기 위해서이다. 때문에 이하에서 다룰 구글에 대한 분석과 평가는 철학적·사상사적 수준의 그것이 될 것이다.

1-2 범용지식의 사상사

구글이 지금까지 해왔고 현시점에서 표명하고 있는 기업정책을 사상사적 맥락에서 보면 새로움과 옛것의 동거라는 기묘한 양상을 발견할 수 있다. 새로움이란 최신 테크놀로지를 통해 20세기 전반에 영광을 누려온 대중매체적 사고방식을 대신하여 네트워크 미디어적 사고방식, 즉 정보사회라는 새로운 사고방식을 선도하는 돌파구를 열어왔다는 사실이다.6 그러나 구글이 내건 "일체의 정보를 수집하여 정리하고 누구나 활용할 수 있게 한다."7라는 이상주의적인 목표는 오래전부터 있어 온 지적 전통이다. 우리는 현재 구글의 시도에 관련된 지적 전통을 범용지식pansophy으로 부를 수 있으며 그 역사 또한 더듬어 볼 필요가 있다.

1-2-1 범용지식의 신화

범용지식의 역사는 신화라는 모습으로 고대에 시작되었다. 오늘날 우리는 대중매체적 사고방식에서 저자가 창작한 작품인양 신화를 자명한 것으로 받아들인다. 때문에 그 상대성을 고려하지 않은 채 도식을 적용하여 보편적 범주, 곧 설화 형식의 문학작품으로 이해한다. 그러나 고전학의 대가인 토론토학파의 미디어론 연구자 에릭 해블록은 호메로스의 『일리아스』, 『오디세이아』를 바탕으로 『플라톤 서설』8 및 『그리스의 정의 개념』9이라는 두 저서에서 다음과 같이 설명한다. 신화란 일반적으로 문학작품만이 아닌 어떤 공동체의 기원이나 영웅담을 포함한 역사적 업적, 따라야 할 규범, 조상으로부터 물려받은 지혜나 기술 등 세상 모든 지식을 포함한 백과사전적 우주라는 것이다. 그것은 어른에서 아이까지 공동체 성원 간에 축적되어 온 결과, 즉 자연발생적인 지식의 체계인 것이다. 물론 구글이 사훈이나 기업이념에 신화를 문자 그대로 내걸고 있지는 않다. 그러나 일체의 정보를 수집하여 정리하고 누구나 활용할 수 있게 한다는 이념을 포함한다는 점에서 신화는 범용지식임에 틀림없다.

이때 두 가지를 유의해야 한다. 첫째, 신화는 음성이라는 미디어적 사고방식에서 나온 범용지식으로서 암송의 형식을 취한다는 점이다. 이는 인간의 생리적 기능인 개체 수준의 내부 기억을 넘어 집단적 기억으로 변하여 공동체에 정착한다. 그리고 '이야기=내러티브'와 정형적 표현formula이라는 테크놀로지를 산출한다. 이야기는 연극이나 축제 등 의식ritual의 형태로 외부기억을 가능하게 해준다. 정형적 표현은 반복을 통해 리듬을 낳고 신체적 동작이라는 외부기억을 만들어낸다. 둘째, 해블록이 강조한 것으로서 신화는 공동체 성원의 사회화socialization 수단, 즉 교육적 기능을 담당한다는 점이다. 플라톤이 『국가』에서 시인의 추방을 강경하게 주장한 것, 시인이 리듬을 타고 신화를 읊어대는 것을 혐오한 이유는 그것이 젊은이들을 전통에 생각없이 노출시킨다고 보았기 때문이다. 시인은 소크라테스에게서 계승한 새로운 교육, 즉 철학$^{\varphi\iota\lambda o\sigma o\varphi\iota a}$을 좌절시키는 존재이다. 철학은 이데아계의 진리만을 동경하고 낡은 전통적 관습을 비판한다.

1-2-2 문자 미디어 사고방식에서 세 가지 범용지식

문자라는 미디어의 발명을 통해 범용지식 기획은 두 번째 단계에 이른다. 문자 미디어는 범용지식에 물질적 기반support을 제공한다. 범용지식은 확고한 외부기억인 책 형태의 파피루스나 양피지 혹은 종이에 안료와 염료를 바른 것이다. 여기서 범용지식은 세 가지 형태로 나타난다. ① 박물지natural history, ② 백과사전encyclopedia, ③ 교과서textbook가 그것들이다.

1-2-2-1 범용지식으로서의 박물지

먼저 박물지부터 살펴보자. 박물지를 최초로 시도한 사례는 로마의 정치가이자 문인인 대大 플리니우스가 1세기에 편찬한『박물지』*Naturalis Historiae*이다. 그러나 이 저서는 플리니우스가 서문에서 밝히고 있듯이 발췌한 책이라는 성격이 강하여 범용지식이라고 보기에는 부족하다. 기재된 지식이 간접적인 점도 문제이다. 필자가 염두에 두는 것은 18세기의 박물학자 칼 폰 린네가 분류학으로서의 박물학을 확립한 이후의 박물지이다. 린네는 사물을 수집하여 차례로 분류하고 이름을 붙여 기술하는 방법을 통해 패턴화된 의미를 부여하는 방식으로 범용지식을 수집하였다. 그는 일체의 피조물을 수집하여 분류함으로써 은폐된 자연의 체계Systema Naturae를 밝히고자 하였다. '조물주＝신'의 업적을 이해하고 찬양하는 자연신학적 계획이다. 그러나 의도와 달리 이 시도는 세속화와 체계화를 낳았다.[10]

실제 산업혁명 이후 19세기의 박물지는 차차 세속화되어 사람들 사이에서 유행하기 시작하여 영국 빅토리아기에 이르면 절정에 이른다. 세속화된 박물지는 분류나 서술보다 물건의 진품 여부, 희소성과 수집에 대한 집착으로 수렴되어 시대적 강박관념을 낳았다. 본질적으로 수집은 매우 개인적이고 비밀스런 행위이다. 이 사적 성격과 비밀스러움이 수집의 범용지식화를 방해한다. 수집에 대한 열광이 일단락되고 박물관이라는 형태로 공개될 때 그것은 공공성을 획득한다. 그리고 사회교육의 기능을 담당하기 시작하면서 범용지식의 성격을 띤다.

1-2-2-2 범용지식으로서의 백과사전

다음은 백과사전이다. 백과사전과 박물지에는 연속성이 존재한다. 게다가 박물지의 발전형으로 백과사전을 이해하는 것도 가능하다. 그러나 범용지식의 한 형태인 백과사전을 박물지와 비교해 보면 세 가지 차이점이 드러난다. 첫째, 박물지 형태의 범용지식에서 두드러지던 물건에 대한 집착은 백과사전에 이르면 잠잠해지고 중점 또한 서술로 이동한다. 둘째, 범용지식의 대상이 박물지에서는 자연natura에 한정되었지만, 백과사전에서는 기술, 공예는 물론 사상을 포함한 인간사 전반으로 확장된다. 이제 세계mundus 개념이 자연 이외의 문화적 영역, 정신적 영역까지 포함하게 된 것이다. 셋째, 서술은 단순한 분류의 결과만 제시하는 것이 아니라 검색을 고려한 스타일을 채용한다.

그러면 중점이 물건의 수집에서 서술로 이행한다는 의미부터 생각해 보자. 이는 기호signe와 표상représentation으로 세계를 파악하려는 푸코적 시도가 백과사전에서 현재화되었음을 뜻한다.11 즉, 백과사전에서 범용지식이란 사물 자체를 파악하는 것이 아니라 모든 사물에 기호와 표상이라는 투망을 던져 분할선을 긋는 작업, 즉 기호와 표상에 입각해 모든 존재에 대한 표tableau를 작성하는 작업이다. 여기서 백과사전의 모델로 염두에 둔 것은 18세기 후반 프랑스에서 간행된, 또 오늘날 백과사전이라는 말로 이미지화된 『백과전서』*L'Encyclopédie*이다. 이 이념을 보여주는 것이 달랑베르가 작성한 인간지식의 계통도이다.

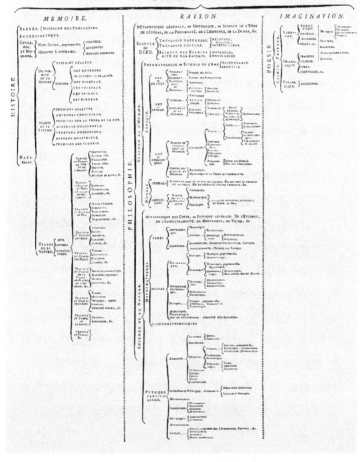

그림 1 인간지식의 계통도

다음으로, 우리의 고찰대상인 구글의 범용지식을 생각해 보자. 생물학에서 다윈의 진화론, 지질학에서 라이엘 경의 주장이 정설로 시민권을 얻기 전부터 존재했던 것이 있다. 바로 자연은 순환적인 것으로서 변화를 수반하더라도 기본적으로는 만고불변의 피조물이라는 생각이다. 이 생각이야말로 자연의 질서에서 신의 계획을 보고자 한 린네 류의 박물학적 범용지식을 가능하게 했다. 범용지식이 자연 분류학의 박물지로 존재하던 시기에 그것을 확립하고 나면 반영구적인 유효성을 얻는다. 그러나 범용지식의 대상으로 문화사상이 들어서면 이야기는 달라진다. 기술이나 공예, 제도나 사상은 진보를 거듭한다. 이들 지식은 말할 것도 없이 어떤 시점, 어떤 시대의 지식에 불과하며 시간이 지나면 개정 작업이 필요하다. 백과사전이라는 범용지식은 지식의 영원성을 포기함에 따라 생성하는 지식을 단면으로 절취한 것이자 **동시대** 지식의 집대성이라고 할 수 있다. 여기에는 '지식savoir은 생성devenir하는 것'이라는 인식이 들어 있다. 이는 달랑베르가 쓴 백과전서 서문에서 인간지식의 계통도와는 다른 질서를 띤 관념의 생성사로 나타난다.

세 번째도 구글의 범용지식 기획과 밀접한 관계가 있다. 백과사전의 시초인 『백과전서』는 첫째, 범용지식의 대상 영역을 분류한 결과에 따른 공간적 질서, 둘째, 발생론적·생성사적인 시간적 질서 그리고 알파벳 순서 항목을 취하는 기계적 배열이라는 외재적·형식적이고 의미 배제적인 제3의 질서를 갖는다. 이 제3의 질서에 따라 백과사전으로의 무작위적 접근이 가능해지고, 이용자의 용도에 맞는 색인을 통한 검색을 핵심 기능으로 장착하게 된다.

검색이라는 이 마지막 논점은 범용지식의 기본 성격이 변했음을 보여준다. 즉, 범용지식이 대상 자체의 존재론적 원리를 따르는 질서가 아니라 이용자의 편익이라는 논리를 따르기 때문이다. 이는 범용지식이 일상적인 삶에 쓸모 있고, 사용될 가치가 있는 실용적 지식이 되었음을 뜻한다. 『백과전서』가 동시대의 광범위한 실용적 기술을 포함한 것은 결코 우연이 아니었다.

백과사전이 가진 이용자 지향성은 그 교육적 기능과도 연관된다. 백과사전의 라틴어인 엔시클로페디아encyclopaedia는 본래 그리스어인 'ἐγκύκλιος παιδεία'에서 유래하였다. 'ἐγκύκλιος'의 원뜻은 순환으로서 이를 강조할 때에는 다양한 지식이 순환적으로 조직된 통일체라는 이미지를 떠올릴 수 있다. 오늘날 우리는 이 말을 이렇게 이해한다. 그러나 'ἐγκύκλιος'에는 주기적이라는 뜻에서 전환된 통상적이라는 의미도 있다. 그래서 'ἐγκύκλιος παιδεία'는 그리스 시대에 전문교육 이전의 일반교육, 입문교육이라는 의미로 사용되었다. 이 경우 중점은 오히려 'παιδεία', 즉 교육 쪽에 있다. 철학자인 라이프니츠나 헤겔 모두 독자적인 범용지식을 기획한 끝에 백과사전을 구상하고 집필하였다. 그러나 그들의 경우 보편기호법characteristica universalis에 의거한 원리로부터의 연역(라이프니츠의 경우)12이나, 부분과 전체의 분리 불가능성(헤겔의 경우)13 같이 범용지식의 통일성에 중점을 두었다. 이에 비해 『백과전서』는 범용지식의 통일성보다 교육성에 주안점을 둔다. 유연한 검색 시스템에 의해 획득한 보편적 교육성이야말로 『백과전서』가 지식의 빛lumière으로 어둠을 일소하는 계몽Lumières의 미디어가 될 수 있었음을 기억해야 할 것이다.

1-2-2-3 범용지식으로서의 교과서

마지막으로 교과서를 살펴보자. 범용지식의 기획 중 하나인 교과서는 16세기 인문주의자인 페트루스 라무스와 그의 사상을 계승한 라무스주의자들(라미스트) 및 17세기에 활약한 체코의 실천적 사상가인 코메니우스에 의해 구체적인 모습을 갖추었다.

라무스가 시도한 범용지식은 개념을 하위 단계로 이분할하는 방법을 적용한다.14 예컨대, 어떤 명사 항목의 설명에서 우선 그 것을 두 가지 하위 항목으로 나누고 각각의 것을 다시 이분할하여 분류 가능성이 다할 때까지 이 작업을 이어간다. 라무스와 라미스트들은 이 방법을 모든 사항, 모든 학예과목에 적용함으로써 거대한 교과서를 만들었다. 라무스 연구자인 월터 옹이 작성한 『라무스=탈론 저작 목록』에 따르면 그 수는 1,100종을 넘는다.

범용지식을 위해 도입한 라무스의 방법은 구글의 기획과도 연관이 있는 두 개의 효과를 낳았다. 하나는 지식의 생성과 정리의 자동화 및 알고리즘화이다. 이분법이라는 방법이 삼라만상에 적용됨으로써 모든 대상을 분류하고, 정의하여 교과서에 넣을 수 있게 되었다. 이에 따라 세계 전체에 대한 분류 목록을 작성하는 폭도 넓어졌다. 그러나 이는 방법이 내용에서 분리되는 최초의 가능성을 보여준 것이기도 하다.

지금까지는 아리스토텔레스의 논리학 체계에 따라 어떤 대상의 내용이 방법을 제약해 왔으며 방법은 어디까지나 대상 의존적이었다. 그런데 라무스는 내용과 관계없이 이분법이라는 하나의 방법을 모든 대상에 적용하였다. 즉, 내용에 대한 이분법이 반복적이고 기계적인 방법으로 적용되어 사고의 자동화와 기술

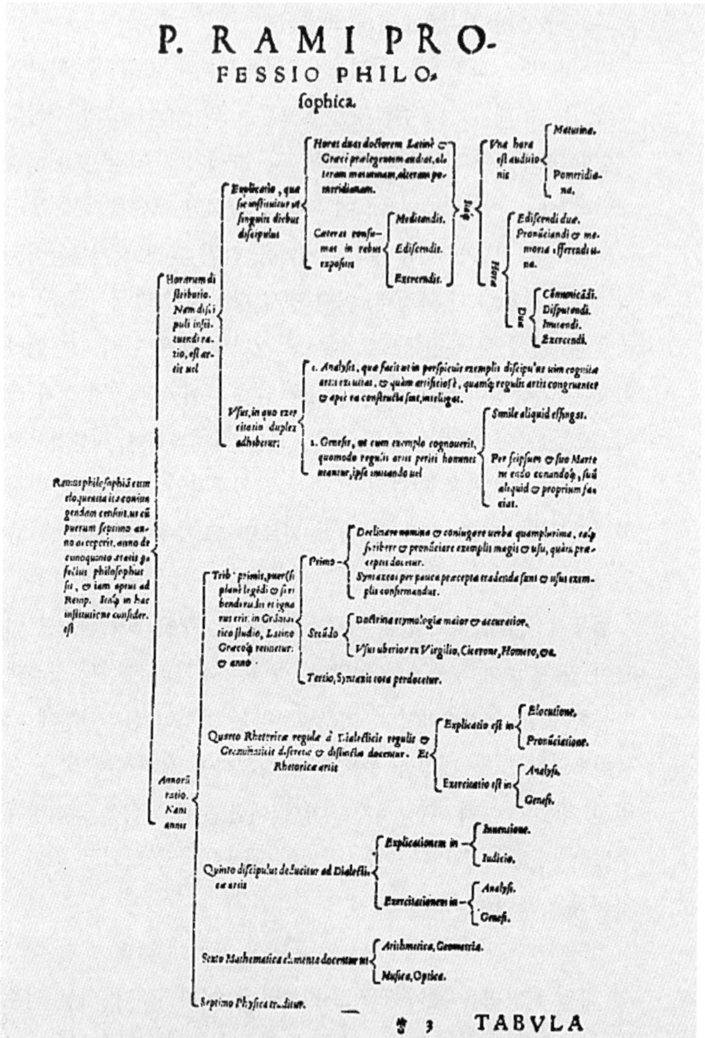

XIV. WHAT IS ART BUT RAMUS METHODIZED? (ED. FREIGE)

그림 2 라무스의 이분법

화를 진전시킨 것이다. 옹은 라무스의 방법을 컴퓨터 프로그램에 비유하면서 이분법이란 이항구도, 디지털의 선구라고 말한다.15

둘째, 교과서가 이분법을 기본원리로 삼는 일관성과 완결성을 가짐에 따라 그것은 외부의 참조를 필요없는 하나의 소우주, 폐쇄계를 만들어낸다. 라무스의 이분법에 입각한 방법 일원론은 일종의 분류 기술이지만 이는 많은 파일을 박스에 정리하는 행위에 가깝다. 즉, 교과서가 이런 파일박스, 용기容器의 이미지를 부여받아 거기에 지식이나 사상이 투입된다. 이런 발상 아래 지식이나 사상도 재고상품처럼 인식된다. 즉, 고유의 방법과 분리되어 사물화된 내용으로 이해된 지식에 라벨이 붙는다. 그리고 교과서라는 창고에 적재되어 재고품으로 관리된다.

교과서의 형태를 띤 범용지식은 코메니우스에 의해 기술화와 알고리즘화를 높여 나간다. 코메니우스가 공부하던 시대의 독일은 헤르보른에서의 유학을 허락하였는데(1611~13), 이 땅은 당시 라무스주의의 중심지 중 하나였다. 코메니우스는 여기서 라무스주의의 세례와 감화를 받아 독자적인 범용지식을 구상했다.

코메니우스는 자신의 기획을 범지학汎智學, pansophia, pansofia으로 불렀지만 가장 큰 특징은 범지汎知와 교육 간의 방법상 일체화에 있다. 라무스의 교과서 편찬에서는 방법이 범지의 편제 원리로 채용되었으나 코메니우스에게 방법은 대상을 넘어 '교수-학습'이라는 교육 실천으로 확장되었고 이는 교수학didactica으로 정식화했다.

범지는 결코 특정 단계의 독점물이 아니라 '모든 사람이 모든 것을 철저하게'omnes omnia omnino 학으로 삼을 때라야 얻을 수 있다. 여기서 범지를 어떻게 교수教授할 것인가, 또 범지를 어떻게 배울 것인가라는 실천적인 범지교육汎知教育의 방법론이 요청된다. 이것이야말로 교수학인 것이다. 교수학은 범지 전체를 만인이 효율적이고 즐겁게 배울 수 있는 방법을 제시한다. 이는 어떤 시기에 무엇을, 어떤 순서와 방법으로 실수 없이 가르치고 배울 것인가에 관한 구체적이고 상세한 매뉴얼로서 커리큘럼에 해당한다. 코메니우스에게 범지학은 본질적으로 교수학으로 보완되어야 한다. 양자는 동전의 앞뒷면으로서 범지의 구동을 위해 필요한 두 축이다.

이렇게 교과서라는 모습을 취한 범지는 일원화된 방법이 대상을 넘어 교육 실천을 포함하는 모든 과정을 가리킨다. 코메니우스에게 범지의 교육 방법인 교수학과 교수 내용인 범지학은 내적으로 유기적인 연관을 맺고 있다. 이에도 불구하고 코메니우스에게 교육 방법은 라무스와 마찬가지로 교수 방법 및 내용과 아무 관계도 없이 서술되고, 자동화되고, 반복적인 알고리즘으로 진행된다는 사실이다. 이것이 바로 현재 교육공학educational technology이라는 이름으로 각 대학이 격전을 벌이는 능력개발FD: faculty development이다. 역사적으로 볼 때, 이런 기획은 지금 교육계에서 유행하는 컴퓨터 지원교육CAI: Computer Assisted Instruction을 포함해 현장의 교원들에게 교육의 자동화 사상이라는 흐름을 도입하였다. 즉, 교육으로부터 인격적 영향력을 최대한 배제하고 교사의 기술에 관계없이 프로그램화된 교수 작용을 수행하는 것 말이다.

한 가지 더 지적하고자 한다. 라무스주의에서는 지식을 재고 상품으로 간주하는 실용주의적인 사상이 보이며, 이것이 라무스주의가 칼뱅주의자들에게 널리 수용된 배경이다. 그러나 코메니우스에게도 지식의 실용ususi이 강조된다. 범지는 단순한 관조의 대상이 아니다. 그것은 행위operatio의 지침이다. 실용적이지 않다면 아무 의미도 없다. 『대교수학』의 서장에서 코메니우스가 범지의 궁극 목적으로 현세를 초월한 존재나 가치를 내세웠음에도,16 개개의 구체적 서술이나 제안을 보면 실용을 행위나 지식notitia보다 우위에 두는 현실주의17를 볼 수 있다.

1-2-3 범지의 세 계기

지금까지 문자 미디어에서 범지의 물질적 정착에 관한 세 가지 양태, 즉 박물지, 백과사전, 교과서를 개관하고 특성을 정리해 보았다. 앞서 범지란 모든 지식을 채집하고, 정리하고 누구나 이용할 수 있게 하려는 시도라고 정의했지만 이 정의에는 세 가지 계기가 잠재해 있다. 첫째, 지知란 **무엇에 관한** 것인가라는 대상적 계기. 둘째, 그 지는 **누가 누구의** 사용을 위해 제공하는가라는 설계자와 이용자의 계기. 마지막으로 그 지는 어떤 **존재론적 성격**을 갖는가라는 지 **자체**의 계기가 그것들이다. 문자 미디어에서 범지는 이 세 가지 계기에서 각각 어떤 특징을 보이는가.

음성 미디어 사고방식에서 성립한 신화라는 범지는 성원 행동 규범이나 생활의 지혜로 그것의 공유 여부를 판단한다. 이에 따라 범지는 공동체 각 성원을 결합하는 역할을 담당한다. 즉, 범지는 공동체에 녹아들어 일체를 이룬다. 때문에 앞서 거론한 범지의 세 가지 계기는 공동체 속에서 분리 불가능하다.

그런데 문자 미디어 사고방식에서 범지의 긴밀한 일체화는 점차 느슨해져 이 세 개의 계기가 풀어진다. 우선 대상의 계기부터 보자. 린네의 박물학이나 계몽기의 백과사전 혹은 코메니우스의 범지학에서 현저히 두드러지는 것, 문자적 사고방식의 범지는 당초 신적 질서나 자연, 세계라는 실재를 지의 대상으로 삼았다. 즉, 범지란 이런 실재의 사본이나 다름없다. 그런데 대상의 사본인 지가 방대해져 점차 대상을 능가하기 시작한다. 린네의 분류학이나 라무스의 이분법에서 밝혀진 것처럼 문자 미디어에서 지란 실제로는 기호에 의한 대상의 분절화이자, 대상에 구별이라는 그물을 드리우는 행위이다. 구별이 진전되면 될수록 대상은 세분화되고 그 수는 방대해진다. 대상의 풍요로움이란 사실 그물코 항목의 상세화이다. 또, 이는 기호의 해상도를 높이는 작업이다. 이렇게 당초 대상의 **사본**에 불과했던 범지가 대상의 **구성원리**내지 **존재근거**가 되는 주객전도가 벌어진다.

다음으로 '설계자—이용자'의 계기이다. 우리는 박물지, 백과사전, 교과서를 문자 미디어에 특유한 범지로 확인하였다. 그러나 어떤 범지 기획도 활자 미디어가 주 미디어의 자리를 점한 후에야 본격화되었음에 유의해야 한다. 이 사실에는 중대한 의미가 있다. 신화라는 범지는 서사시나 영웅전설의 구연이라는 형태로 발표되고, 참조되며 전승되었다. 그러나 음성이라는 범지의 구전 과정에서는 연출가와 청자가 서로 역할을 바꾸면서 연출자 위치에 선 자가 범지에 독자적인 지식을 점차 부가해 넣는 방식을 취했다. 때문에 설계자와 이용자가 일치하는 미분화된 상태가 보인다. 동시에 범지는 음성이라는 미디어의 용량에 맞는 크기의 지, 즉 공동체 성원이 암기 가능한 크기의 지여야 한다. 그런데 문자 미디어에서 범지는 방대한 두께로 인해 개인이 기억하기 어렵다. 이것이야말로 문자 미디어 사고방식에서 기억술이라는 기술이 탄생한 이유이다. 기억술은 훈련과 특수한 기능을 필요로 하는 비밀 기술이기에 음성 미디어에서 누구나 공유해 온 범지가 문자적 사고방식으로 넘어갈 경우, 소수의 특권적인 범지 설계자들의 점유물로 변하여 밀교처럼 영지 $\Gamma\nu\tilde{\omega}\sigma\iota\varsigma$화하기에 이른다.

이 사태를 개척하고 밀교적 영지와 같은 범지를 일반 이용자가 쓸 수 있게 한 것이 바로 활자 미디어이다. 활자의 등장은 방대한 범지를 기억하거나 기억술을 필요로 하지 않도록 만들었다. 또, 범지를 책으로 대량 복제하여 개인이 소장함에 따라 기억을 외부화하는 일도 쉽게 가능해졌다. 반면 외부화는 나쁜 점도 만들었다. 수십 권에 달하는 책 가운데 목표로 하는 항목이나 서술을 찾아내는 작업을 해 본 사람이라면 알 것이다. 외부화된 기억은 범지의 신속한 참조나 운용을 어렵게 한다. 이 곤란함을 해소하는 기술이야말로 백과전서파나 라무스가 만인의 교육을 위해 개발한 인덱스라는 검색기술이다. 이렇게 활자 미디어에서 범지 설계자와 범지 이용자 간의 역할 분화와 고정이 나타나기 시작한 것이다.

마지막으로 지 자체의 계기를 보자. 음성적 사고방식에서 신화라는 범지는 흔들림이 생기더라도 기본적으로는 동일한 지가 전승되는 것이었다. 그런 의미에서 신화는 네거티브적 말하기 방식을 쓰는 정적인 범지이다. 이 정적 성격이 신화와 같은 전통과 전승을 본질로 삼는 지에서 결정적으로 중요하다. 이에 비해 문자 미디어 및 활자 미디어 사고방식에서 범지는 백과사전의 특성을 묘사하는 작업에 이미 다가서 있으며, 그 본질은 성장하고 진화하고 있는 것 혹은 생성하는 것에 있다. 기호체계, 표상

체계로서의 범지는 대상 및 참조자라는 계류지점에서 간신히 연결을 멈추더라도 이미 자율이며 독자적이고 폐쇄적인 영역을 형성하였다. 폐쇄영역으로서의 범지는 라무스의 이분법에서 전형적으로 나타나며 독자적인 알고리즘에 기반한 자기조직화를 통해 지를 증식시켜 나간다.

1-3 전뇌범지

문자, 정확히는 활자 미디어에서 대상과 '설계자—이용자'라는 두 계기의 속박을 벗어나 자율적인 생성Werden을 연 범지. 범지는 전자 미디어의 발흥에 힘입어 자기조직화18와 증식 운동을 빠른 속도로 이어 나갔다. 전자 미디어는 디지털적인 것과 네트워크적인 것이라는 두 가지 특성을 통해 범지의 성격을 바꾸었다. 이를 대상, '설계자—이용자', 범지 자체라는 세 개의 참조틀을 통해 살펴보자. 먼저 범지 자체의 특성부터 보자.

전자 미디어의 디지털적 성격은 두 가지 점에서 범지를 대폭 강화하였다. 그것은 지로부터 의미를 추출하여 최종 데이터인 정보19로 환원함으로써 문자뿐 아니라 도상, 영상, 음성 나아가 가치 같은 모든 형상을 범지로 들여보냈다. 의미로 전환된 범지는 방대한 영역을 손에 넣은 것이다. 게다가 디지털화는 범지를 투명하게 만든다. 문자나 활자 미디어의 경우 범지에는 어떻든 지지체의 물질성이 수반된다. 물질로서의 지지체 없이 범지는 존재할 수 없다. 또, 범지는 지지체의 물질성을 통해 특정한 장소를 점유하는 사물의 형태를 취해야 한다. 그런데 전자 미디어의 경우 지지체는 전자라는 비가시적인 소립자이다. 물리학적으로 전자 또한 물질이다. 그러나 우리가 일상적으로 접하고 보는 개체적 동일성을 지닌 사물이 아니다. 그것은 양자역학의 관측 문제처럼 개체적 동일성을 갖지 않는 특정 불가능한 지지체이다. 범지 또한 지지체의 이런 특성을 이어받고 있다. 그것은 어디에나 존재하는 동시에 어디에도 존재하지 않는다. 개체적 동일성이 없기에 엄밀하게는 동일한 것이 한꺼번에 서로 다른 장소에 출현한다. 그것은 모니터상, 휘발성 메모리, 하드디스크 등 어디에나 자유로운 형태로 나타난다. 그것은 에테르[1]와 같이 투명하고 세계 전체에 존재한다. 물론 음성 미디어 또한 그 지지체는 비가시적이기에 거기에 있는 범지도 투명하다. 그러나 이는 명확히 공동체라는 특정한 장소에 존재하였다. 이에 비해 전자를 지지체로 삼는 범지는 지구 규모로 널리 퍼진 비장소$^{μή-τόπος}$적 존재이다. 굳이 말하자면, 그것은 지구라는 하나의 장소에 존재한다. 이런 범지는 글로벌 수준으로 널리 퍼진 전면화Allgemeinheit를 위한 기반을 지니고 있다.

지지체로서의 전자가 지닌 불특정성anonymity 외에도 다른 하나의 특징은 유동성fluidity20이다. 이는 전자 미디어 사고방식이 네트워크화를 진전시켜 감에 따라 널리 퍼져있던 정보가 합쳐지면서 유일한 하나의 범지로 모여드는 성격을 말한다. 결과적으로 전자 미디어 사고방식에서 범지는 ① 투명성, ② 전면성, ③ 유일성이라는 특성을 획득한다.

1-3-1 전뇌범지에서 대립의 일치

다음으로 대상의 계기를 보자. 이 계기에서도 전자 미디어의

---

1) 역자주―메탄올을 탈수하여 만든다. 무색 기체로 용제나 냉각제로 쓰임

범지에 두 가지 새로운 특성을 덧붙일 수 있다. 전자 미디어의 여명기에 범지는 전뇌공간, 즉 사이버 스페이스나 'VR=버추얼 리얼리티'의 형태를 취했다. 즉, 앞서 지적한 범지의 비장소$^{\mu\eta-\tau}$ $^{o\pi o\varsigma}$성이 '현실 공간 내부에는 어디에도 장소를 갖지 않는 것= 현실 공간과는 다른 어딘가 별도의 장소에 존재하는 것=무장소 $^{o\upsilon-\tau o\pi o\varsigma}$성'으로 나타난다. 범지는 현실 전체에 퍼져있고 그것을 둘러싸며, 자신의 내부에 현실 세계를 허용한다. 어느새 범지는 단순히 현실을 복사한, 현실과는 별도의 존재론적 성격을 가진 기호체계가 아니라 전자화폐나 지피에스, 마이넘버나 전자정부 등의 형태로 구성요소가 된다. 전자 미디어의 제2단계에서 범지는 현실에서 달아나는 가상현실VR이나 현실을 비판하기 위한 피난장소인 전뇌공간에서 현실을 강화하는 증강현실AR: Augmented Reality로 변한다. 이를 통해 현실 세계의 가능성의 조건Bedingung der Möglichkeit 내지 사회적 아프리오리soziales Apriori를 형성한다.21 전자 미디어가 지난날 음성 미디어가 지녔던 현전 présence을 취함에 따라 이제 그것은 실재의 단순한 그림자가 아닌 현실 세계의 역사이자 구성요소가 되어 현실에 등록된다. 세계는 이렇게 이중화된다.22

대상의 계기에 있어서 하나의 새로운 특성은 지가 정보로 환원되는 현상과 관계 깊다.23 문자나 활자 미디어 같이 지가 지식으로서의 의미를 필요로 하는 경우 대상은 의미의 중요도에 따라 복사와 기록에 적합한가 아닌가를 선택한다. 그러나 지가 정보로 환원됨에 따라 의미라는 척도는 소멸되고 그 선별도 불가능해진다. 즉, 지의 대상은 무차별적이고 닥치는 대로 디지털화되어 정보로서 범지에 등록된다. 이때 중요한 것은 수다나 중얼댐을 포함해 우리가 평소 무심하게 대하는 일상적 대화도 범지에 등록된다는 사실이다. 여기서 알 수 있는 것은 범지를 참조하는 쪽에 속한 이용자마저도 범지의 대상이 되고 그 생성에 참여하게 되는 자기지시성, 즉 대상과 주체의 범지로의 합일이다. 이는 철학에서 대립의 일치coincidentia oppositorum라고 부르는 사태이다. 다만 범지는 등록된 막대한 정보를 그대로 남겨두지 않는다. 로그라는 등록의 흔적을 일시적으로 보존하는 것이야 그렇다 해도 대부분의 정보는 새로운 정보를 등록하기 위한 쓰레기로 사라진다. 전자 미디어 범지는 정보의 갱신을 통해 생성되기 때문이다. 범지는 대상의 계기와 이용자의 계기를 짝으로 삼아 자신을 조직하고 넓혀가는 생성을 거듭한다.

1-3-2 아이갓God으로서의 전뇌범지

이제 '설계자-이용자'의 계기를 고찰해 보자. 앞에서 전자 미디어의 범지가 비대화된 결과 이용자도 범지의 대상으로 편입되는 상황을 보았다. 그것만이 아니다. 우리는 전자 미디어 범지가 광대한 대상의 판도를 손에 넣은 대가가 의미의 방기였음을 상기해야 한다. 그것은 이원적 기계어로 써진 것으로서 이용자는 범지 자체를 참고할 수 없다. 전자 미디어에서 범지의 무제한성은 무의미성과 결부되어 양자는 대립 관계에 선다. 범지를 이용하기 위해서는 범지와 이용자 간에 가로놓인 무제한성과 무의미, 때문에 무차별이라는 두 개의 도랑을 어디선가 막는 대책을 세워야 한다. 그 대책이 바로 유저인터페이스UI 설계이다.

유저인터페이스를 통한 이원성이라는 기계어는 일상언어 내지 일상언어에 가까운 고급언어나 아이콘 같은 직관적 도상, 데스크탑, 파일, 폴더 같은 친숙한 일상적 용어를 통한 은유, 스크롤이나 클릭처럼 신체적 동작으로 실시간 번역된다. 무의미에 대한 대책인 것이다. 또, 정보의 깊은 바다 속에서 매 순간 필요한 것을 검색하는 것은 무제한에 대한 대책으로, 이들을 통해 이용자와 범지 간에 놓인 깊은 다리를 건너게 해준다. 사실 활자 미디어 범지에도 표제나 색인, 표나 교차 참조와 같은 일종의 유저인터페이스가 고안되어 있다. 그러나 전자 미디어에서 유저인터페이스와 활자 미디어의 그것은 **어떤 점**에서 본질적으로 다르다. 그것은 바로 지능 나아가 주체성의 유저인터페이스를 내장했는가 여부이다.

전자 미디어 사고방식에서 범지의 유저인터페이스 설계는 정보과학과 컴퓨터의 여명기인 1940년대에 버네버 부시가 그 형식을 정립하였다.[24] 엔지니어이자 유능한 관료였던 부시는 무제한적, 연속적으로 증가하는 방대한 정보에 직면하여 연상을 중심으로 한 정보검색 시스템인 메멕스memex를 구상하였다. 이 구상에서 특기할 만한 것은 니시가키 도루가 날카롭게 지적한 것처럼,[25] 유저인터페이스에 지능증폭IA 기능에 상당하는 인공지능AI을 내장한 지향성이 엿보인다는 점이다.[26] 이용자의 지능과 주체성 일부를 범지에 양보함으로써 편리성을 확보한 것이다. 부시의 구상에 영감을 받은 넬슨과 엥겔바르트는 1960년대에 전뇌범지 구상인 자나부Xanabu와 엔엘에스NLS: oN-Line System를 발표한다. 핵심 아이디어는 부시의 메멕스 연상 원리 중 전자 미디어의 디지털성과 네트워크성을 살려 이용자에서 범지 쪽으로 이식시킨 유저인터페이스, 즉 하이퍼텍스트에 있다. 하이퍼텍스트는 전뇌 공간 내에 쌓인 단편적 정보를 하이퍼링크를 통해 네트워크상에 연결하는 범지이다. 그러나 이것이 유저인터페이스로 간주될 때 링크는 이용자 쪽이 아닌 범지 쪽에 있음에 유의해야 한다. 즉, 연상이라는 지적작동이 범지에 내장되는 것이다. 1970년 대부터 80년대 에드워드 파이겐바움이 선도한 지식공학을 배경으로 전뇌범지는 전문가 시스템이 된다.[27] 전문가 시스템 유저인터페이스 모델은 그 이름에 맞게 전문가expert, 즉 인간이다. 여기서 전뇌범지의 유저인터페이스 설계 사상을 주도한 지능과 주체성이 일차로 완성된다.

그러나 전뇌범지의 근대화와 자율화 운동은 여기서 멈추지 않는다. 전문가 시스템에서 범지의 거시적 지지체는 독자적 머신이지만 세기말부터 신세기에 걸쳐 지지체는 '더 네트워크'로서의 인터넷으로 급속히 이동한다. 여기서 미시적 지지체는 당연하겠지만 전자이다. 구글로 상징되는 범지로서의 웹Web, 인간을 요소로 삼는 지구 규모의 거대 인공지능, 지능과 주체성을 갖춘 범지가 완성된다. 구글의 대명사이기도 한 페이지 순위라는 알고리즘이나 팀 버너스 리가 제안하여 최근 주목받고 있는 하이퍼텍스트를 웹에 이식시킨 시맨틱 웹semantic web 등은 정확히 이런 류의 유저인터페이스이다. 이 경우 주목해야 할 것은 범지의 유저인터페이스 모델이 인간을 넘어 인간을 포함하는 존재, 즉 신이 될 수밖에 없다는 사실이다. 니콜라스 카가 적절히 설명한 것처럼 전뇌범지는 아이갓을 지향한다.[28]

전뇌범지 유저인터페이스 설계자들은 이용자의 편의성을 확보하기 위해 범지의 유저인터페이스에 지능과 주체성을 부여했다. 인간중심주의를 받드는 아날로그 인간들은 비즈니스 마인드를 보이는 이들의 영리주의를 의심하지만 이는 가혹한 평가이다.

설계자 쪽에서는 어떤 악의도 없으며 오히려 이들의 행위를 선도하는 것은 선의와 이상, 인류의 진보에 공헌한다는 자부심이다. 이는 구글 창업인 래리 페이지와 세르게이 브린도 공유하는 이념이자, 이 기업을 움직이는 엔진이기도 하다. 그렇다 해도 지능과 '주체성=의지'를 수중에 넣은 아이갓 같은 전뇌범지는 설계자의 의도나 기대와 무관하게 '설계자−이용자'를 모두 시스템에 넣어 자율적인 생성 운동을 계속 이어가고 있다.

1-4 하이데거의 예언

지금까지 이 장을 읽어온 독자 중에는 앞서 본 내용을 과대망상적인 과학소설SF로 웃고 넘기고 말 사람도 있을 것이다. 그러나 지금까지의 설명은 결코 독선이 아니다. 하이데거가 말년에 한 수수께끼와 같은 예언을 떠올려 보자. 하이데거는 1966년 『슈피겔』Der Spiegel지와의 대담에서 예언자처럼 다음과 같이 말하였다. 현대기술의 본질이란 그가 '몰아세움'이라고 부른 존재자를 총동원하는 자기목적적 운동으로 존재한다는 것, 기존의 철학은 이런 사태를 어떻게 다룰지 모른 채 사명을 끝냈다는 것, 인공두뇌학이 기존의 철학을 대신하여 기술 시대의 자기의식으로서 사상적 영향력을 행사하고 있다는 것이다.29 또, 그는 전쟁 중후반 동안 근대형이상학이 우수한 기술적 성격을 지녔으며 사상적 완성자는 니체라고 말했다.

여기서 하이데거가 철학, 즉 근대형이상학이라고 부르는 것은 데카르트로부터 연원하는 코기토cogito를 중심으로 세계의 모든 존재자를 표상Vorstellung의 형태로 모아 세계상Weltbild을 세우는 심신이원론적 이해를 가리킨다. 하이데거는 세계의 핵심부에 의지Wille를 놓는다. 다만, 이 의지는 어떤 구체적인 대상을 지향하지 않는다. 그것은 의지 자체에 대한 의지Wille zum Willen selbst이다. 만일 의지가 구체적이거나 어떤 사태에 대한 의지라면 그것을 획득하고 달성하면 그만이다. 그러나 의지 자체에 대한 의지라면 이는 자기목적화하여 영원히 지속된다. 하이데거가 근대형이상학의 핵심에서 간파한 의지란 인칭적 의지가 아니다. 그것은 비인칭적인 의지 자체, 자기조직화적 의지이기에 전면화되지 않을 수 없다. 하이데거는 이 의지의 형이상학의 정점을 니체로 본다. 때문에 그는 니체를 해석함에 있어서 권력의지Wille zur Macht를 의지에의 의지로 재해석하고 니체를 형이상학의 완성자로 간주한다.30

전면화하는 의지에의 의지는 결국 무엇을 수행하는가. 이는 인적자원을 포함해 세계의 모든 존재자를 쓸모 있는 것으로 재고품Bestand화하여 쓸모 있는 것의 중층적 네트워크를 자기조직화 원리로 다듬어 나가는 '몰아세움'의 운동이다. 데카르트를 원류로 하는 근대형이상학의 바탕에는 기술, 즉 '몰아세움'의 운동이 은밀히 프로그램화되어 있고, 이는 수 세기에 걸쳐 자기 전개를 수행해 왔다. 현대는 그 성숙기에 해당한다는 것이 하이데거의 인식이다. 철학은 '몰아세움'을 프로그램으로 삼고, 기술은 그것을 실행한다. 그러나 기술이 의지에의 의지만을 철학에서 계승한 현재 철학은 이를 감당할 수 없다. 하이데거는 1966년 시점에서 이런 사태의 징후를 자연 파괴나 공해, 무기 중심의 전쟁이나 핵 개발에서 보고 인공두뇌학이야말로 그 사상적 표현이라고 주장한다.

21세기 들어 전자 미디어가 중심이 된 정보사회 시대에서 '몰아세움'의 운동은 평면적 확대에서 나아가 생활 속 깊은 곳으로 스며들고 있다. 그 최전선이 이 장에서 다룬 범지이다.31 데카르트 철학에서 본래 지는 순수한 프로그램에 불과한 기술技術을 조정하는 존재였다. 그러나 실제로는 지 자체가 기술화되고 만다. 우리는 자신에게 적합한 세계관을 형성한 17~8세기에 범지가 활자라는 미디어 기술을 기반으로 박물학이나 백과사전, 교과서의 모습으로 알고리즘화되어 자동화 및 자율화를 시작했다는 점을 떠올려야 한다. 전자 미디어 시대에 지의 기술화는 범지가 조정 불능에 빠져 폭주할 때까지 이어질 것이다. 21세기도 겨우 십여 년 밖에 지나지 않은 현재, 우리는 하이데거가 오십 년 전에 통찰한 사태가 구글로 대표되는 전뇌범지로 심화되었음을 확인한다. 이때 전뇌범지는 비인칭적 주체화, 즉 의지에의 의지와 지능을 부여받아 전면화를 지향하는 '범지=아이갓'으로 화한 것을 말한다. 나아가 그 사상적 표현을 지식공학에서 목격한다.

　하이데거의 예언 이후 사태는 아무것도 변하지 않았다. '몰아세움'의 운동은 지금도 진행 중이며 전뇌범지는 최신 현상이다. 철학에서는 정보사회의 현실을 회피하는 처세술이나 엉뚱한 인생론이 득세하고 있다. 또, 최근에는 수학을 절대성의 기준으로 삼는 실재에 관한 사변적 환상도 유행하고 있다.32 결과적으로 정보사회라는 현상을 승인하고 적응 혹은 은둔을 재촉한다. 유감스럽게도 우리는 하이데거의 예언을 뒤집지 못하고 있다. 체계적인 학으로서의 철학이 요청되는 것은 이 때문이다.

빅데이터의
사회철학적 위상

빅데이터의 사회철학적 위상

2-1 빅데이터에 대한 시각

정보 관련 기업을 중심으로 빅데이터를 둘러싼 논의가 떠들썩하다. 빅데이터의 개척에서 구글이나 아마존의 압도적인 성공에 촉발되어 다수의 기업과 기업가들이 일제히 전략을 수립하고, 고객의 니즈를 파악하며 새로운 상품과 서비스를 개발하고자 한다. 이런 동향과 운동 속에서 빅데이터 분석을 위한 기술적 기반도 급속히 정립 중이다. 특히, 구글의 맵리듀스MapReduce, 아파치의 해둡Hadoop이 대량의 범용서버를 구축하고 대규모 데이터를 고속으로 처리할 수 있는 아키텍처가 현실화되어, 개발 단계를 마치고 보급 단계에 접어들고 있다. 소프웨어 면에서도 종래의 규격화된 데이터 처리에 특화된 언어인 에스큐엘SQL을 쓸 수 있는 데이터 중계관리 시스템RDBMS으로 대체되어 음성이나 화상, 텍스트 같은 비구조화 데이터를 다룰 수 있는 노에스큐엘 NoSQL 데이터베이스 시스템이 실용화를 앞두고 있다.

이런 기술 발전을 좇아 오라클처럼 데이터베이스 시스템을 판매하는 기업은 물론 아이비엠IBM이나 일본전기, 히타치日立 같은 컴퓨터 기업도 곧 도래할 빅데이터 분석을 위한 기업용 패키지 상품을 개발하고 판매를 시작했다. 인재 충원에 있어서도 빅데이터 분석을 전문으로 하는 데이터 과학자 등이 탄생하였고 이 분야를 추천하는 이들도 많다. 몇 년 전 세간을 떠들썩하게 한 클라우드는 다소 가라앉은 대신 요즘은 빅데이터가 전성기를 누리고 있다. 이런 빅데이터 경기에 편승하여 데이터 분석을 본업으로 삼는 통계학이 현재의 고도정보사회에서 필수 리터러시가 되어 최강의 학문으로 자리매김하기에 이르렀다.

다른 한편, 이렇게 예찬되는 빅데이터의 이면에는 데이터의 주 생성원인 고객, 사용자, 일반시민 등 개인적 차원에서 그것의 수집과 활용에 관한 불안이 표출되고 있다. 물론 나도 빅데이터 시대의 도래에 장단을 맞추는 지금의 풍조를 무비판적으로 승인하는 마음은 전혀 없다. 한편으로 미국 오바마 정권이 "빅데이터는 중대 안건이다."Big data is a big deal.라고 공식화하고 그 분석에 2억 달러를 투입할 정도로 중대한 사회현상이 되어버렸음은 자명하다.1 따라서 빅데이터 문제를 단순한 트렌드에 불과한 것으로 축소하는 것 또한 옳지 않다. 오히려 우리가 우리의 논점은 **사회적으로** 빅데이터란 과연 무엇인가라는 물음 위에서 결국 **기업이든 개인이나 시민**이든 관계없이 주의해야 할 점을 미디어론적이고 철학적인 각도에서 고찰하는 데 있다. 이를 통해 고도정보사회의 현황을 분석하는 중요한 지표로 빅데이터를 활용해야 할 것이다.

2-2 빅데이터의 '3V'

세간의 주목을 받고 있음에도 불구하고 빅데이터는 명확한 정의를 가지고 있지 않다. 업계에서는 이 말을 아무렇지 않게 사용하고 언급의 빈도가 높아지고 있으며, 요즘은 업계를 넘어 사용되고 있다. 그 말뜻의 애매함은 두 개의 커다란 오해로 연결된다.

첫째, 빅데이터는 사회적 실체가 없고 한때의 유행으로 끝날 것이라는 오해이다. 우리는 사람들의 입에 오르내리게 되고서야 빅데이터에 대해 인색하지 않게 되었다. 그러나 이는 결코 그것이 실체가 없는 현상이기 때문이 아니다. 어디까지나 아이티IT 혁명이나 웹 2.0, 클라우드와 마찬가지로 사회 속에 조직된 결과 누구나 인정할 수밖에 없게 되었기 때문이다. 이는 빅데이터가 장차 진부해지고 투명해질 것이라는, 나아가 사회적 아프리오리로서 '환경=미디어'화할 것임을 뜻한다.

둘째, 빅데이터가 기존의 데이터와 본질적으로 다르지 않으며 고작 정도 차이에 불과하다고 보는 오해이다. 이는 빅데이터라는 말의 출처인 비즈니스 전송 분야를 포함해 광범위하게 발견된다. 빅데이터 분석을 전문으로 하는 고가의 서버군, 고액의 소프트웨어, 전문적인 데이터 과학자, 정보사회에 대응하는 경영전략 입안은 실용적인 이유 때문이다. 그러나 이런 오해는 빅데이터가 가리키는 구조변동을 외면하는 현상에 불과하다. 인터넷이라는 새로운 미디어의 출현 앞에서 정보사회 따위란 없다고 말하던 십여 년 전의 교조주의자들처럼, 그들의 생각과 달리 현실은 반대로 흘러가고 있다.

우리는 이와 같은 오해를 피하기 위해 나아가 앞으로 논할 출발점을 설정하기 위해 잠정적으로 빅데이터의 본질과 독자성을 큰 틀에서 다루어야 할 것이다. 우선 논의의 실마리로 삼고자 하는 것은 자주 빅데이터의 지표로 거론되는 쓰리브이3V, 즉 규모 Volume, 속도Velocity, 다양성Variety이다. 빅데이터는 이 규모, 속도, 다양성의 관점에서 명확히 기존 데이터와 사고방식을 달리한다. 나는 이들 지표를 그대로 수용하면서 해당 개념들을 철학적으로 파악하고자 한다.

2-2-1 규모

일반적으로 빅데이터의 규모는 단순히 디지털화된 경우의 정보량이며, 범용 컴퓨터에서는 신속한 해석이 어려운 테라바이트(TB, 10^{12}byte)~엑사바이트(EB, 10^{18}byte)의 용량이나 그 이상을 빅데이터라고 부른다. 그러나 무어의 법칙을 내밀 것도 없이 하루를 넘어 초 단위로 발전하는 점을 고려할 때 규모는 아무런 의미가 없다. 그렇다고 이는 통계상의 표본수나 횟수를 의미하는 것이 아니다. 어떤 논자는 규모를 표본수나 횟수로 이해하여 빅데이터를 부분적인 표본조사가 아닌 'N(표본수) = 전체all'와 같은 모집단 전체에 걸친 전수조사, 적어도 그것을 지향하는 것으로 파악한다.2 이 경우 표본조사에서 기피할 수 없는 가설설정(검정) 방법이 불필요해지지만 이와 같은 빅데이터 이해로는 종래 데이터와의 사이에 확인되는 질적 단절이 단지 정도 차이로 축소되고 만다.

우리는 빅데이터의 규모를 정보량의 과다함이나 표본의 전수성이 아닌, 데이터 생성의 무제한성Endlosigkeit을 기준으로 파악해야 한다. 즉, 빅데이터의 규모에 멈추지 않고 이와 다른 데이터 생성의 문제를 고려하는 것이다. 독자는 아마도 자의적 정의가 아닌가라고 의문을 제기할 수도 있다. 그러나 전지구적으로 밤낮없이 중얼대는 시트 데이터, 스마트폰에 탑재된 카메라를 통한 스냅쇼트 데이터, 지도 검색이나 경로 검색, 내비게이션을 비롯해 최근에는 작동과 동시에 참조되는 지피에스 데이터, 상품구매나 발언에 동조하는 클릭 데이터 등이 무제한이 아니면 무엇이란 말인가? 이미 데이터 채집 망mesh의 해상도는 현저히 높아졌으며 반도체 집적밀도와 데이터 처리능력의 향상으로 정보량의 확대가 불 보듯 뻔하다. 그러나 정보량의 증대와 데이터의 무제한성은 나란히 생겨나는 것임에도 기본적으로 별도의 사항이다. 때문에, 정보량은 규모의 **본질적** 척도가 될 수 없다. 또, 데이터가 무제한으로 생성되기에 본래의 모집단이 있을 수도 없으며 그것의 확장도 성립할 수 없다.3 바꿔 말해, 빅데이터는 전체 윤곽이 원칙적으로 늘 희미해져 가는 특징을 보인다. 데이터 정밀도를 높이더라도 명확한 윤곽을 확정하는 것은 불가능하다는 말이다. 반복하자면, 빅데이터의 규모 문제에서 주목할 것은 데이터가 다수이냐가 아니라 그것이 끊임없이 생성되어 나가느냐라는 점이다.

2-2-2 속도

일반적으로 빅데이터의 속도는 데이터의 갱신 빈도면에서 기존 데이터와 비교하여 훨씬 높다고 할 수 있다. 그러나 이것만으로는 빅데이터와 기존 데이터 간의 차이를 보여줄 수 없다. 여기서 중요한 것은 데이터의 갱신 빈도가 **아니다**. 빅데이터에서 개개의 데이터가 지닌 값이나 회귀하는 지점은 어디라도 좋다 gleichgültig. 초점은 '생성＝운동'Werden=Bewegtheit에 있다. 쇤베르거와 쿠키에는 빅데이터에 관한 저서에서 무수한 데이터 점에서 흐릿하게 떠오르는 식으로 직관적인 비유를 들어 이를 설명한다.4 그러나 이런 비유도 통계학의 도수분포 패턴과 원리상 다를바 없다. 우리가 여기서 강조하고자 하는 것은 빅데이터가 정적static인 서술 상황status이 아니라 동적인 운동성을 본질로 삼는다는 점이다. 앞서 비유한 것처럼, 데이터 점에서 인상이 떠오르는 것이 아니라 그것이 **변용되면서 움직이는**, 나아가 **끊기지 않고** 일어나는 점에 빅데이터의 초점을 맞추어야 한다.5

빅데이터의 '생성＝운동'성에 관해 보태고자 한다. 이 장 서두에서 빅데이터에 대한 의구심을 다루었지만 부정적인 이유로 자주 거론되는 것은 데이터 트래킹이나 개인정보 확보에 대한 불안이다. 물론 나도 이 문제의 중대성을 부정하지 않지만 이런 문제는 본질적으로 빅데이터만의 문제는 아니다.6 왜냐하면, 앞서 지적한 것처럼 빅데이터에서 개별 데이터 값이나 귀속 지점인 표본은 본래 관심 범위가 아니기 때문이다. 빅데이터를 활용한 개인에 대한 특정이나 비열한 짓을 하는 나쁜 사람은 당연히 존재할 것이며 차후에도 끊임없이 흔적을 남길 것이다. 이에도 불구하고 감시는 빅데이터 이전 사고방식의 행동 원리에도 속하는 반인륜적 행위로서 빅데이터의 본질과는 무관하다.7

2-2-3 다양성

그 구조를 정의할 수 없는 대다수의 빅데이터는 중계 데이터베이스로 가둘 수 없는 비구조화된 데이터이다. 그러나 이로 인해 데이터의 내용은 유연성을 띠며 다루는 대상의 종류와 범위도 단번에 확장된다. 이것이 빅데이터의 다양성을 담보한다. 예컨대, 유튜브 동영상 데이터나 트위터에서 재잘대는 텍스트 데이터, 인스타그램에 업로드되는 이미지 데이터 등은 전형적인 비구조화된 데이터이다. 이들은 기존의 데이터베이스에서는 다루지 않았었다. 이것이야말로 서두에서 다룬 비구조화된 데이터의 보관·분석·쿼리query처리[1]를 가능하게 해주는 엔에스큐엘 NoSQL 데이터베이스 개발이 강하게 요청되는 이유이기도 하다.

여기서 문제는 철학적 함의이다. 데이터 구조가 정의된다는 것은 데이터의 사용 목적이 사전에 결정된다는 것을 뜻한다. 사전에 설정된 데이터베이스를 다양한 필드로 규격화하여 구조화된 데이터가 보관되고, 그렇게 발행된 쿼리가 목적에 맞춰 설계된 프로그램을 바탕으로 처리된다. 이럴 경우 데이터가 목적에 종속된다.

그런데 빅데이터는 완전히 사정이 다르다. 앞서 말한 것처럼, 빅데이터의 실체는 구조가 정의되지 않는 비구조화 데이터로서 이는 그 사용처가 사전에 결정되지 않음을 뜻한다. 즉, 빅데이터란 완전히 목적이 없는 것이 아니라 있더라도 명확한 목적 없이 짐작을 통해 닥치는 대로 모은 혹은 **모인** 데이터이다. 데이터수집의 목적은 데이터마이닝을 통해 **사후에** 발견된다. 이렇게 빅데이터는 기존 데이터와 반대로 데이터에 따라 그 목적이 정해지고 거기에 적합하게 변형된다. 빅데이터의 다양성Mannigfaltigkeit

---

은 데이터의 무차별성Wahllosigkeit과 데이터의 무목적성Zwecklosigkeit 뿐 아니라 데이터의 '목적에 대한 우위'Vorrang vor den Zwecken를 동시에 뜻한다. 이상을 통해 프라이버시권의 침해에 대한 불안과 표명되는 빅데이터에 대한 인식, 다시 말해 모든 데이터가 어디에 사용되는지 알 수 없다는 불안이 빅데이터의 본질이라고 하겠다.

2-3 빅데이터는 쓰레기이다.

앞 절에서 본 세 가지 특성 외에 최근 빅데이터의 추가적 특성의 하나로 '브이'V를 보탤 수 있다. 진실성/정확성Veracity 내지 가치Value라는 네 번째 특성은 앞서의 세 가지와 모순되며 정면으로 대립한다. 빅데이터의 첫 번째 특성인 규모는 무제한, 곧 빅데이터의 모집단이나 전체 윤곽이 항상 흐려진다는 것을 뜻한다. 이처럼 늘 본질적 불확정성에 노출된 데이터가 정확하기는 어렵다.

이에 반해 지피에스GPS 데이터의 경우는 개별 데이터 값이 아주 정확하지 않느냐라는 반문이 가능하다. 그러나 속도 항목에서 분석된 빅데이터의 개별값은 그 자체로는 무가치하다. 데이터가 생성된 순간 무가치한 것이 된 다음 데이터가 생성되기 때문이다. 이렇게 이후에 생겨난 무가치한 데이터의 집적을 무시한 채 증식 운동을 벌이는 점이야말로 빅데이터의 본질이다.

빅데이터가 본래 가진 **부정확성과 무가치함**은 빅데이터의 제3의 특성인 다양성 때문에 생긴다. 빅데이터는 사전에 정해진 목적 없이 무차별적으로 모은 데이터의 집적물이다. 확실한 목적이 없기에 데이터의 정확성이나 가치를 재는 지표나 척도가 존재할 수 없다. 본래 빅데이터 자체에 대해 정확성이나 가치라는 술어를 붙이는 것 자체가 범주화에 해당한다. 때문에 앞서 부정확성, 무가치라는 빅데이터에 관한 규정은 보다 정확히 말해 무정확성, 비가치로 바꿔야 할 것이다. 오히려 우리가 주목해야 할 것은 그 자체로는 비가치한 데이터 집적이 사후적으로 데이터마이닝을 통해 가치를 추출한다는 점에 있다.[8] 도발적인 비유를 들자면 빅데이터는 쓰레기 산이다. 시시각각 생성되고 폐기되며 증식을 이어나가는 그것은 살아있는 쓰레기이다. 데이터마이닝이란 이런 살아있는 쓰레기 산에서 희소금속 같은 가치 있는 물건을 채집하는 쓰레기 낚시이다. 빅데이터의 네 번째 '브이'란 본질적으로 쓰레기인 빅데이터와 쓰레기 낚시인 데이터마이닝을 상품화하기 위한 상업적인 미사여구에 지나지 않는다.

중요한 것은 빅데이터를 필요 이상으로 꾸미는 것이 아니라 이것에 주목하지 않을 수 없는 이유일 것이다. 현재 세간에서 거론되는 데이터마이닝이라는 이름의 쓰레기 낚시에 우리는 왜 열중하는가. 우리는 고도정보사회의 특질을 액상화liquidity 개념으로 파악한 사회학자 지그문트 바우만[9]을 참고하면서 그가 강조한 폐기wasted 개념[10]을 생각해 볼 수 있다. 그것은 오늘날 데이터에 딱 들어맞지는 않지만 여태까지 어떤 주저도 없이 폐기되던 데이터가 왜 빅데이터라는 새로운 이름으로 정보사회를 견인하는가에 관한 사고를 촉발하기 때문이다.

2-4 지식 · 정보 · 데이터

이제 데이터의 존재론적 위상을 살펴보고자 한다. 우리는 앞장에서 구글 검색 서비스의 함의를 파악하면서 정보사회에서 지식의 재편과 존재론의 변용을 살펴보았다. 범지로서의 지식은 음성이 주 미디어였던 시대의 신화에서 인터넷이 미디어 사고방식의 기초를 이루는 오늘날 정보사회의 전뇌범지까지 모습을 바꾸어 왔다. 이에도 불구하고 그것이 시대적 변천을 통해 어떤 동일성을 확보하고 일관되게 지식Wissen, savoir, knowledge 어느 쪽이든 안다는 의미의 동사와 동형 혹은 이를 어간으로 지닌 말이다.으로 불린 것은 그것이 단순히 아는 대상이라는 식의 주관적 행위는 아니라는 것이다. 지식에는 '그 이상, 그 바깥으로'etwas Mehr, etwas Anderes '불변/보편'적이고 독립적 논리가 들어 있다. 이 독립성의 연원이 체계성Systematik이다. 독립적 지식, 단편적 지식과 같은 말은 자기모순적이고 의미를 가질 수 없다. 후자로 표현할 수는 있겠지만 부정적 문맥에서만 의미를 지니며 더구나 이럴 경우에도 체계적 지식을 전제로 한다. 즉, 지식이란 유비적인가, 지층적인가, 분기적인가에 관계없이 반드시 어떤 체계성, 포괄성을 갖는다.11

이에 비해 정보로서의 데이터는 본질상 체계성이나 포괄성을 갖지 않는다. 그것들은 단편적이며 독립적으로 존재하는 원자적 방식을 취한다. 현재 정보와 데이터는 자주 동의어로 쓰이지만 우리는 관례를 맹목적으로 따르지 않고 양자를 개념적으로 명확히 구별하고자 한다.

정보information의 원뜻이 군사용어인 첩보intelligence와 같은 뜻임은 널리 알려져 있다. 그러나 이 어원에서 알 수 있는 것은 정보가 목적을 상정한 실천적practical인 것이라기보다 그때그때 맞춰서 사용하는 실용적pragmatic인 것이라는 점이다. 실제 정보 수집이라는 말에는 어떤 목적이 전제되어 있다. 정보의 취사선택이란 쓸 수 있는 정보와 쓸 수 없는 정보를 선별하는 작업이다. 한편 데이터는 반드시 특정한 목적을 갖지 않는다. 예컨대, 시장조사나 디지털 사진에서 원자료raw data가 보여주는 것처럼 그것은 목적에 대해 중립적이며 소재성만을 확인할 수 있다. 물론 데이터도 걸맞은 목적에 사용되는 것이 가능하다. 그러나 특정한 목적이 데이터의 존재에 필수조건은 아니다.

지식, 정보, 데이터 삼자는 순서대로 체계성(지식), 실용성(정보), 소재성(데이터)을 본질로 삼는다. 그런데 실제로 정보와 데이터는 서로 교대 가능하며, 특히 정보는 실용적 계기가 두드러진다. 이에 비해 데이터는 소재성이 강조된다. 이런 사정을 철학적인 용어를 써서 엄밀히 정의하고자 한다.

정보도 데이터도 '소재＝질료'^{ὕλη}적 계기와 '목적＝형상'^{εἶδος}적 계기가 섞인 것이다. 그러나 정보는 '목적＝형상'적 계기가 확정적인 데 비해, 데이터는 그것이 불확정적이다. 즉, 정보는 데이터가 현실화된 현실태^{ἐνέργεια}인 반면, 데이터는 정보에 의해 잠재적 목적을 보유하는 잠재태^{δύναμις}이다. 즉, '데이터⇌정보'의 교대 관계는 '잠재태⇌현실태'로 바꿀 수 있다. 그리고 이러한 '데이터⇌정보'의 '잠재태⇌현실태' 관계는 위쪽에서든 아래쪽에서든 연장가능하다.

문제는 **정보과학**이나 **정보량**과 같은 용어가 완전히 '목적＝형상'적 계기를 누락한 채 쓰이고 있다는 점이다. 이 경우 정보는 통신시 엔^{n}차원 비트열 공간인 정보원information source에서 나와 해당 메시지가 표현 가능한가를 묻기 때문에 '데이터⇌정보' 계열에 위치 지을 수 없다. 정보는 존재론적 위상으로서는 '데이터 ⇌정보'의 계층적 계열에서 최하층에 위치하는 '목적＝형상'적 계기를 결여한 제1질료$^{\pi\rho\dot{\omega}\tau\eta\ddot{\upsilon}\lambda\eta}$이다. 그러나 정보에서 제1질료 는 아리스토텔레스의 설명과 달리 관계를 단절한 무$^{o\dot{\upsilon}\delta\varepsilon\nu}$화도 아닐뿐더러 고전역학에서의 질점material particle 같은 가상적 개 념도 아니다. 그것은 통신이라는 물질적 과정에서 전자electron라 는 기반support을 통해 물리적으로 실재화된 것이다. 우리는 물리 적 실재인 이 정보를 ＜정보＞로 표기함으로써 '목적＝형상'적 계기를 지닌 정보와의 차이를 명확히하고자 한다. 이 '목적＝형 상'적 계기, 즉 의미적 계기가 물질적 소재로 축소됨에 따라 정 보의 양화quantification도 가능해지며 본래 불가능했던 전이transfer 도 가능해진다. 정확히 말해 보자. 정보의 '목적＝형상'적 '계기 ＝의미'는 시스템 상관적이기에 해당 시스템 외부에는 전이되지 않는다. 이에도 불구하고 소재적 계기만이 통신 과정에서 물질 화되어 정보 자체가 전이된 것처럼 보일 수 있다. 그러나 실제로 전이되는 것은 정보 자체가 아니라 그 토큰에 불과한 '소재＝질 료'적 계기이다. 정보의 '소재＝질료'적 계기는 **사회적 수준에서** 반드시 '목적＝형상'적 계기와 짝을 이루는 존재로, 단독으로 존 재할 수 없다.[12] 때문에 정보는 전이되지 않는다는 우리의 원칙 또한 당연히 유효하며 조금도 흔들리지 않는다. 이상의 고찰을 통해 우리는 정보의 상보적 관계에서 '소재＝질료'적 계기를 ＜정보＞의 데이터성으로, 반면 '목적＝형상'적 계기를 정보의 의미(암묵적으로는 정보)로 부르기로 한다.[13] [2)]

---

2) 역자주－필자는 여기서 ＜정보＞를 데이터와 같은 의미로, 정보를

2-5 데이터화의 역사

우리는 점차 빅데이터의 사회적 의미를 묻는 작업에 다가서고 있다. 그 전에 지금까지 데이터를 사회에서 어떻게 이해해왔는 가를 살피고 사회마다 데이터가 차지했던 기능을 살펴보고자 한 다. 데이터의 역사적 능력Potenz을 다룬다고 해서 빅데이터가 등 장한 역사적 필연성까지 말할 수는 없다. 그래도 현상의 배후에 있는 내적 논리를 도출해 낼 수는 있다.

사회적 데이터는 통계학과 비교할 때 동전의 앞뒷면과 같다. 때문에 데이터의 사상사는 실질적으로 통계학의 발전상을 확인 하는 셈이지만, 완전히 양자가 상호보완적이지는 않다. 즉, 표준 적 통계학사를 제시한 스티글러처럼 통계학의 수학적 기원을 천 착할 생각은 전혀 없다.14 또, 이언 해킹처럼 우연성 개념을 중 심으로 결정론적 세계관에서 확률론적 세계관으로의 변용을 통 계학사 속에서 탐구할 생각도 없다.15 강조하건대, 우리의 문제 의식은 사회 인식과 통계와의 평행·상호의존관계를 실증적으로 도출하고자 하는 테어도어 포터의 문제의식에 가깝다.16 그러나 포터와 달리 데이터의 수량성을 특별히 강조하지는 않겠다.17

데이터화와 수량화는 자주 등치된다. 이 등치가 결과적으로 다른 것은 아니다. 그러나 결과적으로 그런 것일 뿐이지 데이터 화의 본질이 수치화에 있지는 않다. 예컨대, 감각조건sense data 이라는 말이 있다. 이는 의미를 얻은 확실한 인식 대상이 출현하 기 이전의 다양한 감각을 말한다. 또, 그것이 원자 같은 존재인

목적과 의미를 지닌 것으로 구별하자고 제안하고 있다. 정보라는 말 의 양의성을 구별하기 위함이다.

가 형상적인가도 물을 수 없다. 센스 데이터 자체는 수치화·수량화가 불가능한 원초적 지각체험이다. 결과로서 수치화·수량화될 수 있지만 그것 자체는 수치도 수량도 아니다.

데이터datum라는 말은 원래 라틴어로 주어진 것을 의미한다. '주어진'을 뜻하는 동사 데어dare의 완료 분사 중성 단수형이다. 그러나 데이터화란 이 어원이 보여주는 것처럼 사회분석의 출발점$^{\alpha\rho\chi\eta}$이 우리 주변에 주어진datum 것, 직접 접촉 가능한 것에 두는 태도, 결국 이로 인해 비가시적이고 초월적인 원리에서 연역적 추론을 거부하는 태도와 같다. 즉, 아프리오리a priori한 '그 자체로 먼저 있는 것'$^{\pi\rho\acute{o}\tau\varepsilon\rho\upsilon\nu\ \tau\tilde{\eta}\ \varphi\acute{\upsilon}\sigma\varepsilon\iota}$이 아니라 '우리보다 앞서 있는 것'$^{\pi\rho\acute{o}\tau\varepsilon\rho\upsilon\nu\ \pi\rho\grave{o}\varsigma\ \acute{\eta}\mu\tilde{\alpha}\varsigma}$으로서, 경험에서 도출된 사회적 함의야말로 데이터화의 기원이다.

2-5-1 나라의 기세와 정치산술

데이터화의 역사를 개관할 때 주목해야 할 것은 수치화나 수량화가 아니라 '주체 – 대상 – 목적'이라는 삼위일체이다. 데이터의 기원은 '주어진 것'이지만 결코 독립적인 궁극의 실재를 의미하지 않는다. 그것은 원리상 우리에게 주어진 것임을 제외한다면 아무것도 아닌 무일 뿐이다. 때문에 데이터는 그것을 수집하고 측량하는 ① 주체가 반드시 존재한다. 주체는 반드시 어떤 사물을 측량하고 수집한다. 즉, 데이터의 수집·계측에는 늘 ② 대상이 있다. 나아가 주체에 의한 대상의 데이터화는 사물을 지칭한다. 즉, 거기에는 ③ (잠재적) 목적이 전제되어 있다.[18] 요컨대, 데이터란 사회적 관계 양상의 한 결절점이며 반드시 역사적·사회적 문맥 속에 있다. 우리는 이런 데이터에 담긴 사회적 관계의 변용을 역사적으로 살피고자 한다.

사회의 데이터화를 시도한 사례는 멀리 고대 로마제국 시대까지 거슬러 올라간다. 통계조사sensus라는 말은 원래 라틴어 센수스census, 곧 로마제국에서 세액 산정을 위해 실시한 인구등록 조사를 기원으로 삼는다. 그러나 일반적으로 17세기 후반 잉글랜드에서 융성한 존그랜트, 윌리엄 패티 등 프랜시스 베이컨 경을 지지한 '경험-귀납' 주의자들의 정치산술 학파 및 이를 계승한 할리나, 요한 페터, 쥐스밀히 등의 인구통계가 그 효시를 이룬다. 사실 거의 동시기 독일에서도 대학을 거점으로 헤르만 콘링, 고트프리드 아켄웰 등의 국세학파 내지 국상國狀학파라고 불린 사회통계학이 있었다. 이 학파가 오늘날 통계學statistics의 대부代父임에도 불구하고 통계학사 상에서의 영향력은 미약하다. 이는 국세학파의 관심이 오로지 정신이나 문화, 습속을 포함한 국력 서술상 필요한 데이터의 수량적 측면을 부차적으로 보았기 때문이다. 수량화의 극치랄 수 있는 오늘날의 통계학을 기준으로 그 조상을 찾는 과정에서 수치화와 도표화를 구사한 정치산술학파가 채용된 반면, 국세학파는 방조될 운명에 놓였다.

그러나 우리가 문제 삼아야 할 것은 양 학파의 차이보다 이들이 공유하고 있는 사회적 맥락이다. 정치산술학파에게도, 국세학파에게도 데이터수집의 주체는 절대주의 국가의 군주이다. 의원이나 관료, 대학교수들이 수집을 담당했지만 이들은 군주의 실행자들에 불과했다. 또, 데이터수집의 목적도 같다. 노골적으로 말해 군주의 소유물인 국가의 재산목록을 작성하는 것이다. 이 시기의 통계에서 지형·지리정보 데이터와 인구 데이터가 거의 구별되지 않은 채 나란히 기재되어 있는 것을 보면 모든 것이

국왕의 재산임을 짐작할 수 있다.

그러나 데이터의 대상과 관련해서는 양자가 차이를 보인다. 이 시기 데이터적 사고방식을 기획한 것은 의심할 바 없이 국가였으며, 국세학파는 통계학Statistik을 명확히 '국가의 상태=서술'Staatsverfassung로 규정하였다.19 또, 정치산술political arithmetic이란 단적으로 중상주의정책을 채용하는 절대주의 국가들의 국력 측정과 비교 방법이기도 했다. 때문에 양 학파 모두에게 데이터의 대상은 국가였다. 그러나 국세학파가 정적인 재산의 재고목록에 대한 산정과 서술에 몰두했던 데 비해, 정치산술학파는 국가의 기저에서 꿈틀거리고 이후 국가라는 조직을 파괴할 사회의 존재를 서술하고자 한 점에서 차이가 난다. 그것이 그랜트에서 할레를 거쳐 쥐스밀히로 이어진 결과, 18세기 후반 『신의 질서』로 결실을 맺은 인구통계분석이다.20 우리는 정치산술학파의 데이터 사상사에서 획기성과 주저함을 동시에 보는데, 이는 데이터의 수치화·수량화 때문이 아니라 오로지 동적 사회에 발견을 놓고 벌인 고민 때문일 것이다.

2-5-2 도덕과 위생

절대주의가 퇴조한 유럽 각지에서 시민사회가 성립함에 따라 데이터화의 '주체-대상-목적'도 구조적인 변용을 이룬다. 이 변용을 상징하는 것이 통계학을 무기로 삼은 아돌프 케틀레의 사회물리학La physique sociale이다. 케틀레는 가우스의 오차확률분포를 사회집단 분포를 파악하는 작업에 끌어들여 확률론적 통계를 사회통계로 바꾸었다. 우리가 주목해야 할 것은 데이터화와 관련하여 케틀레가 관심을 가진 대상이다. 그것은 단순한 출생이나 사망 같은 자연현상이 아니라 범죄, 자살 같은 개인의 의지를 수반한 도덕 현상이다. 케틀레는 이런 도덕통계에서 법칙성을 발견했지만 여기에는 동전의 앞뒷면 같은 중대한 두 개의 문제가 들어 있다. 하나는 정치산술에서 발견되고 예감되었던 국가와는 상이한 운동체인 사회라는 독자적 존재의 부상이다. 개인의 양화인 사회가 각 개인의 의지로 환원되지 않는 이상, 사회는 자율적 존재로 생각될 수밖에 없다. 여기서 사회가 '통계학＝사회물리학'을 통해서만 해명가능한 독자적 법칙을 띤 영역으로 간주된다. 이는 두 번째 핵심적 문제와 연관된다. 통계 법칙이 개인의 자유로운 의지와 대립하며 이를 위협하는 것이다. 이 문제는 통계학을 높이 평가한 역사가 헨리 토마스 버클의 『잉글랜드 문명사』[21]의 영향 아래 독일에서는 일대 논쟁을 낳기도 했다. 그러나 중요한 것은 사회 대 개인이라는 대립 구도가 아니라 그런 대립을 낳는 조건, 즉 사회의 자율화로 인해 개인과 사회가 양극화되어 존재하는 것으로 사람들에게 각인되었다는 사실이다.

이 시기, 즉 18세기 후반에서 19세기 후반에 걸쳐 데이터수집·분석에서 도덕통계와 나란히 독립한 분야는 바로 공중위생에 관한 데이터화, 즉 의료통계이다. 의료위생개혁에 헌신한 플로렌스 나이팅게일은 케틀레 밑에서 사숙한, 그를 신봉하는 통계학도였다. 전염병학의 창시자인 줄리아 스노우가 통계학적 방법을 사용해 런던에서 대유행한 콜레라의 감염 경로를 특정한 것도 이 시기였다. 우리는 도덕통계와 의료통계의 유행에서 이 시기 데이터화의 주체였던 특권층 부르주아지 시민이 관심을 가진 데이터수집·분석의 목적이, 부르주아 혁명을 거친 시민사회에서 이상적 평형 상태homeostasis의 창출과 유지에 있었음을 알 수 있다. 가장 솔직한 표명은 케틀레의 유명한 평균인l'homme moyen 사상이다. 여기서는 극단을 기피하고 통계적 평균을 이상화·실체화하면서 아리스토텔레스의 중용$\mu\varepsilon\sigma\delta\tau\eta\varsigma$과 겹치는 특권적 부르주아지 이데올로기가 여지없이 드러나고 있다.

2-5-3 우생과 과학의 문법

19세기 후반을 전환기로 데이터화의 '주체 – 대상 – 목적'이라는 삼위일체는 다시 한번 구조적 변용을 일으킨다. 우선 다윈의 진화론으로 인한 충격이 가장 컸다. 거기에 허버트 스펜서의 이른바 사회진화론social Darwinism22이 잇따라 붐을 일으켰다.

케틀레의 사고방식에서 대량의 데이터수집과 분석을 통해 드러난 동적 사회는 독자적인 자율적 존재로 발견된다. 동적 성격이란 정규분포에서 평균값을 축으로 한 요동으로서, 사회는 이 요동을 통해 평균 상태를 유지해야만 이상적이다. 그러나 진화론에 따르면 생물 종은 긴 세월에 걸쳐 형질의 평균값을 다방면으로 이동시켜 진화를 수행하였다. 그렇다면 인간 종도 육종을 모델로 삼아 특정 형질의 평균값을 다방면으로 이동시켜 왔다고 보아도 이상하지 않다. 실제 이를 실행에 옮긴 것이 다윈의 조카였던 프랜시스 골턴이었다.

여기서 데이터수집과 분석의 대상이 생물로 향하고 생물측정biometrics이 통계학의 주류가 된 이유를 알 수 있다. 골턴은 식물 종자에 관한 대량의 데이터수집과 분석에서 세대 경과에 따른 범용으로의 퇴행regression toward mediocrity, 오늘날 그리고 그가 대놓고 말한 평균으로의 회귀 현상을 발견하였다. 동일종 집단에서 집요한 평균으로의 고착과 종의 강고한 자기보존을 확인하였음에도 불구하고, 이런 자연의 범용성에 대항하듯 통계학을 무기 삼아 인간 종의 인위적 개량을 기획하는 우생학eugenics이 발전한다.

골턴을 좇은 피어슨, 그와 대립한 피셔도 우생학을 실마리로 삼았다. 그들은 생리학적 형질의 유전적 조작을 통해 사회개량이 가능하다는 나이브한 신념과 목적을 가지고 있었다. 당대의 데이터수집과 분석에서 주류를 점했던 목적을 공유했던 것이다.

19세기 후반은 대중매체의 중흥기였다. 케틀레의 평균인이란 이상화된 부르주아 시민에 대한 통계학적 투영이며 대리표상이다. 평균에서 일탈하지 않는 사회를 보장받는 것이야말로 이상적인 시민사회로의 길이었다. 그러나 대중매체의 등장에 따라 시민은 대중으로 변하고, 평균은 중용에서 어리석은 민중으로 바뀌었다. 적어도 이 시기 통계학을 선도했던 사회개량주의자들의 눈에는 그렇게 보였다. 지금까지 사회 관찰에 철저했던 통계학이 육종법에 따라 인간의 유전적 형질을 물리적·생리적으로 개량한 우생학의 바탕에는 '사회＝평균이라는 범용'에 대한 적시와 부정이 동시에 존재했던 것이다. 더구나 평가 기준을 유전적 형질에서 구했다는 점이 특징적이다. 그리고 현실의 사회를 대신하여 이상화된 골턴이나 범죄인류학을 부흥시킨 케사르 롬브로소의 천재설,23 니체의 초인Übermensch 개념은 후에 날조된 인종을 기초로 허구적이고 개인을 초월한 민족das Völkische을 창출하기에 이른다.

이 시기 데이터화의 주체는 사회개량주의자들이며 그 목적은 생리학적·유전학적 사회개량이었다. 우리는 피어슨이 자칭 사회주의자였고 생전에 마르크스에게 『자본론』의 영어 번역을 제안했다는 사실을 단순한 우스갯거리로 넘겨서는 안된다. 피어슨을 통해 데이터화의 역사는 일대 전기를 맞이한다.

피어슨은 통계학 연구에 전력하기 전인 1892년, 인간에게 직접 주어진 감각에서 나온 것을 바깥에 투사하여 현상세계를 편집한다는 마하주의적 현상론을 전개한 『과학의 문법』을 세간에 내놓았으며, 1911년까지 두 번에 걸쳐 개정하였다. 여기서 통계학을 포함한 과학방법론을 다듬었다.24 즉, 경험적 데이터에서 출발하여 사유경제Denkökonomie의 정합적 서술을 위한 개념형성 방법을 채용한다면 어떤 사항이든 과학의 대상이 될 수밖에 없다는, 극단적으로 말해 '데이터 일원론＋통계적 서술 만능론'을 주장하였다.

여기서 통계학은 특정한 대상에서 벗어나 방법으로서의 정밀화와 순수화를 수행하는 작업이 된다. 통계학이 대상을 묻지 않고 다양한 상관분석에 적용되는 무색투명한 도구가 되자 통계학에 입혀진 이데올로기적 성격이 탈색된다. 정확히 과학의 문법으로 통계학이 초월하고자 했던 것이다.

2-6 액상화하는 사회와 데이터 패권

피셔, 피어슨의 아들인 에곤 네이먼 이후 통계학의 역사는 피어슨이 『과학의 문법』에서 보여준 방법의 순수화, 나아가 가설 검증의 전형화, 제도화, 형식화의 길을 걷는다. 실제로 양자물리학, 분자생물학을 시초로 다양한 분야에서 통계라는 **방법**은 절대적 위력을 발휘하여 성과를 거둔다. 그러나 사회에 관련된 이해력은 떨어진다. 사회의 거대화·복잡화·기능적 분화에 따라 그 전체상이 막연함과 불투명성을 띠게 되었기 때문이다.

차이의 창출을 존속의 이유와 본질로 삼는 자본주의는 고도정보사회에서 공간적·시간적 차이를 무화시켜 구조 자체를 차이화하는 단계로 접어들었다. 즉, 사회의 구조변동을 정상적 상태로 바꿈으로써 구조변동을 메타 구조로 조직화하여, 바우만이 말한 액상화 단계의 자본주의를 맞이하고 있다. 기존 비즈니스 모델이 단기간에 진부한 것이 되어 새로운 모델이 모색되고, 그 주기가 짧아지는 오늘날의 상황을 보면 누구나 수긍할 수 있는 말이다. 이런 상황에서 표본에서 모델을 구축하여 모집단에 대한 간접적 접근을 수행하는 추리통계학을 포함해 전수조사가 기본인 기술통계학 같은 기존 통계학의 틀로는 동적인 액상사회에 접근할 수 없다.[25] 강한 스토리 구축이 어려운 것이다.

액상사회에서는 기존의 사회적 데이터와의 관계방식이 크게 변한다. 몇 가지 역사적 사고방식을 보면 데이터가 수집·분석의 주체나 대상, 목적이 변하는 가운데에도 늘 사회라는 외적 실재를 모방하기 위한 수단으로 존재해 왔다는 사실을 알 수 있다. 즉, 데이터는 국가나 사회의 전모를 파악하기 위한 것(정치산술의 경우) 혹은 사회를 이상화하거나(케틀레의 경우) 개량하기 위한 매개라는 의미에서(골턴, 피어슨의 경우) 미디어로서의 기능을 부여받았던 것이다. 그리고 거기에는 국왕이나 특권적 부르주아 시민, 사회개량주의자와 같은 사회 바깥에 몸을 둔 관찰자가 반드시 존재하였다. 그러나 지금 데이터는 사회 내부에서 개인의 일상적 의사결정을 위해 매일 이용되는 필수항목으로 바뀌었다.

인터넷이라는 새로운 미디어의 등장과 보급에 따라 지연 중심의 소규모 공동체나 조직이 상대화되면서 이들이 의사결정의 기준을 제공하는 권능을 상실한 지 오래되었다. 지금까지는 지연 중심으로 조직화되었던 개인이 인터넷의 등장과 더불어 전뇌공간 속에서 '고립된 개인'[26]으로 분절된 결과 의사결정의 기준을 스스로 조달하는 수밖에 없는 처지가 되었다. 종래 대중매체가 제공하던 기준도 인터넷에 의해 상대화되어 기능부전에 빠지고 만다. 특히 일본에서는 2011년 원전사고 보도 이후 대중매체에 대한 신뢰성이 땅에 떨어졌다.[27] 인터넷에 접속된 개인 컴퓨터나 스마트폰에서 제공하는 데이터 이외에는 기댈 것이 없는 것이다. 추천, 좋아요, 어쩌다와 같은 말과 더불어 적절하게 제공되는 다양한 데이터에 의지하여 '고립된 개인'은 나날의 의사결정을 이어나간다. '고립된 개인'은 없다던 비즈니스계에서도 많은 기업이 사회의 액상화를 좇아 이른바 팔로우 업으로 불리는 신속한 의사결정을 위해 분주하게 데이터를 모은다.

여기서 ① 통계 이론이나 가설 없이도 데이터 자체에 대한 사고방식의 변화, ② 외부로부터 사회의 전모를 파악하는 것이 아닌 사회 내부에서의 의사결정이라는 두 가지 변화가 일어날 수밖에 없다. 고도정보사회에서 데이터는 의사결정을 지원하고 인도하는 필수 소재이다. 이런 추세를 볼 때 최근 '통계학에서 데이터 과학으로'라는 캐치프레이즈는 그저 빈말이라고 할 수 없으며 데이터 과학자 같은 직종의 유행에도 그럴 만한 이유가 있는 것이다.

2-7 데이터의 자기조직화와 '몰아세움'의 전면화

독자 중에는 빅데이터의 쓰리 브이3V의 마지막 '브이', 즉 다양성이 무목적성Zwecklosigkeit을 뜻한다는 점을 근거로, 현재 데이터가 '고립된 개인'이나 기업의 일상적 의사결정이라는 목적에 쓰인다는 주장이 잘못된 것임을 지적할 수도 있을 것이다. 이와 관련하여 이런 질문도 가능하다. 사회 내부에서 데이터를 이용하거나 구글로 대표되는 데이터 분석 기업은 사회를 외부에서 관찰하는 것이 아닌가. 그러나 그 어느 쪽도 아니라는 대답이 나올 수밖에 없는 상황이라는 점이 현 단계 데이터의 특수성이다.

그러고 보면 주체는 어느새 데이터 이용자도, 데이터 분석가나 제공자도 아닌 **데이터 자체**이다. 데이터 이용자는 제공자에게 받은 데이터Data에서 필요한 정보Information를 찾아 의사결정에 사용한다. 이용자가 쓰레기로 배출한 의사결정 이력을 제공자가 데이터Data로 회수하여 분석자에게 되돌려준다. 분석자에 의해 새로운 정보가 더해진 데이터가 다시 이용자에게 발신된다. 이것의 반복, 데이터를 배출하는 자도, 데이터마이닝으로 정보를 얻는 자도 자신은für es 충분히 주체적으로 의사를 결정하고 행동한다고 생각할 것이다. 그러나 제3자가 볼 때für uns 그런 인간적 주체는 데이터라는 운동 중인 주체성을 구성하는 계기에 불과하며 기껏해야 대리인에 지나지 않는다. 주체는 말할 것도 없이 'D→I→D', 즉 데이터에서 정보 그리고 데이터로 이어지는 순환을 이룬다. 데이터는 자율적으로 운동한다. 주체화를 수행하는 것은 데이터이지 결코 인간적 주체가 아니다.

'데이터(D)↔정보(I)'의 왕래 과정을 재귀적, 무제한적으로 반복하면서 '생성=운동'하는 데이터의 자기조직화28야말로 빅데이터이다. 모든 인간적 주체는 이런 데이터 자기조직화의 환경에 불과하다. 의사결정이라는 '고립된 개인'의 목적도 데이터의 자기조직화 운동이 되어 확률론적 불확정성을 수반한 채 자동화된다. '고립된 개인'의 의사결정은 이런 탈목적화된 주체화를 수행하고 남은 쓰레기인 빅데이터의 자기목적에 흡수되어 간다. 의사결정 시 무의식적으로 데이터를 착취당하는 이용자뿐 아니라 주체적으로 행동한다고 생각하는 공급자, 분석가도 예외가 아니다. 이는 마르크스가 통찰한 자본das Kapital이라는 '주체Subjekt= 실체Substanz'의 객관화Versachlichung 운동으로 만들어진 노동자와 주체적 자본가의 경우와 다르지 않다.

다른 각도에서 보자면 이는 후기 하이데거가 일찍이 강조하여 경고한 '몰아세움', 즉 모든 존재자를 쓸모 있는 것으로 총동원하는 자기목적적 운동의 최신 단계이기도 하다. 우리는 빅데이터의 대부분을 점유하는 것이 소셜 데이터와 검열 데이터, 즉 소통과 위치정보를 포함한 신체 데이터라는 점에 주목한다. 기존의 미디어, 예컨대 활자 미디어 데이터는 일정 기간 보존 후 폐기되기에 내용상 선별된 것만 활자로 보존되었다. 이에 비해 빅데이터는 무차별적으로 수집·보존된다. 본래 쓰레기에 불과했던 '고립된 개인'의 중얼댐이나 위치정보마저 쓸모 있는 것들로 화하여 네트워크로 몰아세워지고 '고립된 개인'과 조직체의 의사결정에 피드백된다. 가까운 장래 애플워치, 구글글래스와 같은 웨어러블이 스마트폰을 대체할 때, 빅데이터는 우리의 소통과 신체를 훨씬 더 깊고 정밀하게 데이터화할 것이다. 구체적으로는 시선, 체온, 맥박과 같은 형태로 '생성=운동'할 것이다.29 모든 외부 존

재를 내부화하여 만물을 유일한 네트워크에 모으는 '몰아세움'의
운동에 저항하여 감히 그 외부에서 관찰하는 과제가 오늘날 철
학의 과업으로 다가왔다.

SNS에 의한
소통의 변용과 사회체계론

SNS에 의한 소통의 변용과 사회체계론

3-1 SNS라는 새로운 소통의 등장

금세기 초부터 인터넷이라는 네트워크 미디어가 세계적으로 보급되어 예전의 대중매체가 점하던 지위를 빼앗았다. 실제 인터넷상에서 전화, 편지, 텔레비전, 영화, 라디오, 일기, 신문, 광고전단, 게시판 같은 기존 미디어를 흉내 내는 서비스가 서서히 등장하기 시작했다. 이들 중 SNSSocial Network Service로 불리는 서비스가 특히 주목을 받고 있다. 왜냐하면 이 서비스는 지금까지 미디어 사고방식에 없던 독자적 소통을 실현하기 때문이다.

SNS는 2016년 여름 현재 텍스트를 기반으로 한 트위터Twitter나 믹스mix, 사진을 기반으로 한 인스타그램Instagram이나 텀블러Tumblr, 음성을 기반으로 한 라인LINE이나 스카이프Skype, 동영상을 기반으로 한 니코니코 생방송ニコニコ이나 바인Vine, 복합적 형

태를 띤 페이스북facebook 등이 대표적이다. 이들의 다양함에도
불구하고 몇 가지 공통된 특징이 있다. 우선, SNS는 원칙적으로
음성이라는 원초적 미디어, 즉 대면적 상호행위interaction를 따라
하면서도 ① 원리적인 익명성이 소통의 기본값default value이기에
실명이나 고정 닉네임을 쓴다 해도 그것이 사실임을 보증할 수
없다.[1] SNS 소통에는 대면적 상호행위에 붙어 다니는 권위주의
적인 말씀이나 경어 표현, 즉 발언자의 지위에 걸맞는 소통에 대
한 피드백이 없으며 반말로 상징되는 ② 관계의 대등함이 실현
된다. 이 사태를 발언자 속성의 무화나 권위의 붕괴로 볼 수 있
다. 다음으로 이는 만남encounter으로서의 상호행위나 전화를 사
용한 통신telephone call counter이라는 준 상호행위에서 볼 수 없었
던 네트워크의 유사 상호행위에서 고유한 항상 연결된 상태를
유지한다. 이로 인해 ③ 소통의 목적이 아니더라도 끊임없이 접
속된다. ①~③의 특성에 더해 SNS에서 메시지의 송신정보량 제
한(트위터의 경우 140자 룰,[2] 바인 동영상의 경우 6초 룰)이나
응답 간격의 지연에 따른 소통 장벽, 소통 주기 양도release의 역
치threshold가 저하된 현상을 보인다. 그 결과 ④ 소통에서 의사
결정의 내용 혹은 장소가 없거나 텅 비게 된다.[3] 이러한 특성으
로 SNS에 정보성이 희박한 중얼댐만 넘쳐난다. SNS 소통은 순
간적인adhoc 단편성과 시간에 따른 변이에 맞춰 음성을 사용한
상호행위도 증가하여 '논리 = 이성 = 언어'$^{\lambda o \gamma o \varsigma}$와의 친화성을 잃
었다. 더구나 ④의 특성이 꾸준히 더해질 때에는 ⑤ 소통에서
정동이 일반적인 것이 되어 버린다. 일본에서는 www(warai의 축
약, 비웃음의 의미), orz(사람이 땅바닥에 머리를 댄 모습을 표현한 캘리그램, 낙담의 의
미), 또 영어권에서도 lol(Laughing Out Loud, 폭소의 의미), :((떨떠름한 표정

의 캘리그램, 불만의 의미) 등 동서양을 가리지 않고 이모티콘emoticon이
나 SNS 상에서의 아스키 아트[1])가 범람하고 있다.

이는 네트워크를 매개로 정동의 광범위한 전염을 일으키고 있
다. 인터넷에서의 정동 전염은 혁명, 데모 등 분노나 공감의 공
유를 통해 집단의 결속을 강고하게 하였다. 예컨대, SNS가 조직
화에 있어서 중요한 역할을 담당한 중동의 자스민 혁명, 대만의
해바라기 학생운동, 홍콩의 우산 혁명 등을 들 수 있다. 반면 네
트워크에서 자주 발생하는 과격화 현상, 캐스 선스테인의 이른
바 사이버 폭포cyber cascade4의 경우에도 같은 특성이 작동한다.
전자는 집단 내부적인 응집성을 강조하고, 후자는 외부 집단에
대한 배타성을 강조한다. 그러나 응집성과 배타성은 동전의 양
면으로서 어느 쪽이든 SNS에서 뺄 수 없는 정동의 부차적 효과
이다.

SNS는 모든 사람이 자신의 의견을 공적으로 표명할 수 있는
인터넷 시대의 의견 발신publication 미디어로 자주 거론된다. 그
러나 실제로 SNS에서 발생한 소통 대다수는 그것과는 거리가 멀
고, 정동의 폭발·공명·전염에 가깝다. 서장(0 – 1절)에서 SNS의
의견 발신 사례를 들었지만 이는 대중매체와의 비교라는 문맥에
서 본 것일 뿐이다. SNS 자체로 보면 정동의 발로가 두드러진다.
SNS는 정동적 측면을 증폭시킨 것으로서, 돌을 던진 웅덩이에서
정동의 파문을 키워나간다. 예컨대, 리트윗을 통해서 말이다. 우
리는 SNS 소통의 이런 특질을 의견 발신이 아닌 정동 노출

---

1) 역자주 – 아스키 코드란 미국 규격 협회 ANSI에 의해 제정된 컴퓨터
의 정보 교환용 표준 코드로서, 알파벳·숫자·기호 등을 1문자당 7
비트로 나타낸 것이다.

exposure로 파악하고자 한다. 그렇다면 정보사회의 특징은 정동 사회이기도 하다.

3-2 루만의 사회체계론과 네 개의 의문

정동 노출 미디어로서의 SNS는 다양한 면에서 현재 사회를 바꾸고 있다. 경제적인 면에서는 빅데이터라는 방대한 물적 주체화를 행하는 데이터와 정보의 순환과정으로 나타난다. 그러나 이 과정을 통해 의사결정이 자동화되면서 마케팅도 자동화된다. 다음 장에서 다룰 차세대 로봇이나 웨어러블은 현재의 SNS 소통 (네트워크)의 주된 디바이스(노드)로 기능하는 스마트폰의 진화 형태이기도 하다.

정치적인 면에서는 지금까지 정상적으로 기능해 온 대중매체의 중앙집권적 정보관리체제가 무너진다. 즉, 일정한 코드를 만족하는 것만 미디어로 등록시키는 품질관리를 통해 우리는 본래의 것을 접할 수 없다. 정치적으로는 절차를 지켜온 견해나 과격한 의견이 정치성을 상실하여 신물과 구역질만 일으키는 정동의 노출이 언론의 자유라는 이름으로 당당히 SNS 상에서 유포된다. 이렇게 유포된 정동이 정치공간에 확산되어 기능부전에 빠진 대중매체도 이런 여론 형성에 가세한다. 여기서 중요한 것은 SNS 에 의한 **소통 자체**의 변화, 사회에서 인간 위상의 변화, 즉 사회 자체의 변화이다.

우리는 일반적으로 사회를 인간의 양화나 그 현재적·잠재적 관계의 총체로 간주한다. 한마디로 사회는 인간의 것이다. 아니면 인간상호간의 의사를 매개로 하는 역동적 네트워크로 보기도

한다. 사회란 행위의 연쇄이다. 사회란 집단적·조직적 행위이다. 이런 소박한 이해나 행위론/조직론적 이해 속에서 사회는 인간의 실재성realitas을 기반으로 삼는다. 그러나 이는 실재론의 연장에 불과하다. 사회에 관한 학문인 사회학 또한 이런 사회관 위에서 실증과학으로 발전해 왔다.

인터넷이라는 네트워크 미디어의 등장과 보급은 실재적 관점에 근본적 변화를 낳았다. 인터넷이 소통의 편제를 근본부터 바꾸면서 사회구조가 전에 없던 규모와 속도로 변하고 있다. 결론부터 말하자면 인터넷은 일찍이 없던 소통을 통해 사회를 추상화한다. 정확히 말해 사회가 원래 가지고 있던 추상성이 네트워크 소통으로 드러난다고 할 수 있다. 니클라스 루만의 사회체계론, 특히 세계사회론은 정보사회의 전면적 추상화와 총체적 전환을 설명해 줄 시각을 제공한다.

루만은 기존 사회학의 실재론적 혹은 구체적, 실증적인 것으로 부를 수 있는 편향을 의심하고 여기에 추상적abstrakt 수준의 사회이론을 대립시킨다.5 그는 사회체계론이라는 이름으로 현대 사회학에서 추상적 이론의 구축을 실천한 예외적 인물이다.6 그는 수많은 사회학 이론과 달리 인간이 아닌 소통을 사회의 구성 요소로 보았다. 루만에게 사회란 소통의 연쇄적 접속에 따라 산출된 자기조직화 체계이다.

자기조직화auto-poiesis란 칠레의 뇌생리학자인 움베르토 마뚜라나와 프란시스코 바렐라가 제창한 것이다. 이는 생명의 본질을 환경과의 정상적인 평형 관계의 유지, 곧 항상성homeostasis에서 구한다. 즉, 환경의 변동에 저항하여 자기동일 상태를 유지하는 특성에서 생명의 본질을 본 것이다. 예컨대, 외부온도의 변화에도 일정한 체온을 유지하는 것처럼 말이다. 또한 산일구조 dissipative structure론처럼 무질서한 환경에서 자기조직화가 나타나는 것이 아니라 환경과 전혀 교섭하지 않는 자기산출적이고 폐쇄적인 체계로 생명을 파악한다. 자기조직화의 원뜻은 아우토 $\alpha \acute{v} \tau o -$, 즉 '자신의 힘으로' '포이에시스=창조'하는 것이다. 예컨 대, 계곡의 무질서한 흐름 속에서 어떤 요동을 지니면서도 자기 동일성을 갖춘 소용돌이가 출현하는 것이 산일구조의 사례이다. 개구리는 파리 같은 작은 생명체가 날아오면 혀를 내밀어 잡아 먹는다. 파리가 오면 일어나는 동일한 자극을 개구리의 신경계 에 주입하면 똑같이 혀를 내미는 행동이 나타난다. 즉, 개구리가 혀를 내미는 행동은 외부에 움직이는 물체인 파리가 존재하기 때문에 나타나는 것이 아니다. 그것과 관계없이 신경계라는 **폐쇄** 체계를 자극하여 생겨난 것, 다시 말해 개구리 신경계의 변용으 로 이해할 수 있다. 자기조직화는 실재적 수준에서 환경과의 상 호작용을 통해 생명의 존재를 파악하는 항상성이나 산일구조와 달리, 인지적 수준에서 자기 창조를 반복하는 폐쇄적인 체계로 그것을 파악한다. 환경이 문제가 되더라도 이는 결코 존재의 수 준이 아니라 인지 수준에서 관찰Beobachtung된 것이다. 루만은 이 최신의 생명관을 들여와 독자적인 사회체계론을 구축한다.

루만이 볼 때 사회체계는 여러 사회 속에 역사적으로 스며들 어durchdringend 존재해 왔다. 그러나 그 구조Struktur는 시대에 따라 변화하였다. 여기서 체계와 구조가 다르다는 것에 주의하자. 체계가 소통의 연쇄적인 접속이라는 시간적 과정Prozess인 본체 에 해당된다면, 구조는 과정의 반복을 통한 결정화kristallisieren이며 지속적인 소통의 반복이다. 즉, 체계는 소통이 지속된다는 단순한 사실that임에 비해 구조는 소통이 어떻게how 접속되는가라는 방식, 즉 반복을 통해 체계로 정착된 경향성 내지 관습이다. 소통의 반복인 구조는 시대의 어느 지점을 대체하면서 역사적인 변환을 이루어 왔으며 이는 뒤에서 다루기로 하자.

정보사회에서 결정화된 소통의 반복은 기능적 분화funktionale Ausdifferezierung를 낳았다. 여기서 소통은 그 특성에 따라 법적·경제적·학문적·예술적 소통 등으로 분류되며, 사회는 기능적으로 다중화된다. 사회를 구성하는 소통이라는 이름의 화물열차가 열차 칸에 들어있는 화물에 따라 스위치 조작기를 눌러 몇 개의 분기선, 즉 하위체계로 분류되는 이미지를 떠올려 보자. 그런데 사회는 하나 밖에 존재하지 않는다. 루만은 이 유일한 소통의 포괄적 총체를 포괄사회Gesellschaft라고 부른다.7

루만은 체계의 역사적 추이라는 통시적diachronique 축을 좇지만 동시에 이것과는 별도의 동시대적인 공시성sychronique 수준에서의 분류도 수행한다. 상호행위Interaktion와 조직Organization이 사회체계의 부분을 이루면서 포괄사회에 속한다. 루만은 현대사회에서 소통의 주요 계기가 상호행위에서 조직으로 이행하고 있다고 주장한다. 또, 사회를 점유한 상호행위의 현존성이 저하되고 있다고 말한다. 조직도 현대사회의 주된 행위자이지만 그 주체는 아니며 사회를 조직에 대한 은유로 해석하는 것도 비판한다.8 그는 기능적으로 분화된 사회란 본질적으로 추상적인 사회형태를 띤다고 본다. 우리는 그의 이런 지적을 받아들이면서 정보사회의 구체적 상호행위마저 추상화된다면 순수한 상호행위는 존재하지 않는가라는 질문을 던질 수 있을 것이다.

사실 그의 사회체계론에 대한 평은 나쁘다. 사회체계론의 지명도가 올라가며 유행에 불과하다는 부정적 딱지나 이유도 없이 싫다는 평가는 줄었다. 그러나 그에 대한 알레르기 반응은 여전히 뿌리 깊다. 체계적 구성이나 색다른 용어 사용, 분야를 넘나드는 박학다식함 등 그의 논의에 들어서길 망설이게 하는 높은 문턱이 존재한다. 그러나 여기서 논하고자 하는 것은 그의 서술 스타일이 아니다. 비록 그의 서술 스타일이 악평의 근원이 되고 있지만 말이다. 기존의 사회학 이론을 지키려는 사람에게 근본적 이질성은 강한 거부감을 불러일으킨다. 기존 사회학에서 볼 때 느껴지는 위화감을 질문의 형태로 나열하면 다음과 같다.

(1) 왜 자연과학 내지 정보과학에서 유래한 체계라는 추상적 개념을 사회라는 실재에 도입해야 하는가? 이는 부자연스러운 기교에 불과하다.

(2) 왜 사회의 구성요소를 인간이 아닌 소통으로 보아야 하는가? 이 상정은 직관적·경험적으로 받아들이기 어렵다.

(3) (1)번 질문과 관련하여 사회를 체계로 간주할 때 그것이 막연하고 추상적인 것으로 변해버리지 않을까? 직접 대면하는 상호행위Interaktion나 조직Organization이야 그렇다 쳐도 포괄사회Gesellschaft나 하위체계인 기능적 분화funktional differenziert 체계에 이르면 표상조차도 어렵다.

(4) 사회체계론이 사회 전체를 다루는 '폐쇄적' 이론체계이기 때문에 사회에 대한 개념적 파악이 이루어져도 이를 적용하고, 개념적 파악을 통해 실천적 귀결을 도출하는 것은 불가능하지 않을까?

지금부터 세계사회 개념을 기반으로 네 개의 의문에 답하고자 한다. 이를 통해 사회체계론의 정당성을 확인하고 정보사회에서의 의의를 파악해 보자.

3-2-1 사회의 자기지시성

우선 (1)번 질문, 체계 개념을 왜 사회 파악에 도입해야 하느냐는 점부터 살펴보자. 결론부터 말하자면 사회이론이 체계론이 되어야만 하는 필연성이 대상인 사회에 있기 때문이다. 체계의 도입은 루만이 멋대로 생각하거나 기교를 부린 것이 아니라 대상 쪽의 요청이며 매우 자연스런 조치이다. 왜인가? 루만의 이론으로 돌아가보자. 일반적으로 어떤 것이 존재한다는 것은 ① 간격을 통해 구별이 생겨나고, ② 어딘가 한쪽이 주목을 받음에 따라 다른 쪽은 닫혀 구획지어지면서 배경으로 깔리는 사태를 가리킨다. 루만은 이런 ① 구별distinction, ② 지시indication를 통해 이루어진 연산을 스펜서 브라운의 말을 빌려 관찰observation, Beobachtung로 부른다. 무언가 존재한다는sein 것은 그것이 관찰됨beobachtet werden을 뜻한다.

물론 여러 대상이 무질서하게 출현한 뒤 소멸한다는 점에서 한 번의 관찰만으로 동일성을 띠는 안정적 대상의 존재를 확인할 수 없다. 여기서 반복적 관찰을 통해 차이를 흡수하는 유연한 패턴의 형성과 기억memory, Gedächtnis을 통한 구별의 안정화, 나아가 서술discription, Beschreibung을 통한 구별의 고정화가 요청된다. 이렇게 해야 대상이 존재할 수 있다. 어느 쪽이든 관찰되지 않으면 아무것도 존재할 수 없다. **이런 한에 있어서 루만의 설명은 실재론이 아니다.**

사회라는 대상의 존재에 관련해서는 어떤가. 사회를 서술한다는 것은 컵이나 책상 같은 대상을 서술하는 것과 근본적으로 다르다. 대상인 사회 또한 컵이나 책상과 마찬가지로 그 존재가 관찰된다는 점은 다르지 않다. 그러나 컵이나 책상을 관찰하는 것과 동일한 방식으로 사회를 관찰하는 것은 원리적으로 불가능하다. 왜냐하면 사회를 관찰하는 나나 당신은 관찰 대상인 사회의 구성요소이기 때문이다. 관찰자가 관찰 대상으로 등장하는 패러독스인 것이다. 자신의 뒤통수를 보는 것은 불가능하다. 그렇다면 관찰의 불가능성이 사회의 존재를 부정해도 된다는 뜻일까?

　그렇지 않다. 사회에 관해 서술하고 있는 것은 사회이다. 사회가 나나 당신을 **통해** 사회를 관찰하고, 서술한다. **사회 자신의** 사회에 대한 관찰. 이를 통해 최초 사회가 발생하고, 그 위에서 **자신을** 서술함으로써 사회는 안정적으로 존재하게 된다. 바꿔 말해, 사회는 서술됨으로써, 정확히는 자기서술selbstbeschreiben을 **통해** 존재할 수 있으며, 서술되지 않는다면 사회도 없다. 서술 또한 소통임에 주의하자! 서술은 반드시 미디어를 통해 이루어진다. 포괄사회 연구가 미디어론과 연결될 수밖에 없는 이유가 여기에 있다.

　사회는 관찰의 대상인 동시에 관찰 주체이기도 한, 자기지시적이고 동적인 체계로 존재한다. 루만의 급진적 구성주의, 작동적 구성주의란 주관적이거나 자의적 성격의 사회구성을 말하는 것이 아니다. 그것은 자신의 꼬리를 먹은 우르보로스의 뱀처럼 자기지시적이고 자기산출적인 이론이다. 헤겔식으로 말해 자기관계적Beziehung auf sich이다. '사회＝체계'는 단순한 기교가 아닌 필연적이고 합리적인 장치로서 '인식＝존재＝논리'의 삼위일체

를 실현하는 장치이다.9

3-2-2-1 소통이란 무엇인가?

다음 (2)번 질문, 왜 사회의 구성요소를 인간이 아닌 소통으로
보아야 하는가를 살펴보자. 이 질문에 답하기 위해서는 약간의
우회로를 거쳐야 한다. 사회체계론에서 소통이란 무엇인가라는
질문에서 시작해 보자. 루만에게 소통은 대면적 상호행위가 아
니며 정보의 전이·전송도 아니다. 대면적 상호행위는 사회의 원
초적 장면, 기초적 장면에서 벌어지는 소통의 한 현상이다. 아마
인간이 태어나 최초로 시작하는 소통은 대면적 상호행위일 것이
다.10 그러나 이는 소통의 전형도, 모델도 아니다. 오늘날 소통의
중요성이 중시되어도 결코 염두에 두지 않는 것은 바로 이 직접
적이고 대면적인 그리고 이상적이기까지 한 상호행위로서의 소
통이다. 소통 장애로 비유되는 병리 현상인 소통 장애가 정상적
인 소통으로 상정하는 것도 상호행위로서의 소통이다.

그러나 소통 장애도 자기 방에 틀어박혀 네트워크를 매개로
소통에 몰두할 수 있는 것임을 감안하면 '소통=상호행위'라는
통념은 매우 협소하다. 이 경우 소통은 대인 교섭 능력이나 소통
능력으로서 사람의 내면적 소질로 간주된다. 따라서 경험이나
훈련으로 개발되는 능력의 발현으로 이해된다. 요즘 유행하는
소통 능력이라는 말이 바로 그것이다. 즉, 소통 장애란 능력을
결여한 자, 능력이 모자란 자, 능력을 가졌음에도 소극적인 자들
이다. 그러나 사람들은 그것에만 주목하여 소통을 정의한다. 상
호행위로서의 소통은 소통 부전이라는 독선적 각인을 통해 이론
화한 것에 불과하다.

여기서 우리는 상호행위로서의 소통이 사람 간의 소통, 인격 이해를 위한 수단으로 파악되고 있음에 주의해야 한다. 반대로, 상호행위에는 소통의 기점인 동시에 목적이기도 한 인격이 존재한다. 상호행위 모델에 입각한 소통의 근저에는 인간주의가 있다. 사회는 인간으로 구성된다는 사회관이 상호행위 모델 소통관과 친화성이 높다.11 하버마스의 소통 행위 이론이 좋은 예이다. 그의 전략적 행위로 구별되는 소통 행위는 대면적 상호행위로서 모든 인격 간의 명확한 상호이해, 즉 합의Verständigung를 지향한다. 최종적으로 실현되는 것은 칸트의 '목적의 왕국Reich der Zwecke＝평등한 모든 인격'으로 존재하는 사회이다. 그러나 이런 인간주의적 틀에 근거할 때 인터넷상에서 이루어지는 비인칭적, 익명적 소통은 병리적, 일탈적인 것으로서 소통에서 배제된다. 문제는 **좋고 나쁨과 별도로** 이런 유형의 소통이 현대사회에서 주류가 되어가고 있다는 점이다.

상호행위 모델에 입각한 관점을 대체하여 상호행위를 정보전송 과정 및 규약으로 간주하는 정보과학 모델의 관점을 살펴보자. 이는 인격 간의 소통인 상호행위를 넘어 소통을 이론화함으로써 비인칭적 소통도 다룰 수 있게 해준다. 이 관점에서 소통은 기술적 수준으로 축소되고, 인칭적 성격이나 목적이 탈각된 채 단순한 정보 수용으로 이해된다.

만일 정보를 의미와 동의어로 생각한다면 실제로 전송되는 것은 전기적 신호에 변환된 부호열로서의 정보, 즉 앞 장에서 정의한 '목적＝형상'적 계기를 결여한 정보과학적인 것에 불과하다. 상호행위는 소통의 심리적 측면을, 정보과학적 소통은 물질적 측면을 강조한다. 후자의 경우 소통이란 통신이라는 물질적 과정이며 사회적 수준에서 의미 통보Mitteilung로서의 소통과 무관하다. 비록 그것이 영어 표기로는 동일한 소통communication이라 할지라도 말이다.

3-2-2-2 루만의 소통

루만은 소통을 앞서 본 어떤 유형과도 다르게 본다. 특징으로는 ① 비인칭성, ② 의미 조작, ③ 연쇄적 접속, ④ 지향성의 네 가지이다.

루만의 소통은 ①의 비인칭성으로 인해 상호행위 모델과 확연히 구별되는 동시에 인간과 목적을 배제한다. 상호행위 또한 소통이지만 거기에 보이는 인간이나 목적은 소통을 통해 구성된 효과에 지나지 않는다. 즉, 소통 쪽이 상호행위보다 '기저=규정적인 것'이 된다. 또, 소통을 데이터 전송이 아닌 ② 의미 조작, 구체적으로는 '정보/통보/이해'로 보기 때문에 인간관계나 물질의 교환이 아닌 의미 지평에서 벌어지는 사건Ereignis으로 이해한다. 이런 사건으로서의 소통은 생멸을 반복하면서 ③ 잇따라 접속한다. 이 소통의 지속이 시간성을 산출한다. 그러나 물리적 시간이 아님에 주의하자! 물리적 시간 또한 학문적 소통의 효과일 뿐이다. 즉, 현 상태에서 의미 조작이 반복될 때 계속 참조되는 의미 조작의 '기억(메모리)=이력(로그)'은 과거가 되고, 생기하는 의미 조작의 '불확정성Kontingenz=진폭oscillation'은 미래로 규정된다. 여기서 소통이 의미라는 지평을 넘어 시간이라는 지평에도 자리잡게 되는 것이다. 마지막으로 소통은 반드시 **어떤 것에 관한 소통**Kommunikation von etwas이라는 의미에서 ④ 지향성Intentionarität을 갖는다. 이 규정성은 소통이 의미의 지평에 거주하는 순간 최초로 성립한다. 루만은 이 소통의 지향성이 현상학의 의식과 관계 없다고 말하면서 대신 지시Referenz라는 말을 쓴다. 중요한 것은 '지향성 = 지시'를 통한 소통이 체계를 형성한다는 사실이다. 즉, 지시가 향하는 대상과 지시라는 연산 자체가 구별되는 것이다. 전자는 외부에 있는 반면 후자는 내부에 있다. 이 경우 외부가 환경이 되고 내부는 체계가 된다. 다만 체계는 아직 잠재적인 상태에 머문다. 지시가 외부로 향하는 타자지시Fremdreferenz가 아닌 체계 자체인 자기지시Selbstreferenz를 뜻하기에, 체계 자체가 '관찰/서술'되는 순간 최초로 체계가 드러난다. 이렇게 체계 개념을 매개로 사회는 소통으로 연결된다.12 상호행위를 소통의 전형으로 보는 입장에 따르면 루만의 소통 개념은 굉장히 추상적이며 현실에서 벗어난 것으로 보인다. 그러나 ①~④의 규정을 통해 소통의 외연은 일거에 확대되며, 상호행위 모델에서 배제된 네트워크적 소통도 이론적으로 다룰 수 있게 된다.

3-2-3 사회체계의 추상성

사회를 체계로 간주할 때 그것의 추상화를 걱정하는 (3)번 질문을 살펴보자. 루만이 생각하는 사회란 비인칭적 소통과 그에 대한 반성(자기관찰/자기서술)의 총체이지만, 이 규정은 추상적이다. 인간과 국가, 공동체가 보여주는 구체성과 비교할 때 그 추상성이 두드러지는 것이 사실이다. 사회와 인간을 연속적 실재 위에서 이해하고자 하는 시도는 자주 있어 왔다. 근대경제학은 사회를 인간적 개인이 가진 욕망의 체계로 규정하였으며, 근대정치학은 사회를 자율적 개인이자 시민으로 구성된 정치공간으로 규정하였다. 그러나 사회를 인간으로 환원하고자 한 시도가 도달한 지점은 아나키즘이나 신자유주의로 대표되는, 즉 사회를 명목적 명칭에 불과한 것으로 보는 사회유명론적 주장이다. 신자유주의적 주장을 실천하고자 한 철의 여인 마가렛 대처의 '사회란 없다.'There is no such thing as society13라는 노골적인 표현이 대표적이다. 친숙한 국가나 공동체 같은 구체적 실재로 사회를 이해하는 것은 직관적으로도 쉽다. 그러나 사회는 국가가 가진 국경이나 군대, 관료나 의회와 같은 가시적 방위·통치 기구를 가지지 않는다. 또, 장소의 공유를 바탕으로 공동체가 지닌 지연이나 습관mores, $\xi\theta o\varsigma$도 없다. 사회는 비가시적인 존재이다.

루만의 사회체계론은 인간이나 국가, 공동체의 실재성과 사회를 비교하지 않으며, 사회의 추상성을 그대로 수용한다. 사람들은 루만의 사회 파악이 너무 추상적이고, 어렵다고 불평하지만 이는 이론적 파악을 단념하는 것에 불과하다. 사회체계론의 추상성은 사회 자체의 추상성 때문에 발생한다. 그렇다면 사회 자체의 추상성은 어디에서 유래하는가? 바로 사회의 구성요소인 소통의 추상성 때문이다.

SNS가 집중적으로 재현한 정보사회 고유의 새로운 소통 형태, 즉 익명적이고 비인칭적이며 목적도, 끝도 없는 접속이 낳은 추상성은 사실 소통에 대한 루만의 정의이다. 즉, 루만의 소통에 대한 정의가 추상적인 것이 아니라 정보사회의 소통이 루만의 정의처럼 추상적이다. 다만 루만이 지나치게 시대를 앞서간 것이다.14

소통의 추상성은 유사 상호행위인 SNS에서의 소통에 입각해 실제 체험하는 상호행위에도 영향을 끼친다. 요즘 젊은이들 사이에서는 '투샷2) 영상을 불특정 다수에게 업로드하는 것이 유행이다. 필자도 SNS에서 이를 강요받은 피해자이다.15 때로 자신들의 키스신을 업로드하는 영상도 있다. 자신을 롱쇼트로 촬영하는 셀카봉selfie stick이라는 장비를 늘 가지고 다니는 행위가 젊은이들의 상식이다. 본래 연인 간의 관계나 소통은 제3자 개입의 여지를 주지 않는 비밀에 속한다. 그런데 요즘 연인 간의 소통은 SNS에 업로드upload되어 일상적으로 제3자에게 노출된다. 연인만이 아니다. 예컨대, 상사나 교사에게 혼나는 현장에서 '꾸중 듣는 중'과 같은 실황중계도 볼 수 있다. 여기서는 질책하고 당하는 두 사람의 대면적 상호행위가 SNS를 매개로 보이지 않는 방관자를 참여시켜 결국 삼자관계로 구성되는 **유사** 상호행위 현상이 일어난다. 질책받는 당사자는für es 자신이 처한 상황을 증거로 남기고 제3자를 끌어들여 현장을 갤러리와 무대로 만든다. 이를 통해 자신의 궁지를 상대화하여 상황을 벗어나는 동시에 행위를 합리화하는 인지적 불협화음cognitive dissonance의 해소라는 심적 기제가 작동한다고 해석할 수 있다. 당사자가 이 기제를 실제 느끼지 못한다해도 말이다. 우리의 학지적 측면에서für uns 이 사태는 상호행위의 추상화이다. 즉, SNS가 실현한 비인칭적인 상호행위 같은 새로운 소통 방식이 본래의 양자관계, 즉 순수한 상호행위를 침식하여 자신과 동일한 **유사** 상호행위 수준으로 끌고 간 것이다.

작은 상황 하나를 일반화해 보자. SNS는 상시 소통이 접속 중인ON 상태 내지 적어도 준비 중인stand-by 상태를 유지한다. 이른바 연속성이 기본값default value이다. 이는 동시에 대면적 상호행위OFF가 특수한 상황임을 뜻한다는 점에 주의하자! 더구나 접

---

2) 역자주 – 남녀가 함께 있는 사진

속은 '多 대 多'라는 거미줄web 모양으로 실현된다. 이 사태는 정보사회에서 모든 상호행위가 SNS를 매개로 제3자를 현장에 끌어들인다는 것을 뜻한다. 상호행위의 당사자는 시시각각 현장에서 자신의 상호행위를 업로드하여 노출한다. 반대로 노출을 전제로한다는 것은 보이지 않는 갤러리의 시선을 의식하면서 상호행위를 **연출하는** 것이다.

이 새로운 상호행위 기제의 상징이 세간을 뒤흔든 반사회적 행위, 예컨대 순찰차 위에서 시끄럽게 굴고, 가게 냉동고에 들어가는 등의 행위를 SNS에 공개하는 멍청이 트위터(바보와 트위터의 합성어)이다.3) 이 현상은 SNS의 존재 없이는 불가능하다. 이런 형태의 소통은 승인 욕구라는 당사자의 실존에 관한 고차원적 동기에서 발현된 것이 아니다. 사적인 행위나 반사회적 행위들이 어떻게 사회적 승인의 대상이 될 수 있겠는가. 승인처가 익명의 제3자라는 점, 승인의 내용이 리트윗이나 '싫어요!' 버튼을 클릭하는 일에 지나지 않는다는 것, 기껏 응답을 반복하는 정도가 매우 얕은 공감, 경우에 따라서는 반감을 표명하는 것이라는 점, 또 승인 욕구가 대부분 발신자의 요구로 작동한다는 점 등을 볼 때, 이는 상호행위의 **수단**으로서의 승인 욕구가 **아닌** 퍼포먼스에 대한 지지 요구에 불과하다. 즉, SNS의 유사 상호행위에서 얻고자 하는 것은 노출에 대한 갈채라는 정동 수준의 응답이다.

물론 노출광만 존재하는 것은 아니다.16 자신을 적극적으로 노출하지 않고 다른 이가 업로드한 중얼댐이나 동영상을 관람하

---

3) 역자주─어리석은 트위터 사용자. 자신의 행위를 자랑하듯 트위터 등에 올림으로써 사회 문제가 되거나 범죄가 발각되어 체포되는 등 파멸을 자초하는 트위터 사용자

고 읽는 데 그치는 사람도 많다. 그러나 이 사람들도 언제 자신의 상호행위가 상대에게 노출되어 손해를 입을지 알 수 없다. 물론 연구를 위한 서비스 계정은 있으나 현재 SNS를 쓰는 관습도 취미도 없는 필자 또한 정식 학생이 아닌 사람이 학교 수업 중 발언한 것을 SNS에 노출하여 피해를 입은 적이 있다. SNS를 사용하는가 아닌가와 무관하게 노출의 위험, 밀고라는 예측 불가능한 사태를 가진 상호행위를 하는 것이다. 결국 부재하는 타자의 눈을 염려하여 세심하게 주의를 기울여 노출을 방어하는 상호행위를 요청한다. 반대로 적극적인 노출광에게 그것은 상호행위 상대에 대한 공격이기도 하다. 질책하는 트윗 사례를 보자면 노출된 상사나 교사는 트위터에서 '공격=밀고'의 대상이 된다. SNS에 노출된 상호행위가 리트윗되거나 '싫어요!'라는 댓글을 받는다. 트윗의 주인공은 보이지 않는 갤러리를 동료로 삼게 된다. 상호행위 당사자들은 이런 밀고나 폭로라는 공격으로부터 몸을 피해 인간관계의 깊은 곳에 들어서지 않는 선에서 현장의 공기를 파괴하지 않기를 바란다. 갤러리가 없는 채로 상호행위를 하는 이는 KY로서 악플, 제사라는 이름의 공격에 노출된다.17 4) 이렇게 상호행위 현장은 보이지 않는 갤러리를 놓고 내 편인가 적인가를 부단히 판단하는 공격과 방어가 난무하는 미시정치학의 전장, 생활세계 내부의 정치적 경기장으로 바뀐다.

그러나 이런 사태는 푸코가 말한 규율사회société disciplinaire의 일망감시panopticon 내지 1970년대 관리사회의 감시surveillance와

---

4) 역자주−KY는 '케와이고'의 일본어 발음을 영어로 옮긴 것으로, 공기를 읽을 수 없는 놈(空気が読めない奴)의 머리 글자이며, 분위기 파악을 하지 못하는 사람에게 말하는 것이다. 본래는 인터넷 게시판에서 사용되는 단어였지만, 일상 대화에도 쓰이게 되었다.

는 다르다.18 감시는 지배하는 권력의 시선에서 '지배-피지배'의 단층 관계를 전제한다. 이에 비해 SNS에서 권력관계는 '지배-피지배'의 관계도, 계층성을 전제하지도 않는다. 이는 부재하는 타자에 대한 조심성이라는 의미에서의 염려Umsicht 때문에 나타나는, 곧 특권자가 어디에도 없는 평평한 관계가 낳은 자승자박, 즉 '둘레-시야'Um-sicht이다. 또, 일망감시나 감시가 지배를 위한 물리적인 장소나 시설을 필요로 하는 데에 비해 '둘레-시야'의 주체는 SNS를 통한 상호행위의 현장에 연결된 비가시적인 '제3자=부재의 타자'이므로 장소적이고 공간적인 제약을 받지 않는다. **원리적으로** 세계의 모든 이가 SNS를 통해 갤러리로서 유사 상호행위적 소통에 참가할 수 있다.19 정보사회는 노출광사회, 밀고사회의 양상을 띤다.20

사태를 다시 생각해 보자. SNS를 통한 유사 상호행위적 소통에서 발생한 것은 모든 사람이 상호행위의 당사자로 승격되어 당사자성이 희박해져버린 역설을 낳았다. 정보사회란 엄밀한 '양자관계=대면적 상호행위'가 성립하지 않는 사회, 깊고 따뜻한 인간관계라는 환상에 몰두할 수 없는 사회라고 할 수 있다. 동시에 비가시적인 '제3자=부재의 타자'인 익명성Anonymous이 실체화되어 사회에서 영향력을 행사하는 사회이기도 하다. 바꿔 말해, SNS를 통한 유사 상호행위가 본래의 상호행위에 피드백되어 상호행위 자체를 변질시킨다. 즉, 정보사회의 소통 속에 상호행위 자체가 포함됨으로써 추상화되어 버린다. **원리적으로 정보사회에서는 순수한 상호행위란 존재하지 않는다.** 즉, 정보사회에서 '상호행위=소통 행위'kommunikatives Handeln는 부동의 암반도, 모태도 아닌 것이다.21

3-2-3-1 사회 파악 모델로서의 계산

SNS를 통해 이루어지는 네트워크 소통의 총체는 자주 온라인 공동체나 가상 공동체로서 공동체에 비유된다. 그러나 SNS를 통한 소통 연쇄로 성립하는 것은 공동체가 아니라 사회이다. 일본의 SNS인 믹시mixi가 초기에 나왔음에도 불구하고 다른 SNS와의 경쟁에 패해 일본에서 사실상de facto 기준의 지위를 확립하지 못한 것도 이 서비스가 세계접속성을 본질로 삼는 사회가 아닌 폐쇄적인 공동체, 특히 일본 특유의 촌락 사회를 무의식적인 모델로 삼았기 때문이다. 믹시, 페이스북은 2004년, 트위터는 2006년에 각각 서비스를 개시하였다. SNS는 소셜 네트워크 서비스Social Networking Service의 약칭으로서 이때 소셜은 본래 사교를 뜻한다. 소셜은 이 말에 맞게 액면 그대로 사회에 수용되어야 한다. 즉, 정보사회는 장소를 지닌 공동체의 연장선상에서 파악되며, 하버마스처럼 대면적 상호행위의 소외 형태로 파악하는 것은 적절하지 않다. 반면 정보사회의 본질은 추상적 소통을 통한 비장소적 사회라는 점이다. 기존의 장소적 공동체는 이 추상적 사회에 포섭되어 기능적으로 분화된 사회의 원천이 된다. 예컨대, 노동자원의 공급지나 관광자원으로 말이다. 오늘날 공동체는 사회가 지향해야 할 이상적 모델이지만 사회에 기생하지 않고서는 생존할 수 없다.22

기능적 분화를 이룬 추상적 사회는 장소성과 동시에 가치도 철저히 배제한다. 루만은 사회체계를 구성하는 소통에서 하버마스처럼 합의라는 목적에 점점 가까워지는 가치를 배제하고 단순한 연쇄적 지속만을 본질로 규정하였다. 네트워크상의 소통에 합의에 대한 지향이 부과되어 있는가를 생각해 보면 쉬울 것이다. 또, 진리나 미 혹은 사랑과 같은 가치를 목적으로 기능적 분화체계를 설정한 것이 아니라 '진리/허위, 미/추, 사랑하는/사랑하지 않는'이라고 하는 대립적 가치들로 중립화한 위에서, 특정 코드에 맞춘 소통의 연쇄라는 규정을 통해 분화체계설의 가치화를 기획한 것이다. 포괄사회의 특정 부문, 예컨대 정치체계나 경제체계의 특권화를 통해 체계 간 서열화·계층화라는 가치 밀수입 현상을 면밀하게 피해 나갔다. 이는 포괄사회의 하위체계로부터 가치의 총괄인 윤리·도덕체계를 도출한다는 철저함에서 기인한다.[23]

지금까지의 논의 결과 루만의 '사회＝체계'에 대한 윤곽이 희미하게 떠오른다. 이원론 코드, 프로그램, 기억, 연산과 같은 루만 사회체계론 특유의 용어에 유감없이 드러나는 것은 그의 사회 파악 모델이 계산에 입각해 있으며 그 지속을 담당하는 것이 소통이라는 이름의 연산Operation[24]이라는 사실이다. 연산으로서의 소통은 이원론 코드binary-code를 사용하지만 그것이 따르는 것은 잠재적인 사회구조Struktur로서의 프로그램Programme이다. 소통이라는 연산이 프로그램을 실행함으로써 잠재적인 것이었던 구조와 과정이 순환하기 시작한다. 소통이라는 연산의 지속으로 실현되는 이 과정과 구조의 순환적 역동성이야말로 사회의 실체이다. 그리고 이 알고리즘적 루틴으로서의 연산 과정에 불확정성Unwahrscheinlichkeit, Kontingenz의 여지는 있지만 가치가 들어설 여지는 전혀 없다.

여기서 두 가지를 주의하자. 첫째, 사회와 컴퓨터의 차이이다. 계산의 유비에는 한계가 있다. 컴퓨터의 경우 프로그램은 외부에서 인간에 의해 지정된다. 그러나 사회에는 프로그램의 제공원인이 되는 외부가 없다.25 때문에 사회는 프로그램을 스스로 조달해야만 한다. 이 프로그램의 자기조달을 실현하는 것이 '연산=소통'의 반복을 통한 기억Gedächtnis이다. 기억 기능을 통한 '사회구조=프로그램'은 자기조직화한다.26 이런 의미에서 사회는 자기조직화하는 자율체계이다.

둘째, 인간은 소통을 통한 연산의 지속적 실행, 즉 사회의 '생성=재생산'에서 요소의 역할을 담당하는 것에 불과하며 사회 '생성=재생산'이라는 연산 과정의 층위Schicht에서 배제된다. 다만 요소 없이는 연산 자체도 실행 불가능하다는 점에서 인간은 사회의 환경이자 그 가능성의 조건이 된다. 인터넷을 기반으로 한 정보사회와 루만 사회체계론의 친화성은 이런 소통 모델을 통한 사회 파악에서 드러난다.

3-2-3-2 세계사회

루만은 이렇게 ① 유일성, ② 비장소성 및 비공간성, ③ 몰가치성을 본질로 삼는 포괄사회 체계를 세계사회Weltgesellschaft라고 부른다. 1971년 루만은 「세계사회」라는 논문을 발표하면서 세간에 처음으로 이 개념을 알렸다.27 이후 「유일 사회체계로서의 세계사회」(1982),28 『사회의 사회』에서의 주제화(1997),29 「세계화인가, 세계사회인가: 현대사회를 어떻게 개념화할 것인가?」30와 죽기 직전까지 4회에 걸쳐 세계사회를 주제로 한 글을 발표한다.31 그에게는 세계사회 개념이 사회 개념을 체계화 해주는 실마리이자 촉매가 되었다.

앞서 사회체계론을 둘러싼 (4)번 질문, 곧 사회체계론이 폐쇄적 이론체계이며 이를 통해 사회를 개념적으로 파악하더라도 실천적 귀결을 끌어낼 수 없다는 비판을 접할 수 있었다. 필자는 루만의 세계사회 개념에서 이에 대한 실마리가 보인다고 생각한다. 때문에 간략하게나마 논문들의 요점을 확인하여 이론 발전의 궤적을 점검하고자 한다.32

1971년의 논문은 최초로 루만이 자신의 이론을 체계적으로 기술한 『사회체계: 일반이론 개요』33에 앞서 사회체계론의 윤곽을 그리고 있으며, 이는 사상 형성사에서도 중요한 글이다. 이 논문은 사회라는 각별한 존재에 접근하는 루만의 문제의식, 이론적 동기, 즉 루만의 독자적인 구상이 잘 표명되어 있다. 여기서는 **현대사회가** 하나, 동일성Einheit 밖에 없다는 것 그리고 과거 서구에서는 사회를 정치·경제적인 면에서 국민국가를 조직하는 문제로, 규범·윤리적인 면에서 공동체를 이해하는 문제로 보았다는 점을 논한다. 그러나 상호행위34의 확대와 기능분화라는 틀에서 국가, 공동체와 다른 차원에서 사회를 파악할 필요성이 대두된다. 동시에 사회를 지리적 지역성Regionalität이나 공간성Räumlichkeit으로 파악하길 거부한다.35 이렇게 ① 국가·공동체와의 유비를 배제할 것, ② 정치·경제의 특권성에 대한 부정, ③ 지리적·공간적 지역성의 거부라는 소극적 규정에서 유일한 포괄사회인 세계사회가 도입된다.

3-2-3-3 설계 대 진화

루만은 십 년 뒤 발표한 논문「유일한 사회체계로서의 세계사회」에서 새로운 논점을 제시한다. 바로 사회설계planning의 불가능성이다. 소비에트 연방이나 중국이 기획한 계획경제를 바탕으로 한 경제적 사회설계나 베라가 구상한 기술관료의 기술적·공학적 사회설계 등이 대표적이다. 최근에는 정보사회의 미성립을 대전제로 재해극복을 계기로 정보사회의 설계가 선언되었으며, 사회설계를 표방하는 입안자 주변에 공간디자인이나 도시 플래 너 같은 새로운 토건업자들이 모여들고 있다. 그러나 루만에 따 르면 사회설계는 결코 성공할 수 없다. 일반적으로 말해 사회설 계라는 발상은 사회의 외부를 암묵적으로 상정하고 특권적 시선 에서 특정한 의도로 사회를 통제할 수 있다는 근거 없는 신념에 기대고 있다. 사회의 유일성이 아직 달성되지 않은, 예컨대 전근 대적인 사회에서는 복수의 사회가 존재한다는 이유로 사회의 외 부를 말하는 것이 다소 실재성을 가질지 모른다. 혹은 독재정권 이라면 물리적 폭력과 같은 위력을 통해 사회를 조정하는 특권 적 외부를 날조할 수도 있다. 역사가 보여주는 것처럼 이렇게 한 다고 해서 영속하는 것이 아니다. 그러나 세계사회인 현대사회 에는 사회의 외부가 존재할 수 없다. 지구 외의 우주공간에서조 차 소통이 일어난다면 세계사회에 포섭된다. 세계사회가 지구라 는 지리적·공간적인 개념과 상호포함 관계라는 점에 주의할 것!

그렇다면 사회설계는 사회의 외부가 아니라 내부에서 일어나 야 한다. 그리고 이 사회 내부의 설계는 반드시 별도의 사회설계 를 낳는다. 즉, 사회를 통제하는 당초의 의도와 충돌하는 상이한 의도를 낳는다. 이렇게 대립하는 의도를 가진 새로운 사회설계 가 조정이 끝난 설계에 대하여 별도의 설계를 대치시키는 것이 다. 이후 동일한 것의 반복을 통해 당초의 의도가 실현되는 일은 결코 없다.

세계사회에서 루만이 설계에 대치시킨 것은 진화Evolution이다. 즉, 사회는 설계되는 것이 아니라 진화하는 것이다.[36] 사회진화는 나치류의 인종적 도태를 논외로 하더라도 맬서스 류의 생존 투쟁에서 말하는 적자생존, 경우에 따라 사회생물학적 생존전략이 인간에게까지 확장되면서 나쁜 평가를 받아왔다. 그러나 사회진화론의 선조인 허버트 스펜서의 주장만큼 피비린내 나는 것은 결코 없었다. 스펜서는 사회를 일종의 유기체로 파악하여 생물이 단세포생물처럼 단순한 구조에서 인간처럼 복잡한 구조를 가진 것으로 진화하며, 사회 또한 기능적 분화를 통해 복잡한 구조로 진화한다고 설명한다. 루만의 사회체계론은 사회유기체론은 아니지만 분명 스펜서의 그것과 통한다. 그런데 루만이 생각한 사회진화는 사회의 생존전략도 환경적응도 아니다. 체계로서의 사회에는 생존이라는 '목적＝가치'가 있을 장소가 없다. 또, 사회가 적응해야 할 환경도 없다. 왜냐하면, 사회체계론에는 사회 바깥에 환경이라는 독자적 실체가 없기 때문이다.

사회체계론에서 사회진화란 무엇일까? 바로 사회의 구조변동이다. '소통＝연산'은 안정기에는 특정한 '프로그램＝사회구조'에 준하여 사회를 지속적으로 재생산한다. 그러나 **무언가를** 필두로 기존의 '프로그램＝사회구조'가 불안정해진다. 일정한 시행착오 기간을 거쳐 기존의 것을 대체하는 새로운 '프로그램＝사회구조'가 자기조직화하여 이전의 그것을 대체한다. 이런 일련의 사회구조변동 과정이 사회진화이다.

루만은 지금까지 세 번의 커다란 구조변동을 통해 사회가 복잡성이 진화하여 현재의 세계사회로 진화했다고 본다. 첫 번째는 원형적segmentär 구조에서 '중심－주변'Zentrum-Peripherie 구조로의 변동이다. 두 번째는 '중심－주변' 구조에서 성층Stratifikation 구조로의 변동이다. 마지막 세 번째는 성층 구조에서 기능적 분화 구조로의 변동이다. 토마스 쿤의 용어를 빌리자면 사회체계의 구조변동을 과학자 공동체 수준이 아닌 포괄사회 수준의 사고방식의 변동이라 할 수 있다.

그렇다면 사회의 구조변동, 사회진화를 야기하는 원인causa efficiens은 무엇일까? 나는 이를 미디어라고 본다. 물론 미디어가 특정한 인과율을 가진 사회를 일방적으로 바꿀 수는 없다. 그것은 생산력이나 영웅 혹은 교리가 일방적으로 사회를 바꿀 수 없는 것과 같다. 그러나 우리가 주목하는 것은 미디어가 사회의 구성요소인 소통에 가능성의 조건으로 직접 관련된다는 사실이다. 미디어의 변용은 그대로 소통이라는 사회의 기초 연산 방식을 변용시킨다. 물론 미디어도 사회의 외부적 존재가 아니며 사회로부터 반작용을 받는다. 그러나 이런 불확정성에도 불구하고 미디어가 사회변동의 규정 요인임은 분명하다. 여기서 사회체계론과 미디어론이 다시 교차한다. 오늘날 우리는 대중매체 사고방식에서 인터넷을 기반으로 한 네트워크 사고방식으로 이동하는 중이다. 이는 '포괄사회＝세계사회' 차원의 구조변동 요인이기도 하다. 다음 절에서는 루만의 1997년 논문을 통해 자세한 내용을 고찰하고자 한다.

3-2-3-4 포섭과 배제

1997년의 논문인 「세계화인가, 세계사회인가: 현대사회를 어떻게 개념화할 것인가」는 죽음을 앞둔 루만이 사회체계론의 핵심과 그 현대적 의의를 확인하고 현대사회를 진단한 것이다. 이 글이 발표된 1997년에는 '윈도우즈 95'가 발매되어 인터넷 사회의 기반이 확산되기 시작한 시기이다.

이 글의 첫 번째 주제는 세계화와 비교하여 세계사회의 독자성을 밝히는 것이다. 세계화는 **모든** 국가 간 국경의 유명무실화, 모든 사회(≒모든 민족)의 마찰로 인한 지리적·공간적인 물리공간(≒지구)의 변용으로 표상된다. 반면 세계사회는 소통의 총체인 유일 사회의 기능적 분화에 따라 다중화된, 더구나 다중화된 사회체계 간에 서열이 없는 모든 기능체계가 나란히 공유되는 환경이 강조된다.37 지역성이나 공간의 유비를 고집하는 것은 물리적인 공간이 아닌 위상학적인 공간이다. 여기에는 지역이 합쳐 세계라는 전체가 구성된다는 '부분/전체' 도식에 대한 부정,38 즉 실체로서의 사회에서 환경/지평Horizont으로서의 사회로의 전환이 함의되어 있다.39

두 번째 주제는 사회 환경으로서의 자연과 인간이다. 사회체계의 주된 두 가지 환경이 자원resource40이라는 점부터 논해 보자. 자연은 예전에는 퓌지스^{φύσις}로서 인위적 노모스^{νόμος}인 문화나 사회와 대립하는 것으로 간주되어 왔다. 현대에는 자연을 생태계라는 하나의 폐쇄체계로 파악하고 이 체계의 안정성, 항상성을 저해하는 요인으로 인간이나 사회를 대립시키는 것이 보통이다. 그러나 실제 인간 또한 유기적 '조직체=신체'로서 자연 생태계를 구성하는 일부이며, 자연을 사회와 대립하는 것으로 파악하는 것은 허구이다.

물론 체계론의 틀에서 생태적인 유기적 자연은 사회체계 외부의 환경을 이룬다. 그러나 외부로서의 자연은 반드시 소통의 '지향적 대상=지시대상'Referent이나 테마Thema로 나타난다. 이 외부는 사회체계에 포섭되어 내부화된다. 외부란 사실 외부로 표상된 내부에 불과하며 순수한 외부는 사태의 원리상 존재할 수 없다. 왜냐하면, 소통되는 순간 내부가 되기 때문이다. 즉, 생태적 자연이란 사회체계의 내부화된 외부인 것이다.

내부화된 외부로서의 자연은 자연경관이나 에너지원으로서 사회체계에 포섭됨으로써 이중으로 내부화된다. 반대로 기상이변이나 천체운동은 사회체계의 외부로서 그로부터 배제된다. 그러나 어떤 자연도 사실 사회체계의 내부에 있거나 사회체계에 이중적으로 포섭된 것에 불과하다. 그것은 자원으로 간주되어 포섭되지만 있는 그대로의 자연으로서 배제되고, 내부화된 외부로 머문다.

인간의 경우 자연과 반대로 사회의 구성요소, 사회의 내부로 간주된다. 그러나 사회체계론에서는 인간도 자연과 같이 사회의 환경이며 사회의 외부이다.41 이 외부로서의 인간은 사회의 구성요소가 아닌 인구나 인권, 뇌사나 빈곤 같은 문제를 둘러싼 경제적, 법·정치적, 의료적인 소통의 테마로 사회에서 내부화된다. 여기서 오해하지 말아야 할 것은 인간이 사회 내부화된 것은 당연히 '지향적 대상＝지시대상'으로서 그러하지 결코 소통의 주체로서 그런 것이 아니라는 점이다. 사회체계론에서 소통이란 연산이라는 비인칭적 사건의 연쇄이다. 거기에 연산을 실행하는 주체는 논리적으로 보아도 존재할 수 없다. 주체가 등장하더라도 그것은 소통 가운데 조작의 담당자로서 **사후적으로 구성된** 것에 불과하다.

문제는 여기서부터이다. 소통의 테마로서 사회 내부화되어 사회체계에 전면적으로 포섭된 인간은 체계에 의해 의미론적 수준이 아닌 **실재적 수준에서** '구별＝선별'된다. 즉, 기능적 분화체계에서 '소통＝연산'의 담당자로 구성된 인격person과, 기능적 분화

체계에서 소통 담당자로 여겨지지 않거나 단순한 신체적 존재로 거부된 '고립된 개인'individual으로서 말이다.

전자는 사회체계의 '소통＝연산'의 실행에서 중요한 역할을 담당할 인적자원으로 기능적 분화체계에 다시 포섭된다. 그 결과 인격은 포괄사회의 하위체계인 다양한 기능적 분화체계에서 소통 네트워크의 노드 내지 허브로 표상된다. 후자는 모든 기능적 분화체계에 접근하는 수단 및 자격을 박탈하여 **사회구조에 관한** 어떤 중요한 소통으로부터도 배제되어 있다. 단순한 신체적 존재 바로 위의 '고립된 개인'은 루만이 말한 것처럼 착취의 대상에 지나지 않는다. 사회체계론에 의해 그들은 어떤 자원으로서의 가치도 가지지 못하기 때문이다.42

어떤 것도 가지지 못한 신체적 존재로서의 '인간＝개인'이자 고립된 개인이란 사회적 특성을 빼앗긴 벌거벗은 삶vita nuda을 산다. 이에도 불구하고 사회 존립을 위해 필요한/불필요한 자원 풀 내지 완충제로서 사회에 포섭된다. 세계사회에는 포섭된 채 기능적인 모든 체계로부터 배제된, 아감벤이 말하는 예외 상태 stato di eccezione의 존재, 즉 현대의 호모 사케르로 존재하는 것이다.43

3-2-4 사회체계론의 실천성

이제 마지막 질문에 답해 보자. (4)번 질문, 루만의 사회체계론이 사회 전체적인 폐쇄적 이론체계를 가지기에, 사회를 개념적으로 파악하더라도 이를 적용하여 실천적 귀결을 도출해 낼 수 없다는 질문이 그것이다. 사회체계론이 폐쇄된 이론체계라는 점부터 생각해 보자. 이 지적은 어떤 의미에서는 맞다. 루만이 의미Sinn를 유사하게 보편적 미디어allgemeines Medium로 규정하고,44 이 의미라는 '자기관계=자기서술'적인autological 미디어의 환경에서 이론을 구축한 이상, 이론 전체는 폐쇄적인 구조를 가지게 된다. 필자 또한 인지적 수준에서의 폐쇄성을 비판한 바 있고,45 현재도 이 입장은 변함이 없다. 그러나 루만 이론이 다른 이론이나 학파의 사고와 양립할 수 없거나 접점을 설정할 수 없는 것은 아니다. 또, 이 이론이 완전무결한 완성형이라거나 변경될 필요가 없다고 보지도 않는다.

실제 사회체계론은 미디어론과 월러스틴의 세계체제 개념, 네그리와 하트의 제국Empire 개념과 밀접한 관계를 가지고 있다.46 또, '포섭/배제'에 입각한 체계 환경의 전면적 자원화에 관한 논의는 푸코, 아감벤의 생명정치론과 접속가능하다. 바꿔 말해, 사회를 계산의 유비에 근거하여 연산 과정의 자기조직화적 자율적 존재로 파악하는 루만의 발상 자체가 말년의 마르틴 하이데거의 '몰아세움'론을 사회이론으로 확장시킨 것으로 볼 수 있다. 루만의 사회체계론은 사회진화 이론이다. 사회가 진화를 거듭하여 그 구조 일반을 이룸으로써 이론 또한 진화한다. 그것은 다른 이론과 접속하여 사회의 '변동=진화'를 '이론화=서술'함으로써 자신도 진화한다.

다음으로 사회체계론이 기술이론에 멈춘 채 사회 적용이 불가능하다는 점에 관해 보자. 과연 사회적 적용이란 무엇인가? 적용이라는 사고방식은 사회의 외부에 그것과 독립된 이론이나 방법이 존재하며 이를 사회에 맞춘다는 사회설계와 유사한 발상에 기반한다. 그러나 본래 이론이나 방법 자체가 사회적 소통으로 생겨날 수밖에 없는 사회 내부적 사건이다.

루만은 세계사회를 정의하며 다음과 같이 말한다. "세계사회는 소통으로 만들어진다."47Weltgesellschaft ist das Sich-ereignen von Welt in der Kommunikation. 소통이 '세계사회=사회'를 생겨나게 하지 세계 속에서 소통이 생겨나는 것은 아니다. 사회는 그 자체로 있는 실재가 아니라 관찰과 서술로 최초 생겨난다. 그리고 서술은 미디어로만 가능하다. 나나 당신이 사회에 관해 말하고 사회에 관해 쓸 때, 즉 '소통=연산'이 나나 우리를 요소로 사용할 때에만 사회는 '자기관찰/자기서술'의 환경이나 주체, 즉 체계로 모습을 드러낸다. 다시 원래 문제로 돌아가보면 이론, 즉 '관찰/서술'에 앞서 사회 자체가 이론의 산물인 것이다.

마지막으로 사회체계론의 실천성을 어떻게 볼 것인가? 루만의 사회체계론이 인지적 성격이 농후한 사회이론임은 틀림없다. 그것은 자기조직화가 지닌 인지 모델을 끌어들였기 때문이다. 사회체계론이 가진 한계도 거기에서 잉태했다. 또, 루만의 소통이 인지적 의미의 수준에서만 접속하는 것으로 규정되기에 정보사회에 고유한 소통의 실천적 형태인 정동 노출의 기제를 해명할 수 없다. 의미의 차원과는 다른 지평에서 기능하는 신체미디어의 도입도 강력하게 요청된다. 그러나 이런 사실을 이유로 루만에게서 실천적 귀결을 끌어낼 수 없다거나 사회체계론은 현상을 긍정할 뿐인 단순한 사회공학에 불과하다는 결론은 단견이다.

사회설계와 같은 전철을 밟아 실천의 의미를 고찰해 보자. 일반적으로 실천이란 사회 외부에서 주체적 작동이나 영향력을 행사하여 사회구조를 파괴하고 거기에 변경을 가하거나 새로운 구조를 창출하는 것이다.48 즉, 사회는 당연히 주체와 대립하는 실천의 대상으로 생각된다. 사회체계론에서는 사회를 대상으로 한 실천은 불가능하다.49 즉, 사회의 '진화=구조변동' 과정에서 진화의 '방향성=다음에 올 사회구조의 가능성'을 추측하는 인지적 실천만 가능하다.

구체적으로 말해 보자. 루만은 인터넷이라는 새로운 미디어의 등장을 보고 다음에 올 사회구조, 즉 포스트 기능적 분화 구조의 태동을 예감하였다. 물론 신중한 그는 언명을 회피한다. 그러나 이를 암시하는 문장이 죽음을 앞두고 쓴 문장에 산발적으로 드러난다. 『사회의 사회』에는 상호행위나 조직 이외에 저항운동Protestbewegung이라는 새로운 형태의 사회체계가 제시되며,50 1997년 논문에도 루만다운 반어법으로 돌아가 완전히 새로운 사회구조의 가능성을 암시한다.51 결정적으로 '포섭/배제'가 포괄사회의 메타 코드가 되어야 한다는 사회에 관한 시나리오가 최악의 선택지로 제시된다. 그리고 실제 사회는 루만이 시사한 최악의 시나리오대로 '진화=구조변동'을 일으켰다.

그러나 루만의 사회체계론은 시대를 앞선 논의였다. 생전에는 이해받지 못했던 그의 이론을 시대가 점차 따르고 있다. 그의 사후 급속히 성립한 정보사회는 사회체계론을 통해 근본적 차원에서 그 비밀을 드러내고 있다. 아쉽게도 루만은 인터넷을 기반으로 한 네트워크 사고방식이 본격화된 21세기를 보지 못한 채 죽었다. 루만의 이론적 도달점을 정확히 보고 그 성과를 정보사회에 대한 반성Reflexion 이론, 헤겔적 의미에서 자기의식Selbstbewußtsein 이론으로 다듬는 것이야말로, 죽기 직전까지 사회적 행위자임을 자임하면서 이에 대한 인지적 '관찰/서술'을 묵묵히 수행한 그의 노고에 답하는 최선의 길일 것이다.52

3-3 세계사회와 정보사회

이 장 전체가 루만의 유지를 계승한 인지적 실천의 하나였다. 앞서 제2장의 구글과 빅데이터에 관한 분석 그리고 이 장의 SNS를 중심으로 한 새로운 소통에 대한 분석은 최근의 정보사회에 대한 현황 분석 및 그 구조에 대한 분석에 비중을 두었다. 뒤에 이어질 두 장에서는 지금까지의 논의를 확인하면서 인공지능, 로봇 및 정보윤리라는 주제를 중심으로 이후 예상되는 정보사회의 전개를 논하고자 한다.

지금까지의 이론적 과정을 다시 확인해 보자. 우리는 서장에서 매클루언이 창시한 미디어론이 각 시대의 주 미디어가 되어 사회적 아프리오리,53 이른바 소통의 영도를 이룬다는 점을 보았다. 미디어론은 사고방식, 매클루언의 표현으로는 은하계인 연구 대상으로서 그 역사적 변화를 기술하는 분과이며 가톨릭을 수호하는 종교적 편향을 잉태한 사고방식에 속한다는 점을 보았다. 매클루언은 자신이 살았던 동시대 대중매체를 '전기＝텔레비전' 사고방식으로 오인함으로써 대중매체 자체의 성격, 즉 역사적 상대성을 간과하였다. 동시에 지금 우리가 당면한 여러 현상이 대중매체에서 네트워크 미디어로 전환한 징후이자 결과라는 점도 간과하고 말았다.

대중매체 다음에 올, 인터넷을 기반으로 여러 미디어가 주도하는 사고방식을 네트워크라고 부르고 앞서 첫 번째와 두 번째 장에서 그려 보았다. 제1장에서는 지식과 정보, 다만 완전히 의미를 결여한 정보과학으로서의 정보의 관계가 유저인터페이스를 매개로 물화되어 전뇌범지로 자립화를 거듭한 사정을 보았다.

제2장에서는 정보와 데이터가 스마트폰 상의 SNS나 웨어러블을 매개로 순환하면서 빅데이터로 증식하여 자립화하는 기제도 확인하였다.

그리고 이 장에서는 SNS에 초점을 맞춰 상호행위를 포함한 소통 자체의 자립적 주체화 기제를 확인하였으며, 이 성과는 매클루언의 미디어 사관과 루만의 체계론이 네트워크의 구조분석에 내적으로 접속하는 지점이었다.[54] 즉, 정보사회의 실체인 네트워크 사고방식이란 추상적이고 비인칭적인 소통의 총체인 세계사회임을 알 수 있다. 정보사회로서의 세계사회, 세계사회로서의 정보사회. 이 테제는 앞으로 이어질 두 장의 고찰을 위한 전제이자 출발점이다.

인공지능과 로봇의
새로운 차원

인공지능과 로봇의 새로운 차원

4-1 인공지능과 로봇의 현황

4-1-1 인공신체의 최전선

매클루언의 미디어는 '우리 신체의 기술적 확장'technological extensions of our bodies1이라는 표현이 널리 공유되고 있다. 그는 이렇게 말한다. "확장은 기관, 감각, 기능의 증폭amplification of an organ, a sense of a function으로 나타난다."2 매클루언 미디어 사상의 위상을 강조한 인상적인 문장이지만 전체의 모습과 상세한 내용을 보여주지는 않는다. 사실 이것은 매클루언의 독창적인 전매특허는 아니며, 이미 에른스트 카프와 노이레의 '기관-투사'Organ-Projektion3설이라는 선구적 기술철학이 있다.

매클루언은 '기관-투사'라는 공학 기술 범주를 넘어 미디어를 인간 신체의 확장으로 부활시켰다. 카프나 노이레가 살았던 시대의 한계는 '기관-투사' 범주였다. 매클루언은 '기관-투사'를 폭발ex-plosion이라고 부른다. '기관-투사'인 통신 기술은 매클루언이 살았던 20세기에 이르러 신체적 신경계에 대한 정보제어 수준에서 꽃을 피웠다. 매클루언은 정보제어를 내파implosion라고 부른다. 그의 독창성은 '기관-투사'의 본질을 신경계 외부에서 설정하고 이를 미디어를 통해 파악했다는 점이다.

20세기에는 '기관-보철'도 신체 내부의 부위를 인공물로 바꾸거나 더하는 방식으로 신체를 확장하였다. 20세기 이전의 '기관-보철' 기술은 의족이나 의안처럼 결손을 보완하는 보장구, 기관 기능의 쇠퇴를 기술적으로 활성화하는 안경이나 보청기 등 감각입력 보조기구를 활용했다는 점에서 기능 회복의 영역을 벗어날 수 없었다. 20세기 후반이 되자 인공두뇌학이 발전하면서 '기관-보철' 기술은 질적 변화를 맞이한다. 인공두뇌학은 유기체와 기계를 기능적 등가로 상정하여 정보제어를 통해 양자의 융합을 지향하는 '인간-기계' 이론을 도출한다. 인간과 기계를 합쳐 인간 본래의 능력이 기계에 의해 강화된다. 인공두뇌학 유기체cybernetic organism, 즉 사이보그cyborg가 탄생한 것이다.

'기관-보철' 기술의 최전선인 사이보그는 현재에도 다양한 방향으로 발전하고 있다. 보장구의 하나인 휠체어의 경우, 팔다리 운동이 곤란하고, 호흡의 관리도 필요한 중증의 척추손상(C5~C4 레벨) 환자의 사지 기능을 보완하기 위한 사이보그 영역이 확대되고 있다. 주목해야 할 것은 보장구의 연장선을 초월한 사이버다인Cyberdyne사의 할HAL: Hybrid Assistive Limb이라는 수트이다. 할을 다리나 팔에 장착하면 일반적인 사람이 내는 몇 배의 능력을 낸다. 사이버다인사는 운반 등 중노동이나 보행 지원 등 의료·복지 분야에서 이것이 이용되리라 예상했다. 중요한 것은 **원칙적으로** 할이라는 사이보그가 사용 분야와 관계없이 인간 고유의 기질적 제약과 한계를 넘었다는 점이다. 현재 군용 할의 개발을 타진 중이다. 다만 개발자인 산카이 요시유키는 할의 군용 전환을 허락하지 않고 있다. 어쨌든 사이보그가 종래의 '기관-보철'에서 생명윤리 분야에서 문제시되는 증강enhancement으로 걸음을 내딛고 있음은 틀림없다.

엔터테인먼트 분야의 사이보그 기술인 헤드 마운트 디스플레이HMD: Head Mount Display도 가상현실VR: Virtual Reality이라는 이름으로 상상력 증강 기술에 기여하고 있다. 현시점에서 사이보그 능력증강의 최전선에 있는 것은 구글글래스로 대표되는 웨어러블이다. 예컨대, 구글글래스는 안경이나 콘택트렌즈로 이미 실현된 눈이라는 기관의 강화를 넘어 녹화기능이나 촬영기능을 장착한 기억능력, 지도나 시설정보를 겹쳐놓은 지각능력, 일기예보나 교통정체 예측능력 같은 사고능력 일반을 강화하고자 한다. 이른바 지능증폭Intelligence Amplification, IA이다. 이는 부시의 메멕스나 캐이의 다이나북Dynabook의 계보에 속한다. 그러나 지능증폭을 통한 지각대상은 해상도나 잠재적 속성정보의 확장이라는 점에서 크게 다르다. 즉, 지능증폭은 인간의 능력증강과 동시에 환경인 현실 세계도 강화한다. 지능증폭의 성과가 곧바로 환경이 되는 현실과 중첩되기 때문이다. 예컨대, 인그레스Ingress, 포켓몬고 Pokémon Go 등이 있다. 사이보그는 증강현실 기술이기도 하다.

그러나 이 장의 주제는 '지능증폭=증강현실' 단계에 이른 인공신체기술로서의 사이보그가 아니다. 사이보그의 증강·증폭을 이루는 본체는 인간이다. 사이보그의 중추인 인간은 유기·비유기, 자연·인공을 묻지 않고 확장되는 신체의 제어 주체로서, 신체는 인간 주체가 목적을 실현하기 위한 수단이다. 그러나 네트워크 미디어를 기반으로 한 정보사회는 탈인간적, 비인칭화적 사고방식을 따른다. 따라서 사이보그는 과거 사고방식에 속하는 기술로 볼 수밖에 없다. 그렇다고 정보사회에서 사이보그 기술의 중요성이 떨어진다는 것을 뜻하지는 않는다. 실제로 사이보그에서 인간이 점유해 온 지위를 현재는 네트워크가 대체해 가고 있다. 인공신체기술의 의미도 변하고 있다. 즉, 인간의 신체성Leiblichkeit이 탈각되어 네트워크로 편입되면서 신체도 비인칭화, 탈인간화되는 동시에 자원으로서 '몰아세움'의 운동 속으로 빨려 들어가고 있는 것이다.[4] 현재 이러한 인공신체의 최전선에 인공지능Artificial Intelligence과 로봇이 있다. 물론 인공지능과 로봇 모두 이전 세기부터 존재하던 것이다. 그러나 나는 기존의 인공신체 기술이[5] 네트워크 환경에서 미디어[6]화하는 점과 그 기제를 보여주고자 한다.

4-1-2 특이점 담론

인공지능과 로봇은 앞서 본 웨어러블들과 다르지만 세간의 주목을 받고 있다. 특히, 과장과 불안 속에서 강렬한 인상을 남긴 것은 '2045년 문제'이다. 2045년에는 인공지능이 인간을 넘어 기술적 특이점singularity을 이루고 포스트휴먼 시대가 도래할 것으로 예측된다. 이 예측은 과대망상이 아니다. 그러나 이것이 발명가이자 미래학자인 레이 커즈와일의 새로운 도전에 대한 강박관념의 표명임을,[7] 즉 수확체감·가속의 법칙이나 불멸에 대한 기획임을 생각할 필요가 있다. 구글은 이 천재 발명가를 풀타임 인공지능 개발 책임자로 앉혔다.8 그리고 비즈니스계의 전설적 대가인 빌게이츠9와 세계적인 이론물리학자인 스티븐 호킹도 합세하여10 싱귤래리티대학이라는 교육기관을 만들었다.11

특이점에 대한 논의 자체는 과학소설 작가들 대부분이 가진 오컬트적 망상처럼 과학이라는 장식을 걸치고 있다. 이는 인공지능에 대한 일부 주장을 무분별하게 확대한 것으로서 사상누각에 불과하다. 커즈와일과 같은 주장을 로보틱스 연구자인 한스 모라벡도 독특한 진화론적 시각에서 설파한다. 여기에는 예산획득을 위한 사업적 계산도 있을 것이다.12 이런 사정이 빌 게이츠나 호킹의 동조 아래 특이점 논의에 그럴듯함을 부여하였다. 언론 또한 사람들을 부추기고 있다.

나는 이를 부인할 생각은 없다. 오히려 특이점 소동은 인공지능에 관한 논의의 틀을 설정하는 데 좋은 기회를 제공한다. 동시에 이를 둘러싼 논의에서 드러나지 않은 것을 끌어올릴 수 있다. 그러면 논의를 소개하고자 한다. 인공지능은 지금까지 허구 속에서 인간의 적수로 상정되어 왔다. 미래학에서 인간과의 공생 같은 형태로 긍정적으로 묘사됐던 인공지능이 점차 **존재하는 것**, 즉 사회성을 띤 것으로 받아들여지면서 인류의 위기를 초래하는 것이 되어버렸다. 인공지능은 언론이 주도하는 겉모습의 심층에서 지금까지 없었던 변용을 거듭해 왔다. 사람들은 무의식적으로 인공지능이 인류를 지배할 것이라는 두려움을 느낀다. 또, 우주지성과 같은 인류의 진화 등이 불안을 일으키고 있다. 이미 1970년대에 커즈와일은 기술의 진화로 실현될 장밋빛 미래를 설파한 미래학자Futurist로 이름을 알린 바 있다.

로봇에 관한 뜨거운 이슈로는 구글이 개발한 자율주행차13 외에도 2015년 6월 소프트뱅크에서 판매하기 시작한 휴머노이드 로봇 페퍼Pepper가 있다. 여기서 강조하고 싶은 것은 첫째, 휴머노이드가 아닌데도 오늘날 로봇은 실험용이나 테스트용 시제품을 넘어 일반 판매를 목표로 개발되고 있다는 점이다. 이는 동형의 로봇이 제품으로서 시장에 대량으로 출하되어 행위자로 사회에 들어온다는 것을 뜻한다. 1999년 소니가 발매한 강아지형 로봇인 아이보AIBO도 상품으로 나왔지만 이는 당연히 장난감 로봇, 완구였다. 이것은 행위자로서의 사회성이 없었다. 이 점에서 2002년 발매된 아이로봇iRobot사의 로봇청소기인 룸바Roomba는 사회적 행위성을 띤 최초의 로봇으로 볼 수 있다. 둘째, 현재의 로봇이 자율성을 가진다는 점이다. 이는 첫 번째 사항인 로봇에 사회적 행위자성을 부여하는 조건이기도 하다. 물론 최종 목적은 인간이 부여해야만 한다는 점에서 로봇은 당연히 도구적 성격에서 자유롭지 않다. 목표 달성에 종속된 채 일부 주체적 의사결정이 가능하다. 예컨대, 어떤 경로로 목적지에 이르는가, 어떤 순서로 청소하는가 등이 그것이다. 즉, 로봇은 행동에 관해서는 인간으로부터 상대적으로 독립적인 의견을 가진다는 점에서 사회적 행위자로서 의사결정의 대리자 역할을 할 수 있다. 물리적으로 자율성을 로봇에게 부여한 것이 바로 인공지능이다. 사이보그의 제어 주체로서 인간을 대신해 인공지능을 갖다 놓으면 일단 자율적 로봇이 실현된다. 마지막으로 현재 로봇 시장을 견인하는 주요 참여자가 구글, 소프트뱅크 같은 인터넷 서비스 제공기업이라는 점이다. 이 분야의 선진국인 일본의 로봇 개발 역사를 되돌아보면 공작기계 범주에 드는 산업용 로봇을 제외하더라도 아이보, 이를 계승한 큐리오QRIO를 개발한 소니, 이족보행을 실현하며 공격적으로 데뷔한 아시모ASIMO를 극비리에 개발한 혼다 모두 업종은 달라도 제조업 회사였다는 점이다. 반면 현재 로봇 개발을 주도하는 구글이나 소프트뱅크는 모두 네트워크 연관기업이다.

4-1-3 사회철학적 · 미디어론적 시점

오늘날의 로봇은 세 가지 성격을 띤다. ① 시장성, ② 자율성, ③ 네트워크성. 이 성격들은 이질성과 단절 위에서 로봇을 탐구하도록 이끌고 있다. 로봇은 지금 최초로 사회적 존재가 되어가고 있다. 로봇은 탄생부터 사회성을 짙게 띤 채 우리 앞에 나타났다. 그러나 산업용이라는 딱지에 새겨진 도구성이 사회성을 은폐해 왔다. 간신히 문학작품 속에서만 명맥을 유지해 온 로봇의 사회성은 금세기 들어 실제화되면서 급속하게 현실성을 띠어가는 중이다.

로봇의 사회성 실현을 가능하게 한 것이 두뇌 부분인 인공지능의 진화 때문만은 아니다. 오히려 금세기 들어 급속히 보급된 인터넷이 견인해 온 로봇의 미디어화가 큰 이유이다. 로봇이 인터넷이라는 뉴미디어에 하나의 노드로 들어감으로써 도구적 성격을 벗어나 스스로 미디어화한 점이 사회성 획득의 이유이다. 금세기 들어 로봇은 인터넷과 동화하여 사회성을 높였으며 이는 인공지능도 마찬가지이다. 즉, 인공지능의 사회성 또한 인공지능과 인터넷의 제휴와 구별할 수 없다. 물론 인공지능 자체가 진화를 거듭한 것은 맞지만 이는 인터넷과의 융합이 낳은 효과이지 그 반대는 아니다.

인공지능과 로봇을 살펴보면서 논의를 시작해 보자. 이 장의 목적은 사회적 존재로서의 인공지능과 로봇의 존재 가능성을 탐구하는 것이다. 때문에 분석은 자연스럽게 사회철학적이고 미디어론적인 시각에서 이루어진다. 학문분과로서의 인공지능은 인지과학, 전산학, 뇌신경과학, 로보틱스 같은 연관 분야의 동향을 무시할 수 없지만 이 책에서 각 분야의 세부적 사항까지 보기는 어렵다.

철학적 고찰 또한 이루어진다. 나는 예전부터 인공지능과 로봇에 대한 철학적 고찰이 마음의 철학philosophy of mind으로 총칭되는 학파의 전유물처럼 생각되는 것에 불만이 있었다. 조건반사적으로 의식이나 퀄리아, 심신 문제의 틀을 통해 논하지 않으면 이들을 잘 알 수 없다는 풍조에 의문을 품었다. 의식, 감각질, 심신 관계와 같이 판에 박힌 양식은 사회성을 실현하고자 하는 현 단계의 인공지능·로봇에 관한 이해에서 말초적인 것이다. 이는 인공지능과 로봇 문제의 본질을 호도한다. 이런 사정을 감안하여 마음의 철학이 유포한 틀인 인공지능 대 반反 인공지능 구도를 비판적 입장에서 보고자 한다.

4-2 인공지능의 전개

4-2-1 인공지능의 기원

특이점은 의견이 분분한 논의거리이다. 이와는 별도로 인공지능 분야에서 각광받고 있는 것은 최신 기계학습 성과인 딥러닝이다. 구글은 병렬분산처리에서 이 분야를 확립한 제프리 힌턴

이 속한 토론토대학 연구팀을 영입하였다.14 또한, 이 기법으로 유튜브 동영상에서 고양이 얼굴을 인식하는 기술로15 유명해진 월터 옹을 중국자본의 백배가 넘는 월급으로 끌어들여 업계를 놀라게 하였다.16 이처럼 업계는 딥러닝을 인공지능의 돌파구로 보고 있다. 딥러닝은 특이성 같은 하찮은 이야기와 비교할 수 없는 중요성을 가지고 있다. 그러나 이 기술의 내용에 대한 평가와는 별도로 인공지능 자체를 통한 딥러닝이 가진 의미나 정보사회에서의 의의를 살펴보기 위해서는 인공지능의 역사를 보아야 한다.

인공지능의 역사는 튜링에서 출발하여 러셀, 화이트헤드 나아가 프레게, 브루헤를 거쳐 라이프니츠까지 간다. 이로부터 인공지능의 원형을 구하는 것이 상식이다. 경우에 따라 중세 야금술사인 루루스나 유태인의 카발라 사상까지 소급하는 경우도 있다.17 그러나 이렇게까지 가는 것은 오해를 낳을 수 있다. 이런 입장은 인공지능을 기호계산주의 학파 속에서 해석할 때에만 의미를 가지는 것으로서 일반적 논의라고 보기는 어렵다. 대신 나는 인공지능의 사상적 원류를 전후 1940년대 후반에 성립한 인공두뇌학에서 구하고자 한다.

이유는 다음과 같다. 첫째, 최초로 인공두뇌학은 물질이나 에너지와 다른, 정보의 독자성과 중요성에 주목하여 세계가 정보로 구성된다는 정보적 세계관을 구축했다.18 인공지능이 의지하는 것도 인공두뇌학이 마련한 이 정보적 세계관이다. 둘째, 인공두뇌학이 연 정보적 세계관에 의거하여 유기체와 기계를 기능적 등가물로 보고 양자를 연속적으로 이해하는 이론적 지평이 넓어졌다. 초기 인공두뇌학은 피드백 기제의 도움을 받아 구동 기계와 인간의 신체 행동을 기능적으로 일반화generalize한다는 목표를 추구했지만 제2세대인 로스 애쉬비는 인공두뇌학 이론회로와 뇌 간의 기능적 일반화를 추구한다(『두뇌의 설계』).19 인공지능 기획 또한 **지능이라는 기능**의 일반화를 지향한다는 의미에서 인공두뇌학적 기능주의의 유산을 물려받고 있다. 셋째, 기존의 과학이 꺼려 온 목적 개념을 인공두뇌학의 새로운 목표로 도입하였다.20 인간이 시스템 외부에 세웠던 목적 개념이 인공두뇌학에서는 내부화하여 자기충족적이고 자기완결적인 것으로 바뀐다. 애쉬비의 자기조직화self-organization에서 2단계 인공두뇌학의 자기지시self-reference를 경유하여 인공지능의 자율성autonomy에 이르는 흐름이 그것이다.

한 가지 보충하고자 한다. 하워드 가드너를 중심으로 학계를 석권했던 행동주의에 대한 저항의식이라는 문맥에서 인공지능의 인지혁명을 보는 논의가 나타난다.21 그러나 인공지능를 반행동주의와 연결하는 것은 신중해야 한다. 확실히 그것은 행동주의에서 블랙박스였던 지능 **자체**의 기제를 해명한다는 의미에서 반행동주의적 분야이다. 그러나 인공두뇌학을 계승한 기능주의인 인공지능은 형식적으로 등가의 기능이 실현되면 그 기제나 소재의 차이를 묻지 않는다. 이 점에서 충분히 행동주의적인 원칙을 따른다고 볼 수 있다. 즉, 지능의 어떤 **활동**이 체계 외부에서 확인되면 체계가 지능을 가진 것으로 **간주하는** 것이 기능주의이다. 튜링테스트는 정확히 이 행동주의적 원칙을 채용한 것이다. 바꿔 말해, 인공지능의 기호계산주의는 지능의 기제를 프로그램으로 가시화한다는 점에서 반행동주의적이다. 그러나 그것은 데이터 입력과 출력에서 드러난 가시성만을 따질 뿐 본질적으로는 연결주의를 채용한다는 점에서 행동주의적인 사고방식에 속한다. 그러면 이하에서 인공지능 내부의 지능관을 둘러싼 핵심적 대립을 다루어 보기로 하자.

4-2-1-1 인공지능의 두 계보 ①: 기호계산주의

인공두뇌학을 모태로 태어난 인공지능은 이란성 쌍둥이로서 처음에는 모태와의 동일성이 그 차이점을 감췄으나 1950년대 후반이 되자 이질성이 부각되기 시작한다.

이란성 쌍둥이의 한쪽은 기호계산symbolic computation이나 물리기호시스템physical sumbol system이다. 다른 쪽은 이후에 나온 연결주의connectionism이다. 이 쌍둥이의 숙명적 대립 이전에 각각의 특성을 살펴볼 필요가 있다. 우선 형인 기호계산주의부터 보자.

기호계산주의를 대표하는 이들은 1956년 최초로 인공지능 Artificial Intelligence이라는 명칭을 쓴 다트머스 회의에 참가한 존 매카시, 마빈 민스키, 뉴웰, 사이먼 등으로서 이들은 추론을 유사 지능으로 간주하였다. 전제가 되는 명제에서 실수와 비약 없는 방식으로 진리를 보증하면서 결론을 도출하는 추론은 인간적 지능의 본질, 적어도 전형으로 간주된다. 인간의 지능을 인공적으로 재현하는 것이 인공지능의 목적이다.

이런 아이디어를 최초로 제기한 이는 바로크 시대의 라이프니츠이다. 라이프니츠는 추론 과정을 체계적 기호로 표기할 수 있는 이상적 인공언어로 사고를 자동화한 보편기호법characteristica universalis을 개발하였다.22 이후 인류는 **결과적으로** 그의 보편기호법을 프로그램화하였다. 예컨대, 아리스토텔레스가 남긴 『분석론』^{Aναλυτικών} 전후서에 담긴 경험적 추론양식을 2가 대수형식으로 재편한 조지 불,23 아리스토텔레스의 명제 이론에 명제 내부의 구조와 양화를 표현할 수 있는 술어논리를 개발하고 체계를 세운 고트로브 프레게24를 거쳐 버트런드 러셀과 알프레드 노스 화이트헤드에 의해 완성된 기념비적 저작인 『수학원리』25에 이르기까지, 2세기에 걸친 과제였던 추론의 보편화를 달성하였다. 그러나 불에서 러셀·화이트헤드에 이르는 노력은 추론 과정을 체계적인 기호로 표기하는 이상적 인공언어로 사고의 자동화를 달성한다는 라이프니츠가 제시한 아이디어의 절반 밖에 달성하지 못한 것이었다. 즉, 이상적 인공언어 부분은 달성했지만 후반부인 사고의 자동화에는 미치지 못했다. 쿠르트 괴델이 지적한 것처럼 체계의 완전성에 흠이 있으며 이를 원리적으로 제거하는 것이 불가능하다고 판명되었다.26 이 후반부를 실현할 프로그램을 제시한 것이 앨런 튜링이다.27

원리상 가능한 것과 **실제로** 가능한 것은 확실히 다르다. 자연수의 총화를 생각할 수는 있지만 신이 아닌 우리가 그 결과를 얻는 것은 불가능하다. 가산 행위가 영원히 지속되더라도 답은 연장되기 때문이다. 튜링은 후자, 즉 **실제로** 가능한 것을 계산computation이라고 불렀다. 이런 계산은 모든 과정을 구체적으로 명시할 수 있다. 그 과정은 연속적 연산 행위를 가리키기에 이산적discrete인 것도 순차적sequential으로 수행해야 한다. 즉, 순서를 밟아가는 연속적 개입을 따라야 하며 거기에 비약이 있어서는 안 된다. 이렇게 하면 유한한 횟수의 방법 이후 계산이 종결되고 구체적인 답을 구할 수 있다. 이것이 계산가능computable하다는 말의 의미이다. 그렇다면 계산은 전체의 순서를 구석구석 기술할 수 있게 된다.

이렇게 튜링은 계산을 단계적 명령의 형태로 기술한 것, 즉 프로그램을 따르는 연속적 '조작=연산'operation을 알고리즘으로 제시하였다. 알고리즘화된 계산은 인간이 할 필요가 없다. 왜냐하면, 계산에서 요청되는 것은 프로그램에 등록된 명령을 멈출 때까지 **기계적으로** 차례대로 따라가는 것이기 때문이다. 계산의 자동화는 **이론적으로** 달성된 것인데 이것이 바로 튜링머신이다.28

그러나 라이프니츠의 테제 후반부인 사고의 자동화 실현에는 두 단계가 필요하다. 우선 사고가 계산으로 환원되어야 한다. 그러나 **지능의 본질이 추론 능력이며 이를 사고의 실체라고 생각한다면,** 불에서 시작하여 러셀과 화이트헤드를 거쳐 완성된 사고는 기호조작을 통한 추론계산으로 이미 환원되어 있다. 나중에 추론계산실행을 위한 기호체계를 튜링머신에 부여하면 된다. 여기서 라이프니츠의 논제 전반부를 수용한 러셀과 화이트헤드의 기호 논리symbolic logic와 후반부를 수용한 튜링의 계산이 합쳐져 기호계산주의의 골격이 완성된다. 다음 단계는 이론상의 '그림의 떡'에 불과한 가상기계인 튜링머신을 현실의 추론계산기계로 물리적으로 실현하는 것이다. 이 과제도 1937년(출판은 이듬해)에 클로드 섀넌이 온/오프 2가 상태를 지닌 스위치 논리 게이트를 편성하여 전기회로에서 추론계산을 재현하면서 밝혀진다.29

현재 분과로 확립된 컴퓨터 과학은 이 기호계산론에 입각해 발전해 왔지만 컴퓨터 자체를 인공지능으로 생각할 수는 없다. 컴퓨터는 장치일 뿐 지능의 담지체가 아니고 그저 도구이지 주체가 아니기 때문이다. 이 위화감은 단순한 예단이나 편견이 아니다. 이것 자체가 계산기와 인공지능 간의 본질적 차이와 단절을 우리에게 알려준다.30 튜링은 흉내내기 게임이라는 탁월한 비유를 통해 이 점을 지적한다.31 지능이란 지능을 가진 것처럼 보이는 행위behaviour라는 것이 튜링테스트의 핵심 통찰이다. 튜링은 지능을 당시 케임브리지대학에서 교류했던 비트겐슈타인의 언어게임Sprachspiel의 틀에서 이를 생각했을 것이다. 이러한 지능관은 다분히 행동주의적이며 소통적 의미에서 우수한 사회성을 보인다. 인공지능의 사회성은 이미 여명기에 선조인 튜링에 의해 명료하게 의식되고 있었다.

4-2-1-2 인공지능의 사회화: 전문가 시스템

인공지능의 실제 역사는 1950년대 후반부터 시작된다. 매카시나 민스키는 지금이야 인공지능의 대부로 추앙받고 있지만 당시 다트머스 회의의 주역은 정부 쪽 싱크탱크이자 이 분야의 신참이었던 뉴웰과 사이먼이었다.32 회의에서 이렇다 할 성과를 못 본 매카시와 민스키에 비해 뉴웰과 사이먼은 논리분석가LT: Logic Theorist를 내걸고 등장하였다. 논리분석가는 이 분야의 성전聖典인 러셀과 화이트헤드의 『수학원리』 제2장의 절반 이상의 정리를, 공리를 바탕으로 자력으로 증명한 최초의 인공지능이다. 정리 2.85에서는 저자를 능가하여 우아한 증명마저 펼쳐 보인다.

중요한 것은 첫째, 논리분석가가 기호계산의 방법, 즉 알고리즘에 기반을 둔 추론계산을 통해 증명을 수행한다는 점이다. 둘째, 논리분석가가 계산기가 아닌 인공지능이라는 이유로 수학전문가로 활동한다는 점이다. 논리분석가의 성공에 힘입어 이듬해인 1957년 뉴웰과 사이먼은 개량형 인공지능 일반문제해결자GPS: General Problem Solver를 개발한다. 일반문제해결자는 그 명칭에 비해 성공을 거두지는 못했으나,33 오히려 실패한 덕분에 기호계산주의에 기반한 인공지능의 코스가 결정된다.

즉, 일반적 문제의 해결과 같은 범용적 용도가 아닌 비전문가가 해결할 수 없는 문제를 전문가가 해결하는 컨설팅에 대한 **사회적** 역할이 인공지능에게 부과되었다. 1960년대 후반부터 이 분야의 인공지능이 전문가 시스템, 보다 일반적으로는 프로덕션 시스템으로 개발되기 시작했다. 프로덕션 시스템이란 간단히 말해 전제가 되는 사실이나 주어진 정보를 추론규칙으로 조합하여 결론을 유도하는 인공지능이다. 사실이나 주어진 정보는 작업기억working memory부에 저장되어 수시로 갱신된다. 추론규칙은 규칙기반rule base부에 보관된다. 예컨대, 전문가 시스템은 전문지식을 '만일…한다면'if…, then~의 형식으로 수납한다. 시스템의 두뇌부인 추론엔진inference engine은 '만일…'if… 절 부분에 작업기억부의 정보를 삽입하여 복수의 추론 간에 발생하는 경합을 회피하고 추론 간의 선호를 배려하면서 최종 결론을 도출한다.

질량분석법을 통해 유기화합물을 특정하는 덴드랄DENDRAL,34 전염성 혈액질환을 진단하여 적절한 항생물질을 처방하는 마이신MYCIN35 등이 대표적인 초기 전문가 시스템이다. 그러나 이들은 단순한 자연언어처리 프로그램, 오늘날의 '봇'bot에 불과하고 프로덕션 시스템에는 도저히 미치지 못했다. 후에 강경한 반反 인공지능 논자로 전환한 조셉 와이젠바움이 1966년에 공표한 유명한 엘리자ELIZA 또한 **기능적으로는** 로저스 학파의 정신요법에 기반한 전문가 시스템으로 간주된다. 이후 의료를 비롯해 교육, 경영, 회계, 인사 등 다양한 분야의 전문가 시스템이 개발되어 1970년대부터 80년대에 걸쳐 큰 시장을 형성하였다. 일본 통상산업성이 1980년대에 국가적 위신을 걸고 조직한 제5세대 컴퓨터도 전문가 시스템형 인공지능의 실현을 목적으로 한 것이었다.36 그러나 이 프로젝트가 1980년대 후반 좌절되면서 전문가 시스템은 종식을 고한다.

전문가 시스템을 단순한 전자 아카이브로 격하시켜 인공지능으로 인정하지 않는 민스키 같은 입장도 있다. 그러나 초기 단계의 인공지능에게 전문가라는 역할을 부여하여 의사결정이나 문제해결이라는 **사회적** 기능을 부과한 점, 인공지능을 전문가로 대접하면서 사회적 인터페이스 문제를 부각시킨 점은 공헌이라고 할 수 있다.37

4-2-1-3 기호계산의 함정

기호계산주의에 기반한 인공지능은 추론기계이지만 실제 추론은 기호 '읽고 쓰기'의 연쇄, 기호처리 과정이다. 여기서 문제되는 것이 기호의 위상이다. 계산기는 닫힌 기호의 세계를 생각하는 것이기에 아무런 문제도 없다. 그러나 인공지능에게는 사회성이 요청되므로 닫힌 기호 세계 속에 있을 수 없다. 즉, 인공지능은 어떤 형태로든 현실 세계나 실제 사회와 접점을 가진다. 그리고 인공지능과 사회의 연결을 담보하는 것이 기호이다. 때문에 기호계산주의에서 기호는 이중의 역할을 담당한다. 하나는 추론계산 과정의 결절점이나 조작항의 역할을 하면서 동시에 실제 세계의 대응물을 가리키는 역할이다. 전자를 기호의 통사론적syntactic 역할, 후자를 의미론적semantic 역할이라고 한다. 예컨대, '사과는 빨갛다.'라는 명제에서 기호 '사과', 기호 '빨갛다'는 한편으로 '물체-성질'이라는 통사론적 관계의 두 항인 동시에 기호 '사과' → 실물 '사과', 기호 '빨갛다' → 현실의 '빨감'이라는 의미론적 지시 관계를 담당한다. 후자의 역할은 마치 인간이 바깥 세계를 심상image, 표상representation, 관념idea의 형태로 마음속을 베끼는 것처럼, 인공지능이 바깥 세계를 기호로 베껴 그 내부에서 재현하는 것이다. 뉴웰은 이런 기호를 매개로 인공지능과 바깥의 관계를 물리기호시스템physical symbol system이라고 부른다.38

그러나 물리기호가설physical symbol hypothesis은 기호계산주의에 의해 좌초된다. 논리분석가나 일반문제해결자의 경우 현실 세계와 단절된 이념을 다루기에 적합한 추상적인 수학적 개념을 기호화하면 된다. 또, 전문가 시스템의 경우 추론 법칙이나 작업 기억부의 지식이나 정보에서 해당 분야를 담당하면 그것으로 충분하다. 전문가 시스템이란 인간으로 치자면 '전문 바보'를 뜻한다. 누구나 유기화학 전문가에게 연애나 부채 상담을 하지는 않듯이 말이다.

인공지능의 범용성이 높아질수록, 즉 인공지능이 현실 세계에 폭넓게 들어올수록 개입하고자 하는 만큼 내부에 기호로 '표현=재현'해야 할 사항이 폭발적으로 증가한다. 이는 매카시가 지적한,39 훗날 인공지능 옹호자인 철학자 대니얼 데닛이 희화화한 프레임 문제frame problem이다.40 이 문제에 대해 다음과 같은 대책이 곧바로 제출된다. 외부 정보를 전부 인공지능에게 부여하고자 하는 것이 문제라면, 방침을 바꿔 인간이 단순화한 세계 모델을 그것에게 부여한다. 그러나 거기에서 시뮬레이션을 통해 현실 세계에 도달하고자 할 경우 별도의 문제가 새롭게 다가온다. 단순화한 모델 세계를 표현한 인공지능 내부의 기호가 현실 세계의 대상, 사실 및 현상에 대응한다는 보증은 어디에도 없다.

다다미 위에서 수영하는 것처럼 실제 바다에서 수영한다는 보증이 없는 것이다. 다다미는 바닷물이 아니기 때문이다. 이는 기호접지문제symbol grounding problem41로서, 어떤 통사적 체계에서 출발해 이를 최종적 실재에 접속하는 것의 곤란함이나 불가능성을 말한다. 일반적으로 성공한 인공지능 프로그램으로 불리는 테리 위노그라드의 슈드루SHRDLU는 통사론적으로는 완벽히 이해가능하다.42 그러나 현실, 즉 의미론적으로 그런 세계는 어디에도 없다.

이런 기호계산주의의 상황을 타개하고자 민스키나 로저 섕크가 프레임frame,43 스크립트script44 같은 방법으로 지식을 구조화하여 현실 세계에 대한 기호 표현을 인공지능 내부에 장착하고자 했지만 실패했다. 다른 한편, 반反 인공지능 투쟁파인 휴버트 드레이퍼스는 현상학이나 하이데거를 다분히 전략적으로, 즉 아류로 활용하여 기호계산주의의 세계 이해와 인간 파악의 근본적 오독을 지적했고,45 위노그라드마저 거기에 동조했다.46

기호계산주의의 문제점은 명확하다. 기호에서 출발하는 한 원리상 그 외부, 즉 현실 세계에는 도달할 수 없다. 인공지능이 직접 접근할 수 있는 것은 기껏해야 개개의 기호 간의 통사론적 관계뿐이다. 인공지능은 기호 밖에 '읽지' 못하기 때문이다. 현실 세계에 직접 접근할 수 있는 것은 인간이다. 때문에 인공지능은 처음부터 현실 세계와는 단절된 채 태어나 인간에 의해 사후적으로 세계와 관계를 맺을 수 있을 뿐이다. 이 사후적인 세계와의 접합 역할을 담당하는 것이 바로 AI '내부'의 기호 표현이다. 때문에, 외부 세계와의 유대인 내부의 기호 표현은 관점을 바꿔보면 세계와의 근원적 분단의 상징이며 그 원흉이기도 하다. 1980

년대 후반에 이르자 기호계산주의는 다양한 난점을 드러냈고 전문가 시스템도 제5세대 컴퓨터의 종식과 함께 주류의 지위를 잃었다.[47] 이를 대신하여 등장한 것이 쌍둥이의 동생인 연결주의이다.

4-2-2-1 인공지능의 두 계보 ②: 연결주의

연결주의와 기호계산주의는 인공두뇌학라는 공통의 어머니를 가진다. 연결주의와 기호계산주의가 쌍둥이 관계인 이유는 양자 모두 1940년대에서 50년대 초에 탄생했기 때문이다. 연결주의가 동생인 이유는 그것이 연결주의라고 불리기 이전에는 기호계산주의의 일부였기 때문이다. 정확히 말해 양자는 미분화 상태였다.

이 입장은 1943년 발표된 신경생리학자 워렌 매컬록과 남다른 능력의 수학자 월터 피츠의 공동논문인 「신경활동에 내재한 사고의 논리계산」[48]에서 실마리를 드러낸다. 요한 폰 노이만이 격찬한 이 논문은 1937년 섀넌이 개발한 전기회로 상의 추론연산 소자인 논리 게이트와 실질적으로 동등하게 뇌신경세포가 작동한다는 것, 즉 2가의 상태를 가진 논리연산소자로서 기능적으로 등가임을 명확히 한 것이다. 논리 게이트가 아닌 뉴런을 사용해도 원리상 튜링머신을 구성할 수 있음을 보여준 셈이다.

두 가지 사고 방향이 제시된다. 하나는 뉴런과 논리 게이트 혹은 뇌와 전기회로는 어느 쪽이든 지능의 소재와 수단에 불과하며 지능 자체는 이것들보다 상위에서 실현되어야 할 것으로서, 그것은 비가시·무형의 소프트웨어 프로그램이라는 입장이다. 두 번째 입장은 인간에게 계산기를 '읽을 수 있게' 하여 의식이나 마음도 뉴런 상에서 작동하는 소프트웨어로 간주한다.[49] 또, 뇌에 기억이나 의식을 인스톨 혹은 업로드한다는 황당무계한 의견도 수용한다. 지능이 범용화된 이상 뇌와 전기회로, 뉴런을 논리 게이트에 준하는 사실로 보았기에 뉴런과 논리 게이트는 동격이 되어 계산기가 뇌보다 우위를 점유한다는 은유를 써서 지능을 설명한다. 이 입장은 연산소자로서의 뉴런 등장 후에 기호계산주의 강경파, 곧 보수적 본류를 형성한다. 이른바 존 설의 강한 인공지능이다.[50]

또 한 가지 사고방식이 있다. 뉴런과 논리 게이트, 뇌와 전기회로는 확실히 기능적으로 등가로 보일 수 있다. 그러나 이는 권리상의 이야기일 뿐이다. 실제로 뇌는 이미 지능임이 **사실**이지만 전기회로는 **아직 아니다**. 사실상 양자의 등가는 부정된다. 즉, 지금까지 기호계산주의적 인공지능관 어딘가에 근본 결함이 있으며 그것은 이미 실제로 지능을 실현한 뇌를 모델로 삼아 설계된 것이라고 말이다. 이 입장에서 인공지능의 실현을 지향하는 것이 이후 연결주의로 발전한다.

첫 번째 입장은 지능을 물질에 잠재되어 있지만 물질적 존재와는 본래부터 다른 차원의 실체, 극단적인 경우 플라톤의 순수 지성체^{vous}와 같은 것으로 본다는 점에서 철학사적으로 합리론적 · 이성주의적 전통에 연결된다. 두 번째 입장은 지능을 소재적 물질과 구별한다. 그러나 '소재=물질'^{ὕλη} 없이 단독으로 존재할 수 없는, 아리스토텔레스의 '형상^{εἶδος}과 같은 것으로 본다는 점에서 경험주의적인 성격을 띤다. 그리고 쌍둥이의 동생인 이 입장이 경험주의적 성격을 강화하여 형과 절교하면서 신경심리학과 연결된다. 이 연결은 뉴런이라는 논리연산소자를 통한 튜링머신의 구성이라는 당초 시나리오가 폐기된 이유이기도 하다.

4-2-2-2 퍼셉트론의 등장과 차질

행동주의 심리학에 신경과학적 기초를 제공한 칼 래슐리의 제자인 도널드 헵은 1949년 유명한 뉴런의 학습 법칙을 발견한다. 헵의 학습 법칙이다.[51] 어떤 뉴런의 발화로 다른 뉴런도 발화하여 뉴런 간 접합부인 시냅스에서 변화가 일어나 두 뉴런 간의 결합이 강화된다는 것이다. 그는 이것이 학습의 신경과학적 기제라고 주장했다. 학습 법칙의 발견 이상으로 중요한 것은 헵이 뇌의 활동단위를 개개의 뉴런이 **아닌** 뉴런 집합체cell assembly, 즉 뉴럴네트워크로 보았다는 점이다. 다시 말해, 인간 지능을 담당하고 있는 것은 개별 뉴런 원자가 아니라 원자 간 **관계의 총체**이다. 더구나 이 관계는 고정적인 것이 아니라 학습에 의해 역동적으로 바뀐다!

이 발견에 영감을 받은 프랭크 로젠블랫은 다트머스 회의 전후부터 1960년대 초까지 매컬록과 피츠가 고안한 인공 뉴런을 사용한 집합체를 설계하여 퍼셉트론perceptron을 개발하고 이를 학습시켰다. 400여 남짓한 광전관소자의 입력층과 거기에 접속된 입력층의 신호를 모아 연상소자를 이룬 중간층 그리고 연상소자로부터 출력된 반응층을 가진 삼층구조의 퍼셉트론은 실제로 도형이나 단순한 패턴을 인식하였다.[52] 1960년대 전반부는 퍼셉트론이 각광 받던 때였지만 패턴 인식의 복잡성으로 인한 어려움이 컸다. 또, 정치적 조직화에 능했던 기호계산주의 진영의 숙적 민스키가 훗날 동료인 시모어 파퍼트와 쓴 저작에서[53] 퍼셉트론의 한계를 이론적으로 증명한 것이 결정타가 되어 관련 연구 예산 대부분이 기호계산주의 진영으로 넘어가면서 퍼셉트론 연구는 끊기고 말았다. 이후 1980년대 후반까지 연결주의는 긴 침잠의 시간을 보내게 된다.

실제 인공지능 연관 개설서나 사전류에는 퍼셉트론을 인공지능 역사의 단순한 일화로만 간주하고 주요 항목으로 다루지 않는다. 로젠블랫의 인격에도 문제가 있었던 것으로 보인다.54 그렇다 해도 연결주의 인공지능의 첫 번째 작품인 퍼셉트론의 사상사적 의의는 인정되어야 할 것이다. 퍼셉트론을 통해 형인 기호계산주의와 동생인 연결주의를 비교해 보자.

첫째, 기호계산주의가 지능의 본질을 추론 행위에서 구하는 데 비해 연결주의는 지각이나 그것을 기반으로 한 인지에서 구한다. 인간만 할 수 있는 고급 추론 행위를 지능의 전형으로 보는 기호계산주의는 인간 이외의 저급한 동물과 영유아도 할 수 있는 지각이나 인지를 전형으로 보는 연결주의보다 유리하다고 생각할 수 있다. 그러나 기호계산주의는 추론을 모델로 삼기에 기호라는 매개물을 인공지능과 세계 사이에 세워야만 한다. 매개물은 인공지능과 세계 간 분단의 원인이다. 이에 비해 연결주의에서는 대상'의' 지각이라는 형태로 세계와 인공지능이 직접 관계를 맺는다. 연결주의 지능은 지각이라는 원초적 현실 세계의 현장에 거주하면서 기호의 매개 없이 **직접** 쐐기를 박는다.

둘째, 기호계산주의 인공지능은 처음부터 프로그램이라는 완성형의 지능을 내장한 데에 비해 연결주의 지능은 미숙한 상태부터 경험을 통해 학습하여 서서히 완성형으로 성장해 간다. 이점은 인공지능과 인간의 관계에도 영향을 미친다. 기호계산주의의 인공지능은 튜링테스트에 나오는 인간처럼 행동하며, 게임 프로그램처럼 인간과 싸우고 전문가 시스템처럼 인간을 인도한다. 즉, 그것은 속이고, 거꾸러뜨리고, 가르치는 방식으로 인간과

사회적 관계를 맺는다. 반대로 연결주의 인공지능은 배우는 방식으로 인간과 관계 맺는다. 즉, 기호계산주의에서는 인공지능이 인간보다 우위에 서지만 연결주의에서는 이 관계가 역전된다.

셋째, 기호계산주의에서는 인간이 프로그램을 만들기에 지능의 내용이 완전히 가시적인데 비해 연결주의에서는 입력과 출력만 가시적이며 지능의 질은 전혀 알 수 없다. 물론 뉴런의 중첩이 수치화 가능하다는 점에서 가시적이긴 하다. 그러나 이는 국소적인 가시성에 불과하다. 뉴럴네트워크의 관계 및 그 변화를 **총체적으로** 알 수 없다는 의미에서 지능의 내용은 비가시적이다. 입력과 출력의 일대일 대응을 주장하는 항상가설을 부정한다는 점에서 연결주의는 행동주의와 선을 긋지만 입력과 출력만 부여하여 지능의 내부를 블랙박스화한다는 점에서 그것 역시 행동주의의 계보에 속한다.

마지막으로 기호계산주의가 결정론적 인과성을 바탕으로 인공지능을 설계하는데 비해 연결주의는 확률론적이거나 통계적인 정보처리 기제를 사용한다.[55] 기호계산주의 인공지능은 원리적으로 **오류가 없다**. 인공지능은 알고리즘적인 프로그램의 명령을 충실히 따르기 때문이다. 장치 수준에서 상태가 좋지 않은 것을 제외한다면 인공지능에게 오류는 프로그램의 결함에서 기인하며 결국 이는 **인간의** 잘못이다. 연결주의 인공지능은 반대로 오류를 본령으로 삼는다. 왜냐하면 그것은 잘못을 통해서만 학습하기 때문이다. 그것은 본질적으로 발견적 시행착오 머신이다.[56]

4-2-2-3 병렬분산처리와 위계의 종말

퍼셉트론이 1960년대에 사망선고를 받음에 따라 기호계산주의가 인공지능의 별칭이었던 시기가 길게 이어졌고, 사실 지금도 계속되고 있다. 그러다 1980년대 후반 전환기를 맞는다. 전문가 시스템의 유행이 끝나고 기호계산주의 진영에서 막대한 예산을 투입한 지능의 진화도 나타나지 않게된 것이다.57

이에 비해 연결주의 진영에서는 침잠기간 동안 이어져 온 연구가 결실을 맺은 데다, 인공지능을 둘러싼 사회 환경도 바뀌어 명예 회복을 위한 계기가 마련되었다. 새로운 연결주의의 기본 방향은 퍼셉트론을 기반으로 지도에 뉴럴네트워크 기능의 확장을 지향하는 것이었다. 입력층과 출력층에 더해 입·출력층과 독립적인 은폐된 유닛을 포함한 중간층의 다층화를 기획하였다. 동시에 홉필드 네트워크58를 채용하여 지능의 안정성은 높이고, 볼츠만 머신59을 통한 교사없는 자가학습을 실현하였다. 1986년에는 민스키와 파퍼트가 지적한 퍼셉트론의 한계였던 선형적으로 분리 불가능한 배타적 논리화XOR에 관한 학습불능 문제를 해결할 오차역전파법60도 개발되었다.

데이비드 럼멜하트와 제임스 맥클레란드의 『병렬분산처리: 인지의 미시구조에 대한 탐구』*PDP: Parallel Distributed Processing* 61는 신연결주의의 선언문 역할을 하였다. 제목에서 병렬Parallel은 연결주의 인공지능에 복수의 정보처리가 동시에 이루어지는 구조가 장착된 것을 뜻한다. 프로세서의 처리속도를 높이기 위해 한 번에 메인프레임을 이루는 타임쉐어링 시스템처럼 기호계산주의도 병렬을 장착할 수 있지만, 실제 과정은 순차직렬로서 이는 튜링머신의 원리로 보아도 불가피하다. 마치 한 장의 긴 테이프 같이 말이다! 또, 연결주의가 인간의 뇌를 모델로 하는 이상 뉴런의 동시행렬 발화로부터 모범을 구하는 것은 당연하다.

분산Distributed은 지능의 무중심성을 뜻한다. 즉, 병렬적으로 정보를 처리하는 복수의 뉴런 어딘가가 지능의 중심이고, 어딘가가 지능의 주변이라고 할 수 없다. 지성은 네트워크 전체에 퍼져 존재한다. 이는 연결주의에서 지능의 블랙박스화라고도 할 수 있다. 이 점에서도 기호계산주의가 인공지능에 추론계산의 중추를 설정하여 그 주변이 봉사한다는 위계 구조를 띠는 것과 훌륭한 대비를 이룬다. 여기서 중추는 튜링머신의 머리, 전문가시스템의 추론 엔진을 뜻하며, 주변부는 기억부나 입·출력부를 뜻한다.

신연결주의인 병렬분산처리의 등장은 양 진영 간에 대논쟁을 일으켰지만 일부 기호계산주의 신봉자를 제외한다면,62 로보틱스 분야를 포함해 일정한 공감을 얻었고 영향력을 행사했다. 민스키조차 확실히 병렬분산처리 사고방식의 지능관을 같은 시기에 표명했으니 말이다.63

사회철학적, 미디어론적 시각에서 인공지능의 노선변경이 일어난 것이 1980년대 후반이라는 사실에 주의를 기울일 필요가 있다. 경제학적 관점에서 보더라도 병렬분산처리라는 계산기 리소스의 사치스런 사용방식이 사회적으로 수용되기 위해서는 컴퓨터 가격이 안정되고 대량 생산이 가능해야 한다. 1980년대 중반, 정확히는 1984년 애플은 저렴한 퍼스널컴퓨터인 매킨토시Macintosh를 발표하였다. 이때도 물론 개인용은 고가였다. 애플은 걸리버 기업이자 고가의 메인프레임 정책을 이어온 아이비엠IBM을 조지 오웰의 『1984』의 독재 세계에 비유하였다.64 『병렬분산처리』가 출판된 1986년은 인터넷의 전신인 아르파넷ARPANET이 미국과학재단네트워크NSFNET를 통해 전국의 연구교육기관으로 퍼진 해이다. 본래 인터넷 프로토콜TCP/IP 자체가 비상시에 준비된 견고함과 내성을 갖춘 중심 없는 분산형 구조의 네트워크이다.

이 무렵 사회 전체가 위계적인 중앙집권적 구조에서 '다중심 =무중심'적 병렬분산형 구조로 변화했기에 인공지능 또한 이러한 역사적 배경에 민감했을 것이다. 메인프레임에서 퍼스널 컴퓨터로, 대중매체에서 인터넷으로의 변화 또한 문명사 수준의 거대한 사고방식의 이동이다. 그리고 인공지능에서 기호계산주의로부터 연결주의로의 이동도 시대변화의 일환으로 보아야 할 것이다. 물론 여기에 인과관계는 없다. 다만 이 시기 '전문가 대 비전문가'라는 위계적 사회관계의 쇠퇴와 더불어 전문가 시스템에 대한 수요 또한 줄어든 것이 사실이다.

4-2-3 인공지능의 새로운 지평

나는 기호계산주의와 연결주의의 우열을 가리려는 의도는 없다. 이미 기호계산주의인가 연결주의인가라는 문제설정 자체가 시대착오적 틀에 갇힌 물음이다. 왜냐하면 대중매체 사고방식을 대체하여 인터넷을 기반으로 한 네트워크 사고방식 속에서 인공지능의 구조와 의의가 사회적 지위와 역할을 바꾼 결과 양 진영의 대립은 새로운 지평으로 향하고 있기 때문이다. 결론부터 말하자면, 지금까지 인공지능은 인간 지능의 본질과 재현 방식을 둘러싼 싸움이었지만, 오늘날 중심 문제는 인간이라는 지평이 아니다. 인공지능에 관한 문제들은 사회라는 지평에서 새롭게 정립되고 있다. 그 현장을 구체적으로 살펴보자.

기술적 수준에서 오늘날 기호계산주의 진영에는 제이 펄이 인과관계 기술에 베이즈 통계를 도입한 베이지안 네트워크가 있

다.65 또, 은닉 마르코프 모델Hidden Markov Model이 주류가 되어
추론계산은 결정론적 방법에서 확률론·통계적인 것으로 급속히
이동 중이다. 심층학습은 학계를 넘어 언론의 주목을 받고 있는
데 이 기술은 퍼셉트론의 발전형으로서 이른바 기계학습 분야의
최신 기술이다. 그리고 양 진영의 최신 기술들이 중요시하는 것
은 인터넷으로 시시각각 집적되는 빅데이터이다. 데이터 분석가
같은 사람을 대신해 AI가 단순히 쓰레기 산에 불과한 빅데이터
의 특징과 패턴을 검출하고 있는 것이다.

중요한 것은 인공지능이 처리한 빅데이터가 종전의 사고방식
에 속한 원초적인 지각 데이터, 즉 퍼셉트론이나 예측 가능한 전
문지식, 즉 전문가 시스템 혹은 체스 프로그램 등과 다른 차원에
서 전개된다는 사실이다. 이는 본래 불명료하고 출처를 모르는
비구조화 데이터의 잡다한 덩어리들이기 때문이다. 더구나 퍼셉
트론이나 전문가 시스템 그리고 게임 인공지능이 다루는 지각
데이터나 과제는 본래 인간에 의해 주어진 것과는 다른 빅데이
터로서 인간 자신의 산출물이기도 하다. 기존의 인공지능은 인
간이 산출한 지각 데이터나 과제를 대체하고 인간을 도와 일을
처리하는 존재였다. 이에 비해 현재의 인공지능은 그저 인간의
아웃풋일 뿐이다. 예컨대, 트위터의 중얼댐이나 인스타그램의 사
진, 유튜브에 올린 동영상 클립처럼 다양한 SNS에서 매일 나오
는 소통 데이터, 애플워치나 구글글래스 같은 웨어러블에서 클
라우드에 올린 신체 데이터 집적체까지 인간으로서는 알기 어려
운 의미를 읽어내고 있다.66 오늘날 인공지능에게 부과된 것은
인간과는 상관없는 무가치한 데이터의 산에서 과제를 끌어내는
것이다.67

또, 구글의 페이지 링크 알고리즘이나 아마존의 추천, 말하자면 '이 책을 산 사람은 다른 책도 살 것입니다.'라는 식의 구매 권유 등은 인간의 선택이나 의사결정 데이터를 편집하여 다른 선택이나 의사결정을 위한 데이터를 인간에게 되돌려주는 유도, 혹은 인간의 의사결정에서 피드백 순환구조를 구축하는 일까지 변모를 거듭해 왔다. 진화론상 인공지능이야말로 새로운 종으로서 인류 이후를 덮친다는 의미라기보다, 인공지능이 인간을 원자로 이용한다는 점에서 인공지능이 인간을 넘어서는 2045년을 확인하는 일에 누구도 낯설어하지 않는다. 그렇다면 네트워크 사고방식에서 인간과 인공지능의 관계를 정밀하게 확정하기 위해서는 로봇 문제로 되돌아가야 할 것이다.

4-3 로봇의 전개

4-3-1 휴머노이드 · 오토마톤 · 로봇

인공지능과 마찬가지로 로봇의 기원을 둘러싼 문제를 살펴보려 한다. 그러나 이는 그 스토리를 반복하기 위해서가 아니라 항간의 상투적 줄거리에 숨어있는 오해를 지적하기 위해서이다.

옛부터 그리스 신화에서 대장장이 헤파이스토스^{Ήφαιστος}가 만든 탈로스^{Τάλως}나 유대교에 전승된 골렘신화, 야금술사인 파라셀수스와 괴테의 호모쿨루스, 19세기 고딕 로망의 창작물인 메리 셸리의 프랑켄슈타인의 괴물 등이 로봇사의 앞머리를 상투적으로 장식해 왔다.[68] 그러나 이들은 안드로이드나 휴머노이드라 할 수 있어도 로봇은 아니다. 안드로이드android나 휴머노이드

humanoid 모두 인간을 닮거나, 인조인간이라는 의미이지만 로봇은 국민작가 카렐 차페크가 만든 조어로서 체코어로는 노예노동 robota이다. 여기서 인조인간이란 인간을 의미하는 그리스어 $άνδρο^-$ 내지 인간을 의미하는 영어 휴먼human에 닮음을 뜻하는 접미사인 –oid가 붙은 것이다.69 그러나 어원에 집착할 필요는 없다. 이런 어원에 안드로이드나 휴머노이드와 로봇이 뒤죽박죽 이미지화되어 동일시되는 경향을 신중히 보아야 한다. 이러한 사정은 보칸손의 자동인형automaton이나 에도江戸기 일본의 꼭두각시 인형도 마찬가지이다.

개념사적으로 보아도 안드로이드와 로봇 그리고 '오토마톤＝꼭두각시'와 로봇은 명확히 구별된다. 안드로이드는 탈로스나 골렘, 호모쿨루스나 프랑켄슈타인의 성격을 보더라도 인간이 인간을 만든다거나 신을 두려워하는 금기, '경이로움＝위협'이 가득한 주술적 개념이다. 또, 오토마톤, 꼭두각시는 귀족이나 부유층의 사치품이었기에 근세 장인의 기량을 보여주는 공예적 산물이다. 이에 비해 로봇은 희곡 『로썸 만능 회사R.U.R.』라는 창작에서 볼 수 있듯 사회과학적이고 경제학적인 개념이다. 즉, 그것은 역사와 내용 면에서 자본주의라는 정치경제적 배경을 빼면 의미가 없다.

이는 『로썸 만능 회사』의 줄거리에도 드러난다. 『로썸 만능 회사』는 인간노동의 대체용으로 개발된 로봇의 반란이 기본이 되지만 이는 명확히 작품이 발표되기 3년 전에 성공한 러시아 혁명을 모티브로 삼고 있다. 러시아 혁명은 1917년, 『로썸 만능 회사』는 1920년에 발표되었다. 로봇이란 산업혁명 이후 사회의 최전선에서 비인간적인 노예노동에 종사하던 때의 산물이며 지금은 프롤레타리아라고 불리는 노동자 계급에 대한 비유이다.

4-3-2 노동 자동화의 양의성

이처럼 로봇의 정의적 본질은 인간에 의해 창조된 인간인 안드로이드도, 인간으로 오인될 정도의 정밀한 장치인 오토마톤도 아닌 인간노동을 대체하는 자동화 기계에서 구할 수 있다. 그런 의미에서 로봇의 조상은 20세기 초 고도자본주의 추진의 기반인 자동화와 집적화를 이룬 공업기계군이다. 체코에서 『로썸 만능 회사』가 발표된 것은 미국의 헨리 포드가 자동차 대량 생산을 위해 생산라인의 규격화와 합리화를 벌인 시기와 겹친다. 이후 포드시스템은 오토마톤이나 메카트로닉스로 발전하였다. 그러나 이런 기술은 모두 노동의 자동화 수단이다. 차페크의 로봇 또한 본질적으로 인간노동의 대체기술, 노동 자동화를 위한 기계이다. 그런 의미에서 예외로 치부되어 온 산업용 로봇이야말로 정통 계보를 잇는다고 할 수 있다.

물론 빌리에 드 릴라당의 『미래의 이브』에 나온 아탈리처럼,70 로봇에게 주술적이거나 공예적인 요소도 존재한다. 그러나 이 경우에도 본질적으로는 주술이나 공예는 부차적이고 우연적인 속성일 뿐이다.

인간의 입장에서 노동의 자동화를 본다면 첫째, 고역으로부터의 해방을 뜻한다. 비인간적인 단순한 볼트결착 작업, 원자력 발전시설 내의 사고처리 같은 위험환 작업, 반도체 집적회로의 조립과 같은 미세한 작업이 기계로 대체될 노동의 후보들이다. 노동의 자동화를 통해 인간의 시간과 노동의 피로가 기계로 전가된다. 실제로 포드는 포드시스템의 도입으로 인해 생산량과 판로를 넓혔고 여가와 임금을 대폭 향상시켜 노동자가 문화생활을 누리도록 했다.[71] 그러나 초기에는 인간이 기계에 동기화되면서 노동의 비인간화를 낳았다. 포드와 동시기의 인물인 프레드릭 테일러의 악명높은 과학적 관리법Scientific Management이나 채플린이 영화『모던타임즈』(1936)에서 풍자한 인간의 기계화가 대표적이다. 그러나 이는 과도기적 현상으로서 장기적으로 자동화는 노동하는 인간의 육체적·정신적 고통을 경감시켰다.

그러나 자동화는 고역으로부터 인간을 해방시킨 반면 주체성의 양도를 촉진한다. 초기 마르크스가 소외Entfremdung, 외화 Entaußerung라고 부른 사태가 그것이다. 어떤 것이 본래 자신의 것임에도 그것으로 인해 자신이 점차 대상물이 되는 현상을 말한다. 기계는 노예노동robota에만 종사하며 지시나 관리는 인간이 하는 것이 원칙이다. 그러나 차페크의 희곡『로썸 만능 회사』에서는 노예노동에 종사하던 로봇에게 생식능력을 제외한 주체성을 점차 양도한 끝에 인간에 대한 반란이 일어난다. 현재까지 추이를 볼 때 앞서의 원칙도 상당히 위태롭다. 왜냐하면 20세기의 역사는 의사결정이라는 최종 스위치를 남긴 채 모든 과정의 주도권이 인간에서 기계로 양도되어 온 역사이기 때문이다. 그리고 21세기 들어 등장한 새로운 로봇 군은 의사결정까지 자동화하는 기술을 지니고 있다.

4-3-3 소통의 노동화와 자동화

정통 로봇인 산업용 로봇은 1961년에 자동제어 시스템의 일종인 서보 기구를 통해 인간과 유사한 유니메이트Unimate나 베르사트란Versatran이라는 이름으로 미국에서 가동되었다. 산업용 로봇이 위험하거나 곤란한 노동을 인간과 맞바꿔 노동의 자동화를 추진한 것이다. 일본에서는 와세다대학을 중심으로 로봇의 방계에 속했던 휴머노이드형에 대한 개발이 적극적으로 추진되었다. 다만 1960년대 말부터 국산 산업용 로봇도 등장한다. 1973년 초 휴머노이드형 로봇인 '와봇1'을 완성한다. 이후 일본은 휴머노이드의 최전선을 달리며 아시모, 큐리오를 탄생시켰다. 이에 관해서는 꼭두각시 인형의 전통이나 '범심汎心=범신汎神'론적 풍토, 로봇마니아의 영향 등 다양한 이유가 제기되었다. 노동의 자동화라는 시각에서 로봇을 본다면 이는 일탈에 불과하다. 꿈의 실현이니 기계와 인간의 공생이니 따위의 말로 쓸모없는 휴머노이드에 큰 돈을 투자한 것에 불과하다. 이는 버블 경기로 추락한 경제 대국의 사치로 세계인들의 놀림을 받기에 충분했다.

그러나 21세기에 들어 사태가 바뀌기 시작했다. 일본이 휴머노이드 개발의 최전선을 달린다는 사실에는 변함이 없었지만 이제는 이를 유별난 취미로 보지 않는다. 2015년 소프트뱅크는 2012년 프랑스의 로봇 벤처 기업인 알데바란을 사들여 페퍼를 개발하였다. 로봇에게 대체 어떤 일이 일어났던 걸까? 휴머노이드도 로봇을 지향하는 이상 자동화 기계로서 사회에서 **자리를 잡아야만 한다.** 즉, 그것은 인간노동의 대체 수단이라는 명확한 용도를 가진 공업 제품이다. 지금까지 휴머노이드는 모두 실험용, 테스트용 시제품으로서 사회와의 접점이 없었다. 호사가의 취미였던 이유이다. 휴머노이드를 포함한 로봇이 사회에 들어와 인간과 공생하기 위해서는 우선 상품으로 유통되고 판매되어야 한다. 그리고 이를 위해서는 어떤 사용가치를 지녀야 할텐데, 로봇의 경우 특정한 노동의 자동화가 그것이다.

휴머노이드가 대체하는 인간의 노동은 어떤 것일까? 1980년대
식으로 말해, 알리 호크실드가 말한 감정 노동이자,72 이반 일리
치가 말한 그림자 노동이다.73 구체적으로는 접수·안내 등의 접
객, 요양, 교육 등이 여기에 해당한다. 1980년대에는 이것이 노
동임에도 불구하고 사회적으로 은폐되었다. 특히, 이반 일리치가
무보수 노동으로서의 여성 노동을 폭로하였다. 21세기 들어 이
는 점차 노동으로 인정되는 동시에 대규모의 시장으로 재발견된
다. 휴머노이드는 이런 노동 시장에 인간노동을 대체하고 자동
화를 담당하기 위해 투입된 전략상품이다. 미국에서는 이 시장
의 비용을 둘러싼 인간과 기계의 주도권 싸움이 벌어져 언론과
학계에서 연일 논쟁이 벌어지고 있다.74

감정 노동이나 그림자 노동이 사회적으로 인지되고 로봇이 자
동화하는 것의 본질적 의미를 고찰해야 한다. 이는 정보사회의
자본주의가 기계화에 저항하던 최후의 보루인 소통마저 노동화·
자동화하여 비인격화의 길로 달려간다는 것을 뜻한다. 나아가
소통이라는 인간적 노동을 대체함에 따라 불가피하게 로봇이 행
위자로 사회에 들어섬을 뜻한다. 이제 로봇에게 요청되는 것은
사회적 행위자가 되는데 필요한 주체성이다.

4-3-4 로봇 주체성의 소재

컴퓨터 과학자인 다니엘 힐리스에 따르면 인공지능은 각각
1950년대에 기계의 자동제어라는 시각에서, 1960~70년대에 직
렬 컴퓨터(즉, 기호계산주의)의 입장에서 그리고 1980년대에 병
렬 컴퓨터, 즉 연결주의의 시각에서 사고 되었다.75 이 정리는
사이버 네트워크를 인공지능의 사상적·기술적 기반으로 보는

우리의 핵심을 정확히 선취하고 있다. 저명한 병렬 컴퓨터 설계 자인 힐리스 자신은 어느샌가 진화해 버린 컴퓨터에 인간과 같은 지능이 창발적으로 잠재하고 있을 것으로 기대했다.76 그러나 초창기 인공지능은 이미 많은 경우 서보 기구를 통해 기계 신체와 불가분의 자동제어장치로 이해되었다는 점에 주목해야 한다.

산업용 로봇에는 이 자동제어용 인공지능이 있지만 이는 생산라인의 루틴 작업을 소화한 것에 지나지 않는다. 로봇에게 주체성, 즉 자율성을 장착하기 위해서는 우선 고도의 인공지능이 필요하다. 이를 채용한 것이 1960~70년대에 인공지능의 주도권을 쥔 기호계산주의였다.

기호계산주의 틀에서 로봇에 장착된 각종 센서, 예컨대 비디오테이프 레코더VTR 카메라나 마이크로폰에서 얻은 지각 정보를 토대로 '로봇 내부=로봇의 마음!'에 기호화된 외부 세계인 사본이 표상representation으로 재구성된다. 이런 내부 지도에 의지하여 로봇은 추론을 하며, 작동기를 매개로 실물의 외부 세계에 작용한다. 이런 생각에 기반해 1966년 스탠포드연구소가 인공지능을 탑재한 최초의 자율형 로봇 섀키Shakey를 개발하였다. 그러나 이는 로봇의 내부와 외부 사이의 단절로 인해 움직일 때마다 방대한 계산이 필요하다. 시각장애를 가진 이가 손으로 더듬어 세계를 확인해 나가듯 몇 미터 떨어진 곳으로 짐을 옮기는 데 몇 시간이 걸리는 것이다.77 기호계산주의적 로봇 설계는 프레임 문제와 기호접지문제라는 원리적 난점을 이어받고 있다. 이렇게 자율형 로봇은 기호계산주의와 더불어 막다른 골목에 들어서고 말았다.

인공지능과 로봇 분야 모두에서 진전이 보이지 않았던 기호계산주의에 비해 1980년대 후반 드디어 반란의 싹이 트기 시작했다. 로봇공학자 로드니 브룩스는 주체성을 가진 자율적 유기체의 행동을 관찰하여 기호계산주의가 말하는 지능, 즉 표상을 매개로 한 반성 없이도 많은 행동이 이루어진다는 점을 깨달았다. 이로부터 포섭subsumption 구조를 착상, 1988년 로봇 겐지스Genghis를 제작하여 높은 평가를 받는다.

포섭 구조가 기호계산주의적 발상과 근본적으로 다른 점은 하나의 프로그램이 아닌 복수의 병렬적 프로그램 군으로 구성된다는 점이다. 이는 연결주의적인 병렬분산 발상과 공명한다. 다만 브룩스 본인은 연결주의가 아니라고 밝혔다.[78] 브룩스가 증강형 유한머신AFSM: Augmented Finite-State Machine이라고 부른 병렬 프로그램 군은 본래 보행walk, 적외선 센서IR sensors에 대한 반응, 배회prowl, 조종steer과 같은 단순 기능을 수행하도록 설계된 것이다. 그러나 이것들이 제멋대로 작동하는 것을 막기 위해 계층적 질서를 부여한다. 예컨대, 조종이나 배회, 보행 자체는 변하지 않지만 조종과 배회가 상위에 위치하여 보행을 포섭subsume한다. 또, 로봇이 적외선 센서에 반응하여 배회하는 행동이 억제되어,[79] 목표물로 돌진하는 모드가 풀려버리기 때문에 두 프로그램은 같은 위상을 가지면서도 배타적인 관계를 이룬다. 그러나 이것이 기호계산주의처럼 '중추 – 주변' 식의 위계를 따르지는 않는다. 예컨대, 조종 프로그램은 어디까지나 양방향 전환을 위한 프로그램으로서 보행 프로그램과는 독립적으로 작용한다. 포섭 구조에서 프로그램 군의 관계는 오히려 '협조 – 억제' 관계로 파악할 수 있다. 혹은 계층적이라 해도 이는 어디까지나 선후 관계일 뿐이다.

포섭 구조에서 특이한 것은 지능관이다. 로봇의 **두뇌** 부분이 인공지능이라는 관점은, 지능을 뇌를 정점으로 한 위계 구조로 본다는 점에서 이미 기호계산주의적 사고방식 아래에 있다. 브룩스가 로봇 설계에서 모범으로 삼은 것은 인간이 **아닌** 곤충이다.[80] 겐지스는 지네나 꼽등이처럼 보인다. 다리는 여섯 개이고 눈 역할을 하는 적외선 센서도 여섯 개이다. 중요한 것은 언어와 의식이 없는 곤충도 행동하는 면에서는 주체성을 가진다고 볼 수 있다는 점이다. 때문에, 포섭 구조의 첫 번째 함의는 주체성이란 의식에 입각한 인과성이 아닌(즉, 원인유발자로서의 당사자가 아닌) **타자에 의해** 주체적으로 드러나는 행위라는 점이다. 기호계산주의적 틀에서는 내부 상태, 즉 로봇의 마음에 기반해 로봇이 바깥 세계에 변화를 일으키면 주체성이나 자율성을 띠는 것으로 간주한다. 그러나 이는 원인유발자로서의 의식을 로봇에게 소급 적용한 것일 뿐이다. 인간이 자신의 행위 하나하나를 의식적으로 유발한다고는 볼 수 없다. 아무도 컵을 쥘 때 오른손을 들어 손가락을 넓히고 쥔 손을 거두어들인다고는 생각하지 않는다. 우리는 양치질 같은 습관적 행동에서 이를 닦는다는 것조차 의식하지 않는다. 행동은 자동적으로 일어난다. 실제 일어난 사태로부터 유추한 시점에서 의식 상태를 되돌아보고 재구성하는 것이다. 즉, 의식은 '주체성=자율성'과 무관하며 비본질적이다.[81]

두 번째 함의는 주체성에 의식이 필요 없는 이상 지능의 내부도 **없다**는 점이다. 실제 브룩스는 표상 없는 지능Intelligence without Representation이라는 표현을 통해 지능의 내부성을 명확히 부정한다.[82] 포섭 구조에는 데이터를 모은 '기호화=표상화'된 계산으로만 수행되는 중추가 없다. 중추는 로봇 내부의 마음으로 간주된다.83 혹은 복수의 병렬 프로그램 군의 간의 관계만 있을 뿐이다. 지능은 로봇 전체에 편재되어 있다.

세 번째 함의는 내부가 없는 이상 외부도 없다는 점이다. 즉, 포섭 구조 로봇은 최초 환경에 표상을 **매개한** 것이 아니라 신체**로서** 내장되어 있으며 환경과 직접 순환loop하는 작용의 계기로 존재한다. 브룩스는 이런 로봇의 존재방식을 상황성situatedness과 체현성embodiment이라고 정의한다.84 로봇은 신체적 존재로서 특정한 환경에 선택의 여지 없이 놓이게 된다. 이는 인간학적 규정인 '세계 – 내 – 존재'In-der-Welt-sein의 로봇 버전으로서 '환경 – 내 – 존재'In-der-Umwelt-sein라고 부를 수 있다.

브룩스의 이론이 기호계산주의에 충격을 가한 동시기에 연결주의 붐도 불어닥쳐 기존 인공지능의 지능관은 근본적 의문에 부딪힌다. 포섭 구조(1985년)와 럼멜하트의 병렬분산처리(1986년)가 비슷한 시기에 발표된 사실 또한 우연이 아닌 사회구조 변동의 징후로 읽어야 한다. 이제 로봇과 인공지능의 관계에 초점을 모아 보자.

4-3-5 로봇 지능의 현재

브룩스의 포섭 구조에서는 지능에서 '표상＝기호'를 제외하였기에 내부, 즉 마음이라는 은유를 사용할 필요가 없다. 이는 인공지능이 인간이라는 속박에서 해방되었다는 커다란 의의를 지닌다. 브룩스는 자신의 입장이 연결주의나 뉴럴네트워크와 동일시되는 것을 싫어했다. 이들은 **인간의** 뇌를 모델로 삼기 때문이다. 인공지능은 플라톤의 순수지성체^{vous} 같은 것이 아니다. 그것은 신체를 가지고 세계와 얽힐 수밖에 없다. 상황성과 체현성이 그것들이다. 즉, 인공지능은 결코 신체라는 감옥에서 나올 수 없다. 이상의 통찰은 브룩스가 인공지능 학자가 아닌 로보틱스 연구자였기에 가능한 일이었다.

브룩스가 설파한 모든 테제를 높이 평가한다. 그러나 기호계산주의에 대한 안티테제에 모두 동의할 수는 없다. 왜냐하면 그의 인공지능은 신체에 의해 세계성Weltheit을 획득했지만 사회성Sozialität을 획득했다고 말할 수는 없기 때문이다. 즉, 브룩스의 로봇에는 소통의 계기가 결여되어 있다.85 로보틱스의 최전선에서 다루어지고 있는 것이 바로 이 소통 문제이다. 오늘날 로보틱스의 주요 과제는 '주체성＝자율성'의 부여에서 사회성의 부여로 이동 중이다.

사실 기호계산주의 진영도 21세기 들어 급속히 로보틱스나 관련 분야의 최신 시각을 섭렵하면서 체제를 정비 중이다. 예컨대, 다니구치 다다히로는 기호계산주의에 방점을 두면서도 신체나 환경을 시야에 넣고 로봇이 기호를 만들어내는 구성론적 시각에 따라 기호 창발 로보틱스를 제창한다.86

최종적으로는 공유 신념에 기반한 인간과의 소통을 지향한다. 다니구치는 자기조직화를 채용하면서 하나의 체계로서 로봇의 닫힘이나 내부 관점을 강조한다. 로봇 자신이 신체를 매개로 환경과의 상호작용 속에서 기호를 창출하기에 기호계산주의의 아킬레스건인 프레임 문제나 기호접지문제도 생기지 않는다. 그러나 이렇게까지 내부, 즉 로봇의 마음에 집착할 필요가 있을까? 현재 로보틱스 분야에서 관심을 끄는 것은 강박관념에 가까운 인간다움에 얽매여 이를 휴머노이드로 만들어내는 이시구로 히로시이다.87

그렇다면 우리는 인간이라는 틀로부터 인공지능의 해방을 축하하는 걸까? 이시구로가 실현하고자 하는 로봇의 인간다움이란 내면이나 마음이 아닌 겉모습이나 행동이다. 예컨대, 그가 만든 제미노이드들은 이시구로 본인도 기분이 나쁠 만큼 겉모습이 똑같다. 반면 어린이 로봇인 'CB2'는 56개의 동작기와 200개의 피부 센서가 내장되어 있고 실리콘 피부로 덮여 있지만, 사랑스러움을 자아내는 표정의 변형 없이 작동하기에 불쾌한 느낌마저 든다.

주목해야 할 것은 이시구로가 만든 다수의 로봇이 알맹이가 없이 겉만 그럴듯하다는 점이다. 제미노이드나 마치 토르소 같은 텔레노이드는 센서나 작동기와 별개로 지능 본체가 없으며 인간이 원격조작하는 원격현전telepresence 단말기이다. 이시구로는 휴머노이드를 매개로 소통하는 사용자들, 즉 원격조작하는 사람 및 로봇과 실제 대면하는 사람 쌍방의 반응을 모니터하여 로봇 개량에 피드백한다. 중요한 것은 그가 소통을 위한 인터페이스나 미디어로 로봇을 간주한다는 점이다. 이 점이 바로 그가 인간형의 휴머노이드나 기분 나쁠 정도로 보이는 인간다움에 집착하는 이유이다. 그는 로봇이 인간다운 겉모습이나 행동을 함으로써 인간과 행동의 동기화, 이른바 끌림entrainment 현상이 나타난다고 보고한다.88 지능이 없는 겉만 그럴듯한 로봇과 나누는 소통이 정동이나 마음을 불어넣는다! 그는 "휴대전화는 로봇이다,89 로보틱스가 참고해야 할 것은 인간의 뇌가 아니다."90와 같은 주목할 만한 발언을 했다. 그러나 이런 견해도 인터페이스로서의 로봇, 미디어로서의 로봇이라는 문맥에서 받아들일 필요가 있다. 이시구로의 로봇관에는 향후 로봇과 인공지능이 나아갈 하나의 방향이 들어있다.

4-4 인공지능 · 로봇 · 인간

4-4-1 인공지능과 로봇의 최전선

브룩스에 의해 인공지능은 탈인간화된 동시에 '주체성＝자율성' 또한 비장소화되고 분산되었다. 이시구로 또한 로봇의 인터페이스화와 미디어화를 추진하고 있다. 오늘날 로봇과 인공지능은 이 두 방향이 합류하고 교차하는 지점에 서 있다. 이를 잘 보여주는 사례가 2015년 초여름 판매에 들어간 소프트뱅크의 페퍼이다.

페퍼는 자율형 휴머노이드로서 이시구로의 로봇과 마찬가지로 인간다움에 중점을 두고 설계되었다. 다만 겉모습은 밋밋한데다 이족보행을 할 수 없는 휴머노이드인지라 인간과 비슷하지는 않다. 페퍼의 인간다운 면은 겉모습보다 공감 능력에 있다. 예컨대, **제품** 발표회장의 테스트 광고 장면은 다음과 같다. 젊은 여성이 실의에 빠져 귀가하면서 이를 맞이하는 페퍼를 냉담하게 대한다. 그러나 페퍼가 '까꿍'하며 기운을 돋우자 울먹이며 안긴다. 정말 페퍼가 이런 행동을 할 수 있느냐 없느냐보다는 이 제품이 이러한 장면에 알맞게, 즉 정감적 소통에 알맞게 설계되었다는 점이 중요하다. 실제 페퍼는 여러 종류의 뇌내 전달물질 분비를 분석하는 감정 엔진을 탑재하고 있다. 뇌를 모델로 감정을 설명하는 방법에서 철 지난 사고방식의 그림자가 보인다. 중요한 것은 페퍼가 마이크로폰, 카메라는 물론 감압, 진동과 같은 센서를 통해 인간의 감정 데이터를 수집하고, 손을 통해 시선과 자세를, 가슴에 달린 디스플레이를 통해 감정을 표현한다는 사실이다. 휴머노이드도 로봇인 이상 인간노동의 대체와 자동화를 실현해야 하며 그 영역은 감정 노동과 그림자 노동이다. 시장성을 포함한 여러 가능성을 페퍼에게서 엿볼 수 있다.

지능 본체가 페퍼에는 내장되어 있지 않기에 **어떤 의미에서는** 원격조작이라는 공통점을 이시구로와 공유하고 있다. 그러나 이시구로와 달리 원격조작의 주체는 인간이 **아닌 인공지능이다.** 인공지능은 클라우드 상에서 인터넷으로 다른 로봇들과 연결된다. 때문에 이시구로의 로봇이 인간상호간 소통의 인터페이스 역할을 담당하는 것과 달리, 페퍼는 **인공지능과 인간 간 소통의 인터페이스이다.** 이 점이 페퍼와 이시구로 로봇과의 결정적 차이이다.

이 점에서 페퍼는 브룩스 로봇의 계열에 있다. 왜냐하면 페퍼의 클라우드 상 인공지능은 인간 지능과의 유비를 허락하지 않는 탈인간화된 지능이기 때문이다. 현재의 인공지능은 인간의 **의식에 주어진** 정보 데이터와 비교해 처리정보 데이터의 질이나 양에서 그 차원을 달리한다. 즉, 현재 인공지능은 인간 지능을 모방한 것이 아니라 빅데이터에 특화된 별종의 지능이다. 그리고 페퍼에 연결된 것 또한 이런 종류의 인공지능이다. 우리는 이시구로의 "휴대전화는 로봇이다."라는 발언과 더불어 페퍼라는 신세대 로봇을 개발한 소프트뱅크가 휴대전화도 취급한다는 점을 생각해야 한다. 페퍼를 '와봇→아시모→큐리오'로 이어진 일본의 전통적인 휴머노이드 계보에 놓는 것이 아니라, 트위터, 유튜브, 라인, 페이스북, 인스타그램과 같은 스마트폰 상 서비스인 SNS나 구글글래스, 애플워치와 같은 웨어러블 단말기의 인터페이스가 발전한 형태의 계보에 놓아야 한다. 참고로 페퍼의 개발원은 프랑스의 로봇 벤처 기업이다. 이들 단말기나 서비스는 연락이나 오락, 시계나 안경 같은 의식 가능한 표면적 기능 외에 빅데이터수집을 위한 인터페이스라는 무의식에서 수행하는 기능을 가지고 있다. 그리고 이 내부가 마케팅을 유지한다. 예컨대, 구글글래스는 시선 데이터, 애플워치는 신체 데이터, 트위터는 특정한 시간과 위치에 태그된 개인적이고, 비인칭적이며 단편적인 사건 데이터를 빅데이터로 수집하여 클라우드 상의 인공지능을 통해 해석한다. 중요한 것은 이렇게 수집된 빅데이터가 본질적으로 익명적이지만 앙케이트와 달리 무의식의 발로나 표출이기에 거짓이 없다는 점이다. 이는 정확한 마케팅의 재료가 된다. 기본적으로 페퍼가 인간과의 감정적 상호작용 내부에서 행하는 것도 같은 종류의 작용이다. 즉, 사용자의 실시간 감정을 빅데이터로 수집하여 클라우드 상 인공지능이 이를 해석한다. 그리고 이 해석 결과가 로봇이라는 인터페이스를 통해 사용자에게 추천의 형태로 피드백된다. 이처럼 로봇이라는 인터페이스를 매개로 한 인공지능과 인간 간의 소통은 **의식되는 것이 아니다**. 이 점이 데이터의 신빙성을 담보한다. 인공지능은 인간의 지능과는 멀리 떨어져 있다.

마지막으로 페퍼가 휴대전화나 SNS 인터페이스의 발전형인 이상 그것이 인간의 겉모습을 취하여 인간처럼 활동하는 휴머노이드일 필연성은 어디에도 없다. 다만 페퍼는 감정 노동을 대체하고 자동화하며, 빅데이터로서 감정 데이터를 수집하기 위한 최적의 인터페이스로서 인간을 단순히 모방한 것이다. 그런 의미에서 현재의 휴머노이드에게 계략이 있다는 생각은 방향을 잘

못 잡은 것이다. 이런 종류의 로봇이 구글의 자율주행차처럼 자동차의 겉모습으로 활동한다 해도 마찬가지다. 핵심은 그것이 인공지능과 인간 간 소통의 각별한 인터페이스 역할을 담당한다는 것이다. 앞으로 냉장고나 세탁기, 청소기 및 집이 무의식적 소통의 인터페이스로서 로봇화 되어 생활 전반의 자동화를 추진해 갈 것이다. 이런 사태를 기술적 수준에서만 단조롭게 이해하여 업계에서 유행하는 사물인터넷IOT: Internet of Things 개념에 얽매인다면 생각을 좁히는 꼴이 될 것이다. 사태는 기술적 수준을 포함한 **사회적** 수준에서 구조화되고 있기 때문이다.

4-4-2 정보사회와 인공지능/로봇

인공지능과 로봇 모두 인터넷이라는 네트워크 미디어의 등장 이전과 이후로 사회적 의미와 기능을 모두 바꾸는 중이다. 이것들의 구조화가 사회의 사고방식을 바꾸고 있다. 인터넷 등장 이전의 인공지능은 대중매체로 상징되는 위계적이고 권위적인 사회구조를 전제로 양자가 공명하면서, 전문가 시스템 같은 중앙 집중적 정보처리를 통해 사회관계 유지에 공헌하였다. 그러나 1980년대 후반을 기점으로 사회적으로는 인터넷의 전신인 아르파넷에 대한 학술·교육 및 상업으로의 확대, 기술적으로는 연결주의가 득세하고 로보틱스에서 포섭 구조가 완성되어 기존의 위계 구조가 병렬분산형의 네트워크로 대체되었다. 양자의 역전은 누가 보아도 자명하다. 인공지능은 로봇과 더불어 새로운 사회관계에 들어서는 중이며, 양자 모두 원칙적으로 시대적 미디어로 규정할 수 있다.

인공지능과 로봇이 사회 속에 들어서면서 생기는 새로운 사회는 어떤 모습일까? 그것은 소통이 비인칭적 연산을 통해 연쇄되는 가운데 사회구조가 '재귀적reflexiv = 자기지시적selbstreferenziell'으로, 즉 사회과정의 반복을 통해 역동적으로 재생산되는 하나의 체계이다. 정보사회란 인공지능에 의해 확률론적, 비결정론적, 불확정적으로 제어되는 소통의 자기지시적 체계이다. 다만 이때 인공지능과 로봇 모두 사회 자체를 구성하는 단위요소가 **아니다.** 이들은 어디까지나 소통의 지속적 연쇄를 실현하는 체계 속의 기술적 환경Umwelt이다. 사회의 단위요소는 **비인칭적 소통 자체**이다.

사람들은 인공지능이 사회적 소통을 제어하는 이상 그것이 사회의 두뇌이고 로봇은 신체라고 생각할 수 있다. 그러나 이런 **주장**은 쉽게 설명하기 위한 방편일 뿐이다. 이런 친숙함은 사회적 유기체의 전뇌 버전이라는 이미지로 오독될 위험이 있다. 두뇌라는 비유는 인간을 모델로 하는 것이 아니라 지능에서 **중추**의 존재를 전제로 한다. 이는 위계적인 기존의 사고방식으로 되돌아가는 것이다.[91] 인공지능은 정보사회에서 지능의 중추가 **아니다.** 정보사회는 중추가 부재한, 모든 네트워크가 중추 역할을 하는 방식을 따른다. 이는 지능만이 아닌 '주체성 = 자율성'도 마찬가지이다. 주체성이 존재하는 곳은 인공지능도, 로봇도, 인간도 아니다. 이런 구체적이고 개체적인 장소는 자기지시적 사회재생산의 계기로서 이것들이 지닌 주체성이나 자율성이란 체계의 한 단면을 절취해 낸 헤겔적 의미에서의 추상적abstrakt 규정이다. 주체성이나 자율성은 체계로서의 **정보사회 자체**, 즉 소통에 있다. 정보사회에서는 지능, 주체성, 자율성 모두 사회 전체에 분산되어 있다. 연결주의의 표현을 빌리자면 이들은 뉴럴네트워크나 소셜네트워크에 편재omnipresent한다.

4-4-3 정보사회에서 인간의 지위

기존에는 인공지능과 로봇 모두 '인공지능 대 인간', '로봇 대 인간'이라는 식으로 인간과 비교되어 왔다. 기호계산주의적 철학은 인간의 지능을 언어능력 일반과 동일시함으로써 인공지능과 인간의 지능을 '표상＝기호' 계산의 통사론적 수준에서, 또 형식적인 순수지성으로서 기능적으로 범용화하고자 했다.92 이 철학은 사고 언어Language of Thought라고 부르는 통사론적 지능의 소질이 인간에게 생득적으로 구비되어 있다고 주장한다. 촘스키의 생성문법을 배경으로 국소기능설을 지지하면서 심지어 골상학을 복권하려고 한다.

인간 지능과 인공지능 간의 이런 등치에 대해 다양한 반박이 나왔다. 후버트 드레이퍼스는 현상학과 하이데거를 통해 인공지능이 '세계—내—존재'가 될 수 없다고 주장하면서 현존재Da-sein로서의 인간과 구별하였다. 그러나 그는 연결주의에는 동조한다. 또, 존 설은 중국어 방 사고실험을 통해 인공지능과 인간의 지능이 다르다고 주장한다. 그에 따르면 인간 마음의 본질은 지향성intentionarity에 있으며 뉴런이라는 생물학적 기질의 고유성을 지니고 있다.93 이론물리학자인 로저 펜로즈는 인간 지능이 인공지능보다 우월하다고 본다. 그는 괴델의 불완전성 정리를 토대로 인공지능에게는 증명불가능한 정리가 공리계 내부에 존재한다고 말한다.94 또, 데이비드 차머스는 인간 마음의 기제를 해명할 열쇠는 컴퓨터 과학 수준에서 접근 불가능한 퀄리아 수준의 정신물리psychophysical 영역에 속한다고 말한다.95 이렇듯 내포와 외연이 다른 주장들이 반反 인공지능 깃발 아래 지능, 마음, 의식과 같은 범주를 혼용하는 백가쟁명 상황을 보이고 있다.

그런데 문제는 다른 곳에 있다. 사실 인공지능파와 반 인공지능파 모두 두 가지 전제를 공유한다. 첫째, 인공지능이 대개 기호계산주의를 취한다는 점이다. 이 아젠다 설정에 입각해 의도는 달라도 '인공지능＝기호계산주의'라는 암묵적인 합의가 형성되어 있다. 더구나 인공지능을 둘러싼 논쟁이 언론의 관심을 받으면서 본래 지능에 관한 문제가 의식이나 마음의 문제로 대체되어 '마음은 컴퓨터에 실현 가능한가, 로봇에게 의식이 있는가' 따위의 가짜문제Pseudo-problem로 탈바꿈했다.

두 번째, 지능을 개체 수준에 가둔다는 점이다. 로봇이든 인간이든 개별 로봇, 개별 인간 같은 개체 수준에서 인공지능이나 지능을 다룬다. 또, 지능을 마음이나 의식과 동일시하면서 이를 개체 안에 가두고 개인화를 조장한다. 지능은 결코 개체 수준에 닫힌 것이 아니다. 또, 간단히 기술적 수준에서 개체에 장착할 수 있는 것도 아니다. 이시구로의 속이 텅 빈 로봇을 떠올려 보라! 정보사회에서 인공지능으로서의 로봇은 사회라는 수준에서 논의되어야만 그 본질을 알 수 있다. 의식이나 심신 문제, 퀄리아 등이 인공지능 논의에서 중요하지 않은 것은 이 때문이다.

문제는 개체주의가 인간주의와 연동된다는 점이다. 지능이 개체 수준에서 논의되는 이유는 실제für uns 지능이란 사회관계가 물질화되어 개체 '내―자―유'In-sich-sein화한 것임에도 불구하고, 인간 개체에게für es 지능은 이미 주어진 사실이자 때로 현장에서 실감나게 다가오는 것이기 때문이다. 이렇게 '인간 대 인공지능, 인간 대 로봇'이라는, 로봇이나 인공지능을 인간 **개체**와 비교하는 도식이 성립하여 쌍방의 우열과 진화가 이야기되고 있다. 이 앞에 특이점 문제가 있다.

그러나 특이점은 인공지능의 지능이 인간의 지능을 넘어서는 것, 인공지능을 진화론상 인간 이후의 종으로 생각하는 새로운 탈인간주의적 사고방식이다. 그러나 진실은 정반대이다. 우선 그 것은 독선적이고 편협한 지능관을 토대로 논리를 편다. 그것이 상정하는 지능은 기호계산주의에서 추론의 형식적 기능에 의식을 집어넣어 순수지성체화한 대용물이다. 유기체이든 기계이든 어떤 물질로 되어있는가를 묻지 않고 논리소자로 기능할 수만 있다면 무엇이든 인스톨하거나 업로드 가능한 프로그램으로 이미지화한 것이다.

또, 그것은 인간주의를 상대화한 사상도, 초월한 사상도 아니다. 그것은 초인간주의적 주장으로서 인간 지능의 생존전략에 불과하다. 왜냐하면 인공지능이 인간을 대신해도 그것의 지능은 원래의 인간 지능, 더구나 마음이나 의식과 동일시된 것이 알맞게 프로그램화된 것에 지나지 않기 때문이다. 요컨대, 그것은 로봇이나 나노기계의 발명으로 언젠가 유기체가 소멸한다거나, 기계 신체의 갱신을 통해 불멸의 영혼이나 인간 지능을 실현하고자 하는 불멸 사상, 신선놀음의 전뇌 버전에 불과하다. 다시 말해, 미디어론의 역사를 보더라도 이런 종류의 사상은 흔하다. 즉, 그것은 존 데스먼드 버날의 합리적 정신Rational Soul 96에서 출발해 데야르 드 샤르댕의 예지권Noosphère 97을 거쳐 마셜 매클루언의 지구촌98으로 이어지는 미디어 기술의 진전과 더불어, 인류의 의식통합과 영성의 완성을 희망하는 가톨릭 전통의 정보사회 버전이다.99 즉, 의식의 범위를 지구에서 우주로 버전 업한 우주촌

Universal Village 사상이다. 인간 지능이 우주에서 영원히 군림하길 원하는 인간중심주의의 극치이다.

그러나 정보사회가 가리키는 방향은 극단에 있는 인간의 상대화나 미셸 푸코가 말한 것과는 다른 의미에서 인간의 종말disparition de l'Homme 100이다. 인공지능과 로봇이 미디어 사고방식의 변동에 따라 지능이나 인간의 시뮬레이션 장치에서 엔진이자 행위자로 역할을 바꾸는 것과 마찬가지로 인간 또한 **사회체계 수준에서** 소통을 연쇄적으로 일구어 사회를 재생산한다는 점에서 **인공지능이나 로봇과 기능적으로 등가인** 네트워크의 노드로 위치 지어진다. 인간만이 주체성이나 자율성을 특권적으로 소유할 근거는 어디에도 없다. 그리고 그것이야말로 포스트휴먼post human 101이라는 말이 본래 가리키고자 했던 사태이다.

정보사회에서
윤리는 가능한가?

정보사회에서 윤리는 가능한가?

5-1 정보윤리란 무엇인가?

5-1-1 정보윤리라는 학문

정보윤리가 붐이다. 예컨대, 아마존Amazon에서 정보윤리라는 말을 검색하면 수백 권의 책이 검색된다. 대부분은 교과서나 수험서들이다. 강조점에 차이는 있지만 내용은 비슷한데, 예외 없이 저작권, 프라이버시, 정보보호, 표현의 자유, 미디어 리터러시 등이 주류를 이룬다. 또, 각 장마다 요약과 연습 문제가 붙어 있다.

정보윤리 책의 편집이나 구성을 보면, 정보사회의 여러 현상을 윤리적인 각도에서 학문적으로 이해하고 반성할 것인가와 같은 본질적인 것이 아니다. 오히려 정보사회에서 살아남기 위한 항목을 열거하고 있다. 수험서 머리말과 맺음말에서 윤리에 관한 다양한 견해의 존재를 언급하고 있다. 그러나 자신과는 다른 윤리관에 대한 배려를 바랄 뿐, 이를 권하는 것 이상을 넘지 않는다. 수험서를 통해 정보사회의 윤리적 본질을 스스로 생각할 수 있다면 걱정이 없겠다. 스스로 생각할 것이라는 말은 사실상 정보윤리라는 분야의 본래 기획을 은폐하거나 알리바이 공작에 불과한 것으로 만든다. 결국 이는 의제 설정에 유리한 윤리적 틀로 독자를 가두고 말 것이다. 물론 그것의 공과에 대한 평가는 별도의 문제이다.

현재 일본 아베 정권하에서는 업계의 압력을 받아 초중학교 도덕의 교과 격상 문제가 떠들썩하게 검토되고 있다. 교육현장은 저작권 교육의 허술함을 지적하면서 고등학교 교과목인 '정보'와 연동하여 윤리적 요소의 강화를 예상하면서 고등교육 과정이 정보윤리라는 최종 역할을 맡을 것으로 본다. 정보윤리는 정보사회 시대에 적합한 바람직한 규범의 내면화를 달성할 것이라는 기대를 한 몸에 받고 있다.

5-1-2 방침의 공백

정보윤리를 구태의연하고 체제수호적인 보수적 학문이라고 생각하는 관점이 일반적이다. 그러나 이 학문의 내력을 보면 이런 생각이 자연스러울 수 있음을 알 수 있다. 최초 정보윤리는 1980년대 후반 컴퓨터 윤리Computer Ethics라는 이름으로 미국에서 등장했다. 이때는 애플이 매킨토시를 판매한 여명기인 동시에 인터넷의 전신인 군용 아르파넷이 미국과학재단네트워크라는 학술 네트워크로 계승된 확장기였다. 최초 컴퓨터 네트워크가 연구자로 대표되는 엘리트들에 의해 운영되고 닫힌 공동체였기에 컴퓨터 윤리는 소프트웨어나 정보의 취급을 둘러싼 전문가 윤리, 기술자 윤리의 색조가 강했다. 즉, 선량한 이들의 고귀한 의무noblesse oblige라는 성격이 짙은 것이었다.1 그러나 1990년대에 네트워크가 개방된 인터넷이 크게 늘어나면서 전문가 윤리라는 색채는 엷어진 대신 인터넷을 기반으로 하는 정보사회의 규범, 즉 정보윤리Information Ethics로 변한다. 다행히 학문의 근본원리는 컴퓨터 윤리에서 그대로 계승된다. 그 원리란 이 분야의 개척자인 제임스 무어가 1985년에 썼고 현재까지도 큰 영향을 끼치고 있는 「컴퓨터 윤리란 무엇인가?」2라는 글에 제시된 '컴퓨터 윤리(정보윤리)의 과제는 방침의 공백Policy Vacuum을 틀어막는 데 있다.'라는 견해이다. 여기서 그는 컴퓨터 프로그램으로 대표되는 무형의 지적재산에 대한 취급, 컴퓨터의 도입으로 변한 일work의 의미나 화폐의 존재의의, 컴퓨터에 의한 교육과 전통적교육의 관계, 컴퓨터 내부 처리의 비가시성invisibility, 재산이나 프라이버시 침해 및 감시surveillance 같은 뜨거운 주제들을 선취하고 있다. 이 논문은 정보윤리 분야의 참고틀frame of reference로 높이 평가받는다. 무어는 컴퓨터 기술의 진전에 따라 기존 정책이나 방침으로 다룰 수 없는 진공지대가 발생하고 이 공간에서 다양한 불법행위와 사회적 알력이 나타난다고 생각하였다. 그는 이 지대를 메꾸는 일이 컴퓨터 윤리나 정보윤리의 근본과제라고 생각한다. 진공vacuum이라는 말에 주목해 보자. 진공이란 자연 상태에는 존재하지 않거나 존재할 수 없는 **부자연**스러운 사태를 말한다. 즉, 진공은 곧바로 그 내용을 메꾸어 자연스런 상태를 회복해야 한다는 것을 말한다. 아리스토텔레스의 교정적 정의가 정보윤리라는 이름으로 행사되는 것이다. 즉, 당연히 있어야 할 방침과 정책을 통해 방침의 공백 상태라는 잠정적 과도 상태를 메꾼다는 입장이다. 혹은 신기술로 생겨난 일탈현상, 무질서를 어떻게 기존의 도덕적 틀로 회복할 것인가라는 점에서는 물론, 미봉책이나 변경, 확장을 동반하여 정보윤리 분야는 암묵적으로 기존사회와 정보사회의 연속성을 전제로 한다. 기존사회와 정보사회 간에 변화가 확인되더라도 그것은 정도의 문제인 것이다.

5-1-3 고도과학기술과 응용윤리

역사적 맥락에서 정보윤리 분야의 보수성은 한층 강화되고 있다. 보통 정보윤리는 환경윤리Environmental Ethics, 생명윤리Bioethics와 더불어 응용윤리Applied Ethics의 한 축을 담당한다. 응용윤리라고 해서 부동의 윤리적 원리가 있고 이를 새로운 현상에 적용시키고 마는 것이 아니다. 이들을 총괄하는 윤리학의 핵심 원리는 현재도 경쟁 상태에 있다. 따라서 1970년대 이후 과학기술의 고도화로 열린 윤리학의 새로운 영역으로 이 문제를 파악해야 한다. 이 시기 세계적인 규모의 도시화, 자연경관의 관광 자원화로 인해 대규모 토지개발이 일어났다. 일본의 경우 이타이이타이병, 미나마타병, 요카이치 천식 등 공해병, 공업폐수, 매연으로 인한 수질·대기오염과 자연 개발과 환경파괴로 멸종위기종이 증가했다. 이로 인해 환경을 배려Sorge[1])하고 자연을 윤리적 존재로 보아야 한다는 환경윤리가 탄생한다.3

1990년대 들어 유전자 조작을 축으로 한 첨단 의료기술이 비약적으로 발전한다. 즉, 인간 디엔에이DNA의 완전 해독을 목적으로 출범하여 2003년 해독이 완료된 휴먼 게놈 프로젝트, 같은

---

1) 역자주─독일어로 근심, 불안, 우려를 뜻함

해 영국에서 최초의 착상 전 진단 실행 덕에 성별선택과 염색체 이상검사가 **기술적으로** 가능해진다. 1996년 영국에서 배아세포를 활용한 복제양 돌리가 탄생하여 이식용 인공기관을 대량 생산하는 복제 기술의 판도라 상자가 열렸다. 일본에서는 1997년 뇌사기관 이식법이 시행되어 뇌사 상태의 인체에서 기관적출과 이식이 합법화되었다. 이 과정에서 마음$^{\nu o v \varsigma}$과 대립관계에 있으면서도 신체와 관계되는 생명$^{\beta \iota o \varsigma}$이 새로운 윤리적 존재로 발견되고 결국 생명윤리로 발전하였다.4

1970년대 자연에 대한 기술적 개조, 1990년대 생명에 대한 기술적 개조로 정복 영역을 확대해 온 고도과학기술은 2010년대에 들어 초점을 소통, 즉 사회로 옮겼다. 정보윤리는 당연히 고도과학기술이 이뤄낸 새로운 양상, 즉 미디어 기술을 통해 세계화한 소통의 재편성과 전면적 관리라는 새로운 국면을 맞이했다. 그러나 현 상황에서 정보윤리가 고도과학기술과 대결한다고 보는 것은 자연스럽지 않다.

무어는 정보기술의 발전으로 새로운 윤리적 과제가 출현한다는 점에 주목하여 응용윤리의 전개에 수반되는 역기능dysfunction을 지적한다.5 즉, 정보과학기술이 당사자에게는für es 쓸모있는 순기능이라 해도 체계 전체, 곧 우리 모두의für uns 학지적 입장에서 보자면 방해가 되거나 자기파괴적 역기능으로 나타난다는 것이다. 무어의 논의는 하이데거와 공통되는 면이 있다. 무어의 논의는 고도과학기술의 역기능을 지적하면서, 쓸모가 목적이 된 과학기술의 자체의 자기증식, 다시 말해 하이데거의 '몰아세움'으로 볼 수 있다. 다음 절에서는 고도과학기술(구체적으로는 미디어 기술·정보기술)의 도래로 열린 정보윤리 분야가 기존 윤리를 적극적으로 비판하지 못한 채 주어진 틀을 흡수하여 알력과 모순을 서둘러 메꾸려는 한계에 대해 논하고자 한다.

5-1-4 기존 도덕과 응용윤리

초기 환경윤리나 생명윤리에는 과학자 윤리, 전문가 윤리가 두드러진다. 엔지니어나 의료종사자가 기술을 활용할 때의 각오나 노블레스 오블리주로서 과학기술의 남용에 제동을 걸기 위한 규범의 기능을 맡았다. 정보윤리는 윤리적인 계몽을 통한 땅 고르기 작업이나 선발대 역할을 담당했다. 특히, 전문성이 높은 의료기술에 관한 생명윤리는 노블레스 오블리주라는 구조를 최우선으로 하는 추상적 논리가 되고 말았다. 예컨대, 장기이식에서 어떻게 생명을 연장할 것인가 같은 도덕적 문구로 포장된 경우처럼 말이다. 이 경우 응용윤리는 과학이 기존 도덕에 종속되는 선전 활동으로 변질된다.

환경윤리, 생명윤리에서 주목할 것은 기존 도덕을 상대화하는 방식으로 새로운 윤리적 틀을 만들어내고 있다는 점이다. 환경윤리의 경우 인간만을 윤리적 주체로 파악하는 기존의 틀을 문제 삼고 대지, 동물, 식물처럼 자원에 불과했던 존재들을 윤리적 주체나 당사자로 위치 짓는다.6 근대적인 의료기술의 발전은 신체와 불가분의 존재인 인간의 생명$^{\beta\iota o\varsigma}$을 단순한 의식과 대비시킨다. 데카르트의 심신이원론에 따르면, 의식을 지닌 정신mens을 뜻하는 사유res cogitans는 '물질＝신체'corpus로서의 연장res extensa에 비해 존재론적으로 우위에 선다. **의식이 없는** 뇌사 상태의 인간은 **의식을 지닌** 인간에 의해 '자원＝물질'로 간주된다. 결국 이는 의식 중심적 세계관을 낳고 말았다.7

환경윤리, 생명윤리 어느 것이든 고도과학기술이 연 윤리적 공백 상태를 계기로 기존의 도덕적 틀을 상대화하고 새로운 윤리적 지평Horizont, 새로운 세계관Weltanshauung을 제시한다. 이에 비해 정보윤리는 기존의 도덕적 틀에 갇혀 윤리적 공백 상태에 직면했고, 결국 예외 사례 중심의 미봉책으로 대응하고 말았다.

물론 리차드 스톨만 같이 1984년 프리 소프트웨어 재단을 설립하여 저작물 공유에 관련된 카피라이트나 카피레프트 개념을 제시하여 기존 소유 개념을 질문한다거나,8 로렌스 레식처럼 창조성의 관점에서 저작권을 바라보고 창조물의 공유 가능성을 탐구하기도 하였다.9 또, 리눅스Linux의 창시자 리누스 토발즈를 숭배하면서 무제한으로 정보에 접근할 수 있어야 한다는 주장도 있었고, 네트워크를 통한 무정부적 세계 연대를 주장하는 해커 윤리가 제창되던 때도 있었다.10 그러나 이런 대항 운동은 소유, 저작권, 창조성 같은 개별 논의에 한정되어 결국 기존의 윤리적 틀을 따를 수밖에 없었다. 랭던 위너 풍으로 말하자면 사이버 지상주의cyberlibertarianism에 결박된 것이다.11 처음 나올 때만 해도 존칭의 의미가 있었던 해커hacker라는 칭호는 오늘날 전자범죄자의 별칭에 불과하다. 요컨대, 환경윤리, 생명윤리에 비해 정보윤리는 현재의 도덕과 윤리적 틀을 **총체적으로** 상대화하고 이를 넘어설 논의를 제시하는 수준에 이르지 못했다.

따라서 정책담당자나 현장 엔지니어가 문제 사례를 검토할 때 기존 관습을 따르는 것 외에 사실상 방법이 없는 셈이다. 기존의 윤리적 틀을 답습하면서 정보사회를 살아내기 위한 생존술은 사상적 퇴보를 넘어 정책 도구나 선전 도구로 전락하였다. 이하에서는 체제 순응적인 정보윤리를 타산지석 삼아 고도 미디어 기술이 연 새로운 지평의 윤곽을 그리고자 한다. 체제수호적 성격을 벗어난 총체적 정보윤리의 지평을 탐색해 보자.

5-2 윤리/도덕의 본질과 역사적 전개

5-2-1 윤리의 본래 의미는 무엇인가

일반적으로 윤리Ethik를 제3자적 시각에서 보자면 문서화되지 않은 수준, 즉 법과 구별되는 수준에서 공동체 전체의 기능을 담당하는 사회 기제라고 규정할 수 있다. 윤리는 법처럼 강제를 위한 기관이나 조직이 존재하지 않기에 각 공동체 성원에게 내면화된 형태로 존재한다. 일반적으로 이 내면화된 규범을 도덕Moral으로 부르지만 실제로 양자는 교환 개념Wechselbegriff처럼 쓰인다.12

그러나 이런 설명을 받아들이기는 쉽지 않다. 무언가 중요한 것이 빠졌다는 인상을 지울 수 없는 것이다. 실제 앞서 규정은 윤리와 도덕의 절반만 말하고 있다. 앞서 규정에서 결여된 것은 무엇일까? 도덕을 근본적인 수준에서 정당화할 수는 없다. 예컨대, '왜 사람을 죽이면 않되는가.'라는 물음이나 '거짓말을 해서는 안 되는' 이유를 생각할 필요는 없는 것이다. 일상적으로도 거짓말을 해서는 안 된다고 알고 있다. 만일 그렇게 생각하지 않는다면 사회적 파탄자, 부도덕한 자, 즉 거짓말쟁이로 간주되어 추방이 아니더라도 묵살되는 방식으로 해당 공동체로부터 사실상 배제된다.

이런 ① '자명＝무근거'성을 기초로 주어진 사실성 및 ② 내면화된 규범에도 불구하고 개인의 자의적 운영을 넘어 행위를 구속하는 초월성이 도덕에 존재한다.[13] 도덕이 인위적 기원을 가진다 해도 ①의 성질로 인해 마치 사물처럼comme des choses 존재하며 제2의 자연seconde nature을 이룬다. 사물의 존재 이유를 묻는 사람은 없기 때문이다. 또, ②의 특징으로 인해 도덕은 공동체에 속한 사람들의 행위를 일정 방향으로 속박하는 보편적 법칙의 성격을 지닌다. 다만 그 보편성은 자연계를 통합하는 물리법칙과 달리 앞서 거짓말처럼 배경으로 존재한다. 사상사적으로 이런 도덕 법칙이 가진 초월적이고 보편적인 성격은 물리 법칙과 구별되는 타당함Gelten으로 불려 왔다.

우리는 윤리의 이런 이면성, 즉 제3자적 입장에서für uns 사회 통합 원리로 이해되는 한편, 공동체 당사자에게는für es 초월적 사실로 나타나는 야누스적 성격을 인식해야 할 것이다.[14] 윤리는 늘 체계, 문맥상 공동체라는 체계에 상대적이다. 때문에, 체계와 동떨어진 윤리를 말하는 것, 즉 체계를 초월한 절대적 '선'을 주장하는 것은 넌센스이다. 왜냐하면 '선'이란 해당 체계에서만, 이 문맥상 공동체 체계의 통합에 의해 '선'에 불과한 것이기 때문이다. 외부에서 체계를 관찰하는 사람 입장에서 이는 통합을 저해하는 것이며 해당 체계가 배제한 '악'과 동일한 위상을 띤 '선/악' 구별을 위한 항목에 지나지 않는다. 즉, 체계 외부에서 관찰하면 '선/악'이라는 구별만 사실로 존재하기 때문이다.

그런데 체계 내부에 있는 사람에게는 이것이 전부이기에 체계 자체를 볼 수 없다! 왜냐하면 '내부/외부'라는 구별은 외부에서 처음 발견되는 것이며 내부에 있는 사람 쪽에서 보자면 외부는커녕 내부 개념조차도 존재할 수 없기 때문이다. 이 구별의 소거는

'선/악'의 구별도 없앤다. 그가 볼 수 있는 것은 '악'이 배제된 이후에 남은 '선' 뿐이다. 체계 내부에서 구별의 항목에 불과했던 '선'이 '악'과 더불어 전권을 휘두르며 보편성과 초월성을 획득한다. 즉, '선'은 늘 선하고 '악'은 늘 악하다는 식의 '선'을 선호하는 사태가 성립하는 것이다. 체계 내부의 타당성은 체계 내부의 사람에게 '할 것!, 하지 말 것!'이라는 절대명령, 도덕적 당위 Sollen의 형태로 긍정적 가치, 즉, '선'만을 장려하고 반대 가치, 즉 '악'은 배제한다. 체계 외부에서 구별의 사실성에 불과했던 것이 체계 내부에서는 초월적 타당성으로 변모하는 것이다. 이것이 도덕적 가치의 타당함이라는 사태의 기제이다.

유의할 것은 이 도덕적 가치의 보편성과 초월성이 체계 내부에서만 유효하다는 점이다. 체계 밖으로 나간 순간 도덕적 가치의 타당성과 당위성은 구름처럼 사라진다. 예컨대, 이슬람에서 절대적인 도덕적 '선'으로 간주되는 여성의 히잡 착용은 공동체 외부에서는 특별한 가치가 없다. 체계 외부의 관찰을 통해 체계와 더불어 반가치 또한 시야에 들어오기 때문에, 가치와 반가치는 등가성을 띠게 된다. 결국 윤리의 야누스적 이면성, 체계 상대성은 관점의 전환에 따른 도덕적 가치의 '출현/소멸'이라는 사태와 맞물려 있다.

5-2-2 공동체의 변천과 도덕

원시 공동체, 예컨대 씨족clan 사회와 같은 소규모의 지연 공동체로 이루어진 분절적segmentät 사회에서 '선'은 신화에 나온 신들의 업적, 전설에 나오는 영웅의 행위처럼 본받을 만한 인격의 구체적 행위를 따른다. 반면 부정적 가치로서의 '악'도 본보기나 따돌림 같은 반면교사로 삼을 만한 구체적인 사례가 된다. 이 사회는 법이 명확히 분화되지 못한 채 아직 관례를 따르고 있는 것이다. 즉, 분절적 사회에서는 당연시되는 도덕이 공동체에 내장되어 있기에 그것을 반성하거나 의문시하지 않는다. 물론 제3자적 입장에서 보았을 때 이는 공동체 통합의 원리로 기능한다. 공동체의 성원은 공동체와 일체화되어 살아가기에 제3자의 시점을 이해할 여지가 없다. 헤겔은 공동체와 일체화되어 성원으로 살아가는 원초적 도덕의 모습을 그리스어로 관습을 뜻하는 에토스ἦθος, 라틴어로 인륜Sittlichkeit이라고 명명하고 이를 따르는 이상적 공동체를 꿈꾸었다. 여기서 어근인 'Sitte'는 관습을 의미한다.15

공동체가 서로 얼굴을 알 정도로 소규모를 유지할 때에는 대면적 상호행위interaction를 통한 간섭coherence의 효과로 통일이 쉽고 그 질서도 유지된다. 그리고 공동체의 질서가 지켜지는 한 도덕이 실제로 기능한다. 즉, 공동체 성원의 삶에서gelebt sein, be lived 도덕은 사회적으로 문제시되지 않는다. 그러나 닫힌 지연 공동체 집단인 분절적 사회가 교역이나 전쟁으로 합종연횡을 거듭하면 사정은 달라진다. 상이한 습속과의 접촉은 지금까지 자명하게 따라온 도덕에 외부가 존재함을 알게 하는 동시에 도덕의 상대성을 알게 해준다. 다시 말해 '선'이란 공동체 성원에게 in 무의식적으로 사는 것에서 성원에 의해durch 의식적으로 제어되는kontrolliert 대상임을 알게해 주는 것이다. 이 단계 초기에 개별적, 구체적인 행위와 구별되는 도덕 자체가 사회로부터 분리된다.

18세기 들어 생긴 시민사회는 욕망의 체계로서 복잡함과 위태로움의 증가를 수반하였다. 우선 지연 공동체가 원자적 개인으로 해체되어 상이한 수준의 복수적이고 인위적인 유사 공동체로 개편된다. 개인의 욕망을 축으로 편제된 경제적 공동체의 성원으로서, 다음으로 각 개인이 의무와 권리를 가진 국가 공동체 성원으로서, 마지막으로 호혜를 통해 개인들이 행복을 추구하는 복지 공동체 성원으로 개편된다. 문제는 각각의 유사 공동체가 지향하는 '선'이 다르기에 배타적 관계를 낳는 경우마저 생긴다. 여기서 여러 '선' 간의 우열을 확정하고 충돌을 조정하는 역할을 맡는 것이 도덕철학Moralphilosophie이다.

도덕철학에는 어떤 유사 공동체를 우위에 두고 적응해 나가는 변이가 일어난다. 버나드 맨드빌과 애덤 스미스는 경제적 공동체의 '선'을 최우선에 두고 의식적인 도덕 행위에 의존하여 맨드빌의 경우 이기심Private Vices16, 스미스의 경우 공감Sympathy17을 통한 공동체의 자정 기능을 강조한다. 즉, 각 개인이 영리 행위에 종사하는 것이 결과적으로 공동체 통합이라는 '선'을 실현한다는 것이다. 예컨대, 칸트는 프로이센의 충실한 신민으로서 국민국가 공동체의 '선'을 바탕으로 목적의 왕국Reich der Zwecke이라는 인격 공동체 성원을 위해 그들에게 의무Pflicht를 부과하는 것이야말로 '선'임을 설파한다. 의무의 내용은 도덕률Moralgesetz이라는 형식적 검증, 곧 공동체 모두가 그 의무를 수행할 때 어떤 모순이나 어긋남도 없는 이라는 검증을 통과하여 보편성과 선함을 보증받을 때 인정된다.18

제레미 벤담은 복지 공동체를 최우선에 두면서 쾌락의 증대와 불쾌의 감소를 '선'으로 규정한다. 공동체 성원의 쾌락이 다른 성원에게 불쾌일 수 있지만, 공동체의 쾌락의 총량과 불쾌의 총량을 합산할 때 쾌락이 최대화된 사회에 '행복＝복지'welfare라는 최고 '선'이 실현된다는 것이다.19 유사 공동체에 맞춰 각각의 도덕철학이 인정되는 '선'이 상이한 것은 당연하다. 그러나 이들의 공통점은 ① '선'의 기초가 고도의 기교에 기반한다는 점, ② '선'의 규정에서 내용의 결여, 즉 '선' 규정의 추상성이다. 사회는 복수의 유사 공동체를 포함하기에 통합을 위한 도덕 관리 또한 추상적인 것이 된다. 중요한 것은 도덕철학의 등장으로 처음으로 '선'이 도덕에 의해 실현되어야 할 과제로 사람들에게 의식되기 시작한다는 점이다. 동시에 현실은 '선'의 결여 상태, 다시 말해 '악'이 혼재하는 '선'의 결여 상태privatio boni임을 알게 해준다.20 사회의 윤리나 도덕을 주제화하는 것 자체가 이미 병리적 징후이자 사회적 기능부전의 지표가 되어버리는 것이다.

5-2-3 윤리와 도덕

지금까지 근거없이 논해 온 윤리와 도덕 개념을 규정해 보자. 윤리Ethik는 그리스어로 관습을 뜻하는 에토스, 도덕Moral은 라틴어로 관습을 뜻하는 모레스mores로서 어원상의 차이는 없다. 양자가 동의어로 사용되고 교환 개념으로 간주되는 것도 무리는 아니다. 그런데 양자를 확연히 구별해 주는 중요한 논의가 있다.21

먼저 헤겔의 논의이다. 헤겔은 윤리, 그의 표현으로는 에토스를 라틴어로 계승한 '인륜'을 명확히 도덕의 상위에 둔다. 그가 도덕이라는 말에서 전제하는 것은 칸트의 도덕철학이다. 칸트의 경우 자율적 개인이 존재하고 이들이 모여 사회라는 유사 공동체를 국민국가의 틀 내에서 구성한다. 도덕이란 개인이 사회에 속할 때 조화를 이루기 위해 **바깥에서 강압적으로** 부과하는 형틀이다. 이 형틀이 내면화되어 '자발성Spontaneität = 자유Freiheit'나 도덕률에 대한 존경을 통해 개인의 자율성이 다듬어진다. 그러나 실제로 칸트에게 도덕은 개인의 자유를 구속하는 의무의 강제와 다름없다. 여기서 헤겔은 개인과 공동체의 분열을 본다. 그리고 양자가 일체화되어 각 개인이 공동체에 들어가지 않고도 각자의 개성을 최대한 발휘할 '우리로서의 나=나로서의 우리'Ich das Wir, und Wir, das ist 22라는, 분열을 지양aufhheben할 가능성을 윤리로 부르고 이를 도덕과 대립시킨다.23

둘째, 와츠지 데츠로의 구별이다. 와츠지의 윤리학은 헤겔을 채용하여 대일본제국의 **국체호지론**2)을 위해 헤겔 윤리학과 유사하면서도 독자적인 구별을 수행한다. 헤겔처럼 윤리에 비해 도덕을 폄하하는 발상이 아니라 윤리와 도덕이 국체호지의 두 축을 이룬다고 본 것이다. 그에게 윤리는 사람 사이의 관계를 지배하는 인간의 존재론적ontologisch 원리이다. 이에 비해 도덕은 존재론적 원리로서 윤리를 구체적으로 나타내는 현존재 형태 Daseinsformen, 현상 형태Erscheinungsformen이다.24 예컨대, 윤리가 일본이라는 국가에 나타날 때 그것은 국체와 불가분의 국민**도덕**이라는 현존재 형태를 취한다. 반면 그것이 인간의 내면에 나타

---

2) 역자주—국체론은 일본제국 시대의 사회기본이념으로, 일본 천황이 통치하는 나라의 체제를 가리킨다. 국체론이 처음 등장한 사건은 1890년에 발포된 교육 칙어이다. 교육 칙어는 일본제국 헌법에서 규정한 일본 천황 통치 체제를 '국체의 정화'라고 불렀다. 일본제국 시대 말기에는 문부성이 '국체의 본의'을 전국에 배포하고, 폭력적인 천황 통치 체제를 찬양하도록 강요했다. 특히 제2차 세계대전은 '국체 수호'(일본 천황가의 유지)를 위해 종전이 줄줄이 지연되고 히로시마·나가사키 핵폭격에 이르기까지의 공습을 불러일으켰다.

날 때 도덕의식이라는 형태를 취한다는 것이다.25

셋째, 이론사회학자인 니클라스 루만의 구별이다. 루만은 체계
의 '내부/외부'라는 구별에 입각해 양자를 구별한다. 그는 근거
없이 명령이나 금지로 나타나는 긍정적이고 초월적인 가치를 도
덕으로 본다. 이에 비해 체계 외부의 관찰을 통해 반대 가치를
포함한 공동체 통합기능을 가시적인 수준에서 제시하는 것을 윤
리라고 본다. 즉, 체계 바깥에서 관찰하여 내부 도덕을 반성
Reflexion하는 것이 루만이 생각하는 윤리이다.26 이 구별을 따르
면 18세기에 공존했던 어떤 도덕철학 학파도 칭호는 도덕이지만
실제 우위에 둔 것은 윤리였다.27 루만의 구별은 학설사적 문맥
을 무시하더라도 상당히 독특한 것이지만 이 지적은 중요하다고
하겠다.

이러한 세 가지 구별을 참고하여 도덕과 윤리를 개념적으로
파악할 수 있다. 도덕은 헤겔의 지적처럼 자율적 개인에 기반한
다. 때문에 그것은 와츠지, 루만처럼 체계 내부의 개인을 **내면적
으로** 구속하는 심리적 차원의 의식적 사실이다. 반면 윤리는 루
만의 지적처럼 체계 외부에서 관찰하여 최초로 도덕을 통합하는
기능을 담당한다. 윤리가 체계 외부의 관찰을 통해 이루어지는
한 그것은 와츠지가 말한 체계 내부의 존재자das Seiende를 규정
하는 존재론적 원리라고 할 수 있다. 또, 체계를 공동체 체계로
이해**한다면**, 개인과 공동체 간의 대립 관계가 헤겔과 달리 **어떤
의미에서** '지양'되고 있는 것이다. 이 경우 윤리란 내부적 도덕에
의해 통합이 **완성된 후** 공동체 체계 외부에서 벌인 **사후적** 관찰
에 지나지 않는다an sich=für uns.28

이상의 구별은 루만의 생각을 기초로 한 것이지만 유의할 것

은 적어도 그의 구별이 관찰에 의한 서술 수준의 구분이라는 점
에서 실천적 함의를 완전히 배제하고 있다는 점이다. 이에 비해
와츠지의 도덕이나 헤겔의 윤리에는 명확히 실천이 상정되어 있
다. 이후 논의에서는 개념으로서의 '윤리/도덕'과 실천적 함의를
지닌 '윤리/도덕'의 차이를 살펴보자.[29]

5-3 미디어의 발전과 윤리

5-3-1 미디어와 윤리

20세기 들어 사회는 지연 공동체를 확장한 결과 국가에 필적
하는 존재, 경우에 따라 국가를 넘어서는 존재가 된다. 이런 사
회의 급속한 확장과 팽창을 낳은 것은 19세기 후반에 등장해 20
세기 들어 기술혁명을 바탕으로 급속히 보급된[30] 신문, 잡지, 영
화 중심의 대중매체였다. 물론 한계는 있지만 국가 내부의 무질
서는 법을 통해 외부에서 교정할 수 있다. 국제적 양상을 띠는
사회에서 법의 효력을 기대하기는 힘들다. 대신 도덕이나 윤리
수준에서 해결을 구해야 하는 것이다.

이를 배경으로 미디어와 윤리의 관계가 사회적으로 대두된다.
이를 상징하는 사건이 1930년 미국 영화계에 도입된 윤리 규정
인 헤이즈 코드Hays Code[3])로서, 학계에서도 미국의 사회학자인
찰스 쿨리나 철학자 존 듀이, 영국 페이비언 회원인 정치학자 그

---

3) 역자주 ─ 미국 영화의 검열 제도이다. MPPDA에 의해 1930년에 도입
   이 결정되어 1934년부터 실시되었다. 1968년 폐지되었다. 이 검열은
   미국의 상업 영화에서 도덕적으로 받아 들여지는 것과 그렇지 않은
   것을 확실히 하기 위한 것이었다.

라함 월러스 등이 이 문제에 관심을 가졌다.31 그들은 대중매체가 기존의 지연 공동체나 쿨리가 말한 일차 집단primary group의 조화와 통일성을 일거에 무너뜨려, 월러스가 말한 대사회the Great Society로 발전할 것이라고 보았다. 지연 공동체에서 통합원리로 기능했던 윤리가 대사회에서도 기능할 수 있을까? 또, 그것이 기능한다면 어떤 윤리일까?

제2차 세계대전과 냉전기에 대중매체는 정치 선전 도구로 간주 되었다. 이 시기 행동주의적 심리학을 이용한 연구가 주류를 이루었다. 이 사조의 퇴조 이후 통계적 방법을 통한 사회심리학적 연구가 주류를 차지한다. 때문에 미디어와 윤리를 둘러싼 논의는 학계에서는 식어버렸고, 동시에 언론 현장에서는 전문가 윤리, 즉 전문성과 사명감을 띤 언론인의 직업윤리, 곧 노블레스 오블리주로서의 언론인 정신도 유지되지 못했다. 그 결과 학계와 언론계가 야합하여 연구 수준도 떨어지게 된다. 그 영향력은 현재까지 미치고 있다.

이런 동향에 대해 대중매체에 대한 역사적 접근을 통한 새로운 시야를 연 것이 1950년대 해롤드 이니스가 창설하고, 1960년대 후반 마셜 매클루언의 등장으로 세를 확장한 미디어론이다.32 혹자는 매클루언을 의심할지도 모르겠다. 왜냐하면 그는 자신의 이론을 광고 문구로 쓰는 걸 허락할 정도로 미디어에 자주 등장했기 때문이다. 그러나 현재 학계에 강고하게 남아있는 이런 시각은 큰 오해이다.33 미디어론은 스타일 상 경박하게 보일 수 있지만 두 가지 문명사적 의의를 지니고 있다. 첫째, 각각의 미디어 생태계가 정보 전달이나 보존에 사용하는 사회의 구조에 주목했다는 점이다. 둘째, 20세기에 등장한 새로운 미디어 생태계

를 인간의 존재 조건과 결부시켜 전체 미디어사 속에서 파악했
다는 점이다. 또, 그것은 가톨릭을 기반으로 한다. 그러나 윤리
적 성격도 강하다. 한 마디로 미디어론을 장착한 하나의 윤리학
적 기획인 것이다.

매클루언으로 대표되는 토론토 학파의 미디어 생태계는 '음성
→ 손으로 쓴 문자 → 활자 → 대중매체(텔레비전)'로 이동해 왔
으며, 이 중 이상적 상태는 음성적 사고방식이다. 왜냐하면 음성
은 대면적 상호행위를 통해 전체와 개인이 일체화되어 이상적인
공동체를 실현하기 때문이다. 손으로 쓴 문자적 사고방식에서도
문자의 유일성이 장소의 특권을 담보하며 공동체의 통합을 유지
한다. 그런데 활자적 사고방식에서 문자의 대량 복제가 기술적
으로 가능해 지고, 문서가 보존되는 장소가 상실되는 동시에 책
이 각 개인의 손에 쥐어진다. 이로 인해 독서라는 행위가 개인의
내면적 행위-묵독 기술의 보급이 그 증거이다-로 변환된다.
개인주의와 내면화의 장려로 인해 공동체는 원자적 개인으로 해
체된다. 이렇듯 미디어 사관은 미디어 기술의 발전사를 사회적
통합의 해체의 역사, 공동체 윤리의 붕괴 과정으로 파악한다.

미디어론자들은 가톨릭 교회 공동체를 이상화했기에 『성서』
의 보급으로 늘어난 프로테스탄스에 대해 부정적이다. 그러나
프로테스탄트 중에도 주류파의 박해로 부득이하게 자신들만의
정체성을 갖게 된 이들도 있다. 예컨대, 재세례파에 속하는 메노
나이트나 아미쉬가 그러하다. 그들은 미디어 기술이 가진 공동
체 해체의 잠재적 위력에 대해 예민하다. 때문에 응집성 높은 공
동체를 유지하기 위해 일체의 미디어 기술을 축출하는 격렬한
반응을 보였다. 전화, 라디오, 텔레비전 등 『성서』 외의 책을 금

지시켜 개인의 도덕이 공동체 전체에 내면화되게 하였다. 이는 공동체 외부에서 강제된 것이 아닌 '럼슈프링어'Rumspringa[4]) 기간 동안 자발적인 세례 이후 갖게 된 도덕이기에 개인과 공동체의 일체화를 이끈다. 대사회와의 절연을 통해 공동체의 동일성을 얻은 이들이 성원으로 선택된다.[34]

가톨릭 전통에 속하는 미디어론자의 대안은 이들과 크게 대조된다. 이들의 방책은 미디어 기술과 절연하여 공동체 통합을 강화하는 프로테스탄트 소수파의 은둔자 전술과 반대이다. 대신 미디어 기술의 전면화를 통해 붕괴된 공동체 윤리를 회복하는 일종의 '죽음 속에서의 부활'이라는 시나리오를 제시한다. 예컨대, 매클루언은 텔레비전을 증폭된 음성 미디어로 간주하고 그것 덕분에 지구 규모로 확장된 대사회가 지구촌이라는 유사 공동체로 재편되어 윤리적으로 통합되길 기대하였다.

5-3-2 도덕의 영도로서의 미디어

나는 매클루언, 월터 옹, 프리드리히 키틀러로 이어져 온 통찰을 심화한 미디어론적 시각, 특히 미디어를 매개로 한 사회체계의 자기지시적 강화 기제에 대한 해명을 높이 평가한다. 미디어와 윤리의 관계를 생각할 때, 보통 윤리가 미디어를 제어한다고 본다. 헤이즈 코드는 전형적 사례로서 오늘날 정보윤리의 바탕에 있는 발상이다. 예컨대, 미디어 리터러시, 저작권 문제, 프라이버시 침해는 어떤 것이든 미디어의 월권과 일탈을 윤리로 제어하고 처리하고자 한다.

---

4) 역자주−14~16세의 아미쉬 공동체 청소년들이 공동체를 잠시 떠나 평생동안 아미쉬 공동체의 일원이 되길 선택하는 기간

그러나 사태는 단순하지 않다. 미디어의 월권에 대항하고, 미디어의 일탈을 막기 위한 개인 내면의 규범화, 즉 개인의식의 도덕화는 사회화socialization를 포함한 광의의 교육이다. 교육은 한 시대에 지배적으로 유통되는prevailing 주도적 미디어에 의해 이루어진다. 이때 주도적 미디어는 실제 사용되는 것이기 때문에 대상으로 전경화되지 않은 채 맹점으로 남는다. 즉, 주도적 미디어는 그 시대와 사회의 교육을 포함한 비가시적 소통의 환경을 이룬다. 사회 내부에서는 주도적 미디어의 사용이 자명한 것이기에 표층적 현상은 보더라도 그것이 담당하고 있는 본질적 기능은 보지 못한다! 예컨대, 텔레비전이라는 미디어의 성격은 그것이 주도적 미디어인 사회에서는 자명성을 느끼기 어렵고 사람들은 그 내용만 쳐다본다. 텔레비전의 성격이 드러나는 것은 오히려 인터넷의 보급으로 주도적 미디어로서의 지위를 잃고 그 사고방식의 바깥에서 관찰당할 때이다. 매클루언의 경구인 '미디어가 메시지이다.'The Medium is the Message라는 미디어적 사고방식의 폐쇄성과 외부 관찰을 통한 자기지시 구조의 가능성을 지적한 것이다. 따라서 미디어 기술은 사회적 아프리오리soziales Apriori나35 사회의 가능성의 조건Bedingung der Möglichkeit이 된다. 때문에, 그것은 도덕의 영도degré zéro이다. 즉, 미디어라는 기반에서 최초 도덕이 성립한다는 점에서 늘 각 시대에 따른 미디어의 제약이 존재한다. 결국 칸트의 도덕률 같은 무제약적이고 타당하며, 보편적인 도덕이 미디어적 현실 너머에 존재할 수는 없는 것이다. 오히려 그의 도덕률이 채용하는 잠언Maxime이라는 형식은 이미 어떤 미디어적 제약을 포함하고 있다.

매클루언은 이런 인식을 바탕으로 미래를 전망한다. 텔레비전이라는 미디어가 낳을 새로운 도덕을 바탕으로 지구촌을 구상한 것이다. 그런데 텔레비전의 보급은 가구당 한 대를 넘어 사람당 한 대로, 이것도 모자라 모바일기기로 보는 원 세그one seg5)도 가능해진 복수기기 시대로 넘어왔다. 텔레비전은 절정기인 1980년대 이후 공동체 통합과는 반대로 개인주의를 조장하여 그것을 일찍 해체하는 데 기여했다. 1990년대 후반 인터넷의 급속한 보급을 배경으로 지구촌을 실현한 것은 텔레비전이 아닌 인터넷으로서 매클루언 사상의 부흥도 이때 일어났다. 그러나 정보윤리 붐처럼 현재의 문제는 사회적 무질서의 주요인이 **바로** 인터넷에 있다는 점이다. 우리는 윤리에 대한 미디어의 제약이라는 매클루언의 통찰과 더불어 그가 기대한 미디어 기술의 진전을 통한 공동체 윤리의 부활 따위의 몽상과는 단절해야 할 것이다. 그런 시나리오에는 약간의 가망도 보이지 않기 때문이다.36

5-3-3 인터넷과 세계사회

17세기 이후 유럽 각지에서 일어난 시민혁명을 중심으로 확대된 사회는 18세기에 이르러 국가의 틀을 넘어서기 시작했다. 유사 공동체에 불과했던 사회는 통합을 위해 모든 개인을 내부에서 통일하는 도덕철학적 기획을 필요로 하였다. 20세기 들어 사

---

5) 역자주 — 일본의 디지털 휴대 이동 방송 서비스 명칭. 일본의 지상파 디지털 방송(ISDB-T) 신호는 6MHz 대역에 13개의 세그먼트로 이루어져 있고, 방송 서비스 품질에 따라 세그먼트양을 가변적으로 사용한다. 고선명 텔레비전(HD텔레비전) 방송은 13개 세그먼트를, 디지털 표준 텔레비전(SD텔레비전)은 5개 세그먼트를 사용하고 있으며, 휴대 이동 방송 서비스인 원 세그는 1개의 세그먼트를 이용해 2006년 4월부터 방송을 실시하고 있다.

회는 대중매체의 패권을 등에 업고 기존 지연 공동체의 확장을
거듭한 결과 대사회로 진화하였다.37 20세기 초 미국 사회학의
주요 테마인 전통 공동체의 붕괴(윌리엄 이삭 토마스, 플로리안
즈나니에츠키38, 찰스 쿨리39, 로버트 모리슨 맥아이버40), 도시
(로버트 파크, 에르네스트 왓슨 버제스41)는 대사회가 낳은 도덕
적 차원을 포함한 여러 차원의 모순과 알력 그리고 병리 현상에
대한 학계의 반응이었다. 라디오나 텔레비전의 등장과 보급에
따라 대중매체를 지렛대로 한 사회의 확장은 20세기 후반에도
약화되지 않았다. 이 시기 미디어가 사회를 규정한다는 매클루
언 등의 미디어론이 등장하였으며, 역으로 미디어가 윤리를 규
정한다는 점도 포함한다.

우리는 19세기 후반에서 20세기에 걸쳐 윤곽을 드러낸 대사회
가 지구 전체를 덮을 것으로 예측한 매클루언의 혜안을 인정해
야 할 것이다. 문제는 매클루언이 예언한 지구 규모의 대사회,
즉 지구촌이 대중매체라는 미디어 생태계를 기반으로 구상되었
다는 점이다.42

미디어 생태계로서의 대중매체의 특성은 위계성에 있다. 그것
은 신문, 잡지, 영화, 라디오, 텔레비전처럼 미디어 기술과 무관
하게 정보 배포에서 권위주의적인 중앙통제, 즉 '방—송'broad-
cast43이라는 정보유통 체제를 취한다. 매클루언은 떼이야르 드
샤르댕의 정신권Noosphère이라는 말을 대중매체 시대에 적용하여
지구촌이 부활하길 희망하였다. 대중매체가 지닌 위계적 구조가
인류의 도덕의식을 통제하여 이상적 가톨릭 공동체가 부활하길
바란 것이다.

매클루언의 예언대로 21세기 들어 전지구적 대사회가 출현하

였다. 다만 그의 예언과 달리 대사회는 텔레비전으로 상징되는 대중매체가 아니라 인터넷의 급속한 보급으로 완성된 새로운 네트워크 미디어 생태계에 의존한다. 지구촌 계획은 완전히 좌절되었다. 왜냐하면 네트워크 미디어 사고방식에서는 단일한 도덕을 통한 사회의 윤리적 통합을 좇는 위계성의 장소가 어디에도 없기 때문이다.

네트워크net-work미디어의 특징을 대중매체의 구조인 '방-송'broad-cast과 비교해 보자. 우선 정보유통 면에서 ① 이차원적 평면성과, ② 무중심성 혹은 범중심성을 거론할 수 있다. 네트워크 정보의 흐름은 대중매체처럼 동일한 정보가 하나의 정점, 예컨대 방송국에서 아래 주변부인 대중으로 흘러 들어가는 방식이 아니다. 잡다한 정보가 무질서하게 교착한다. 거기에는 정보의 유통을 제어하기 위한 특권적이고 고정된 장소가 없다. 존재하는 것은 정보의 흐름뿐이며 이들의 위치가 우발적으로 교대되면서 하나의 노드로서 시시각각 현재화될 뿐이다.

네트워크와 노드가 만들어낸 지형은 평면적이지 않다. '고정 닉네임'이라고 부르는 약간 높은 구릉지가 존재하고 롬ROM: Read Only Member으로 불리는 저지대도 있다. 대중매체가 첨탑 같은 고층 건축물이라면 전체로서의 네트워크는 다수의 구릉지가 오르내리며 끝없이 이어지는 평지나 무수한 고원mille plateaux과 같은 이미지를 가진다. 거기에서는 노드 각각이 상대적으로 네트워크의 중심을 이루기 때문에 전체적으로는 중심이 없다.44 이와 같은 네트워크 미디어적 사고방식을 기반으로 지구 규모의 사회가 이루어진다. 우리는 루만의 말을 빌려 이를 세계사회 Weltgesellschaft로 부를 수 있다.45

5-3-4 세계사회에서 윤리의 불가능성

세계화가 낳은 국경의 해체로 세계사회가 된 것이 아니다. 본래 그것은 지리적·공간적 개념이 아니다. 루만은 직접 대면적 상호행위Interaktion나 조직Organization과 구별되는 것으로서 사회 Gesellschaft를 말했지만, 이때 세계사회와 사회는 기능적으로 완전히 일치한다. 즉, 그것은 사방으로 생성되는 연쇄의 총체로 정의된다. 여기서 주의할 것은 사회의 실체는 **비인칭적** 소통의 총체ensemble인 반면, 공동체Gemeinschaft는 인격person의 총화sum나 그 관계relations를 가리킨다는 점에서 양자가 완전히 다르다는 것이다.[46]

루만이 사회와는 다른 세계사회라는 개념을 내민 이상 사회의 잠재성과 함의를 드러낼 필요가 있다. 이는 역설적이지만 사회의 유일성Einzigkeit에 대한 강조이자 다원적 분산화에 대한 강조이기도 하다. 사회가 하나의 총체라고 할 때 그것은 의미론적으로, 또 인터넷을 통해 물리적으로 연결된다는 점에서 **단일한** 의사소통 네트워크, 즉 세계사회로 수렴될 수밖에 없다. 정보사회에서는 복수의 사회societies를 말한다는 것이 임시방편에 불과하다. 루만의 시각에서 세계사회는 법, 경제, 학문, 예술과 같은 각각의 영역이 독자적인 방식으로 세계성Weltheit을 획득하고 보편화를 이룬다. 이 경우 보편화는 특정한 영역의 사회통합을 말하는 것이 아니다.

18세기 도덕철학 기획에서는 각 영역에서 우열의 차이가 나고 위계의 최상위에 있는 영역의 '선'이 유사 공동체로서의 사회 전체를 통합하는 보편적 '선', 절대 '선'이 되었다. 그러나 세계사회에서는 각 영역의 '선'이 완전히 등가를 이루어 서열이 없어진다. 각 영역의 세계성이 지닌 보편성이란 세계를 관찰할 때 관점의 보편성을 뜻할 뿐이다. 예컨대, 경제적인 관점을 채용하는 한 insofern 세계는 경제적 가치를 기반으로 드러난다. 동시에 법적 관점을 채용했건 아니건 지금까지 세계를 지배해 온 가치는 소실되고 이제 법적 가치로 물든 세계가 출현하게 되었다. 즉, 각 영역의 세계성이 교환가능성을 함의하기에 세계사회는 상이한 차원의 복수적 '선'을 포괄하면서 이루어진다. 여기서 절대적 우위를 주장하는 '선'이란 있을 수 없고 결과적으로 도덕이 각 영역에 분산된다. 문제는 분산화되고 상대화된 세계사회 속의 이런 도덕을 도덕으로 부를 수 있는가라는 점이다.

루만이 세계사회 개념을 최초로 제시한 것은 1970년대로 거슬러 올라간다.47 시대를 앞서 사회의 구조적 변용을 통찰한 루만의 선견지명에 감탄할 수밖에 없지만, 동시에 그도 예상하지 못할 정도로 네트워크 미디어가 급속히 진화한 현실은 주목해야 할 것이다. 아직 정보사회가 본격화하지 않았던 시기에 제시된 세계사회 개념을 미디어론의 시각에서 파악하는 작업이 요청되는 이유이다.

총체적 소통의 연쇄인 세계사회는 정보사회의 본격화에 수반된 공간적 속박에서 벗어나 비인칭성의 정도를 높여나가고 있다. 인터넷을 사회적 기반으로 삼는 현재의 소통 연쇄는 기존과 비교해 시공간적으로 자유롭다.48 네트워크 미디어에서 소통은 국경을 포함해 어떤 공간적 장애로부터도 자유롭다. 소통의 연쇄를 유일하게 중단시킬 수 있는 것은 네트워크 경로상 설계된 방화벽 뿐이다. 그러나 타임라인의 설계로 점차 소통의 시계열이 가진 맥락성도 재편성할 수 있게 되었다. 왜냐하면 연쇄적 소통에서 중요한 것은 노드로서의 발언자의 인격의 일관성이 아니라 테마를 중심으로 한 소통의 지속 자체이기 때문이다.

중요한 것은 네트워크 미디어에서 소통이 일차적이며 노드로서의 인격은 그 효과로서 부차적이라는 사실이다. 익명성anonymity이 소통을 지배하는 것이다. 네트워크 미디어에서 소통의 기본값은 익명이며 특이점으로서만 실명을 가진 인격이 **사후적으로** 구성된다. 실명을 가진 인격이 확실히 본인이라는 보증은 어디에도 없다. 본인임을 자처할 수 있지만 의심을 완전히 거두게 하는 것은 불가능하다. 이 또한 네트워크 미디어의 기본값이 익명이기에 벌어지는 일이다.

물론 연쇄적 소통의 총체인 세계사회를 노드를 중심으로 서술하는 것도 불가능하지는 않다. 그러나 이때 도래하는 것은 '누구도 아닌 자'들의 공동체이다. 필자는 이런 공동체를 브뤼노 라투르의 말을 빌려 집합성collective이라고 부르지만,49 그 성원들에게는 확정적 인격이 없다.50 인격성이 있다 해도 그저 한 번 그런 것transient이기에 늘 요동이 존재한다. 때문에, 집합성에 입각한 도덕의 내면화는 불가능하다. 내면화돼도 해당 개체의 인격에 내면이 없기 때문이다.

사이버 월드라는 닫힌 세계인 네트워크 미디어는 사물res의 집합체로서 현실적 존재ontisch라는 측면과, 존재자das Seiende의 지평Horizont인 존재론적ontologisch 측면으로 구별된다. 좋다. 이 구별은 사이버 월드를 현실 세계로부터 차단하여 현실 세계의 윤리를 지키는 수단이 될 수 있기 때문이다. 그러나 두 세계가 이중적으로 들러붙어 현실 세계가 통째로 네트워크로 포섭된 현재,[51] 우리의 저항은 쓸데없는 것이다. 사이버 월드에서 윤리의 원칙적 불가능성은 두 세계의 융합으로 불가피하게 현실 세계로 전염되어 만연한 것이 되었다. 인터넷이 낳은 표현의 자유의 확대는, 기존에 대중매체의 권위로 필터링되어 결코 공적인 장소에 나올 수 없었지만 이제는 혐오발언이라는 이름으로 온갖 욕설과 후안무치함을 네트워크상에서 당당하게 드러내고 있다. 이는 형식적인 것에 불과하다. 그러나 기존 정치단체의 연설과 다른 것이다. 단순한 개인적 원한으로 넘쳐나는 정동의 무의식적 방출인 것이다. 그리고 이 무의식적 방출이 무지 혹은 몰염치와 무교양을 동반한 채 국가정책도 뒤엎는 희대의 부도덕을 낳고 있다. 이 부도덕의 제약을 대중매체에 기대하는 것은 쓸데없는 짓이다. 대중매체가 자랑해 온 권위는 무참하게 짓밟혀 권력의 감시라는 최소한의 직업윤리조차 기능부전에 빠졌기 때문이다.

세계사회에서 윤리의 불가능성이라는 이 절의 제목은 단순히 인터넷의 등장으로 전면화된 주장의 상대화를 지적하고자 하는 것이 아니다. 이와 같은 사태는 기존부터 있었던 것으로 지금 새삼스레 거론할 화제도 아니다. 여기서 확인하고자 하는 것은 윤리 또한 대중매체와 마찬가지로 어떤 권위의 승인을 필요로 한다는 것, 이에 비해 네트워크 미디어는 그 권위를 이차원적 평면성에 입각해 원칙적으로 무화하는 구조를 띤다는 점이다. 이는 기본값인 익명성으로 인해 도덕의 자리인 인격의 소멸을 뜻한다. 정보사회의 본격화로 인한 '도덕/윤리'가 위기에 직면한 것이다.

5-4 정보사회에서 보편적 윤리의 시도

정보사회에서 공동체를 구성하는 개인에게는 명확한 윤곽이 없다. 비인칭적 소통의 연쇄가 막연한 구조를 띤 세계사회를 통합하는 윤리는 가능한가? 만일 가능하다면 그것은 어떤 것인가? 정보사회를 중심으로 세 가지 보편적 윤리를 시도하고자 한다.

첫째, 위르겐 하버마스의 담화윤리Diskursethik를 사이버 공간으로 확장하여 세계사회 전체를 공공권Öffentlicher Raum화 하는 전자적 공공권 기획이다.52 이 입장에서 윤리는 내용이 아니라 방법이나 과정에서 얻을 수 있다. 상이한 '선'에 대한 주장을 놓고 정해진 우열을 가리는 것이 아니라 공평하고 평등한 대화의 자리에 앉아 서로 합의Verständigung에 이를 때까지 토론Diskurs을 벌이는 것이다. 새롭게 대립하는 '선'이 나타나더라도 마찬가지 과정이 반복된다. 이 계몽적aufklärend 과정은 정보사회를 포함한 근대 Moderne를 관통하는 끝나지 않은 미완의 프로젝트unvollendetes Projekt이기 때문이다. 이때 윤리는 공동체의 공간적 통합 원리가 아닌 합의에 이르는 시간적 과정을 선도하는 수단으로 파악된다.

그러나 이 프로젝트에는 커다란 난점이 있다. 공평을 지향하면서도 토론을 통해 합의를 이루어야 한다는 당위Sollen를 절대화하기 때문이다. 이는 '주장이 다르다면 같은 책상에 앉을 필요가 없다.'는 식의 논의도 '선'하다고 본다. 요컨대, 이 윤리는 처음부터 '선'을 비도덕적인 주장으로 배제한다. '테러리즘에는 결코 굴복하지 않는다.'라는 판에 박힌 말이나 자선과 같은 미국적 미덕이 이런 종류의 윤리이다. 오늘날 초미의 관심사인 탈레반이나 이슬람국가 등에 대해 전형적으로 나타나는 反 민주주의적 '선'에 대한 취급이 그것이다. 이 윤리는 듣기 좋고, 말은 좋지만 그저 다수가 민주주의적 '선'으로 공유하는 것에 불과하다. 이 윤리가 민주주의를 등에 업고 말하고자 하는 것은 사실상 권위주의 Authoritarianism이다. 그러나 현실을 보면 정보사회는 민주주의의 자명성을 의문시하면서 전진한다. 윤리를 시간적 과정으로 파악하는 발상은 배워야 할 점임에도 불구하고,53 민주주의적 '방법'에서 윤리의 근거를 구하고자 하는 것은 애로사항이 아닐 수 없다.

둘째, 2차 인공두뇌학second order cybernetics 6)의 대표 논객인 하인츠 폰 푀르스터가 제창한 다양성의 윤리이다.54 푀르스터는 세계의 불확정성undecidability을 전제한다. 이는 세계나 사회에 2차 인공두뇌학을 적용하면 직접 도출되는 결론이다. 인공두뇌학은 아리스토텔레스의 사원설 중 동력인causa efficiens, 즉 인과관계 밖에 모르는 근대과학에 혁신적인 '목적인causa finalis = 형상인 causa formalis'을 피드백하는 제어 개념, 즉 입력값에 차이를 주어 어긋난 목적값을 보정하는 조작을 도입했다. 그러나 고전적인 1차 인공두뇌학이 제어계의 외부에서 관찰자를 설정하는 반면 2차 인공두뇌학은 관찰자를 체계 내로 집어넣는다. 이때 체계의 목적은 외부의 관찰자가 부여한 것이 아니라 체계가 자기목적적인 자기지시self-referential 체계로 넘어감에 따라 목적이 체계에 내장되기 시작한다. 자기지시 체계는 외부의 관찰에 의해 예측 가능했던 기존의 제어계였던 사소한 기계와 달리 관찰 행위 자체가 체계에 구속될 수밖에 없다. 때문에 활동의 예측이 **원칙적**

---

6) 역자주 – 상이한 인공두뇌 체계 간의 어떻게 관찰하고 구축할 것인가를 다루는 담론

으로 불가능한 미확정적인 '사소하지 않은 기계'non-trivial machine 가 된다. 사회 또한 체계가 관찰자를 포섭하기에 체계 외부의 관찰을 허락하지 않는 '사소하지 않은 기계'이다.

사회는 정보사회 단계에서 미확정성을 증대시켜 나가지만 푀르스터에게는 축복과도 같은 일이다. 왜냐하면 그는 개인의 자유freedom란 다양성에 입각한 선택choice이며, 미확정성이 증대할수록 다양성도 증가하여 결국 선택의 자유가 확대된다고 생각하기 때문이다. '다다익선'이라고 생각한 푀르스터가 내건 윤리적 명법은 "늘 선택지를 늘리도록 행위할 것!"Act always so as to increase the number of choices!이다. 그 결과 개인의 선택에 따라 고유의 세계가 탄생 한다. 그러나 이에 책임responsibility을 져야 한다. 개인의 선택에 따른 책임이 푀르스터 윤리의 핵심으로, 그는 이를 책임윤리Verantwortungsethik라고 부른다.55

오스트리아에서 태어난 푀르스터는 평소 교류했던 비트겐슈타인의 영향을 받아 무정부주의적이고 독자적인 성격이 짙다. 윤리의 개인화 시도, 기존 윤리의 기능인 사회적 통합을 완전히 내버리고 자기책임으로 대신한 것이다. 정보사회에서 가능한 윤리적 방안으로서는 그런대로 괜찮다. 그러나 정보사회에서 책임을 진다는 것은 당연한 말이 아닐까? 또, 당연히 자유를 확대하려 하지 않을까? 선택지가 많을수록 자유는 늘지만 사실 우리는 인공지능에 의해 **선택당하는** 것이 아닐까? 정보사회에서 살아가는 우리의 실제 사정은 체계의 조작에 불과한 선택이며, 주체성은 인간적 개인에서 체계로 이양된 것이 아닐까? 이 윤리는 낙관적이기에 하이데거가 말한 '대비-모음'의 확대로 개인의 의사결정조차 체계로 흡수되는 현재의 사태를 예견하지 못한 나머지, 선택의 자유를 체계 바깥으로 넘겨버리는 꼴이 될 수도 있다.

셋째, 현재 유럽을 중심으로 영향력을 급속히 확대하고 있는 신진 정보철학자 루시아노 플로리디의 윤리에 대한 (정보) 공학화 기획이다. 플로리디는 응용윤리적 입장에서 자신의 제안을 정보 윤리Information Ethics로 부른다. 그는 기존 윤리가 개별적 논의거리에 국한된 미시윤리micro ethics라고 비판하고 정보사회의 보편적 윤리 원칙을 다루는 거시윤리macro ethics를 제창한다. 플로리디는 환경윤리가 달성한 인간중심주의로부터의 이탈을 따라 윤리적 주체를 자연으로 확장한다. 즉, 자연만이 아닌 기계나 무기물을 포함한 모든 존재자가 정보적인informational 아픈 존재patient로서 윤리적 가치를 띤다고 본다. 그리고 이 윤리적 가치를 띤 아픈 존재로 이루어진 세계를 정보권Infosphere으로 칭한다. 그것은 생물 중심주의를 존재자 중심주의로 치환한 생태 윤리이다.

정보권에 속하는 아픈 존재의 윤리적 가치란 구체적으로 어떤 것일까? 그것은 우선 정보 자체에 필연적으로 생기는 정보가 어떤 질서인 이상 시간과 더불어 확산적으로 붕괴되어 무질서로 향하는 엔트로피의 증대 경향으로서, 모든 정보적 존재자에게 해당되며 이러한 경향을 고통스럽게 견디면서 자신을 견뎌낸다. 아픈 존재가 유지해야 할 질서야말로 '윤리적＝정보적' 가치이다. 총체적으로 정보권의 엔트로피 감축에 공헌하는 행위가 '선'이며 반대로 그것의 증대를 낳는 행위는 '악'이다. 때문에 아픈 존재는 자신의 정보가치를 훼손하지 않고 유지하면서 풍부하게 만들 권리를 가진다. 행위자는 정보권에서 엔트로피의 증대를 막을 의무를 가진다.[56]

플로리디의 정보윤리는 환경윤리나 생명윤리 같은 정통 응용윤리가 제시했던 것처럼 새로운 관점을 제시했다는 점에서, 또 현행 정보윤리가 아직 달성하지 못한 바를 넘어섰다는 점에서 높이 평가할 수 있다. 윤리의 주체를 행위자agent에서 아픈 존재 patient로 전환하고 윤리의 지평 자체를 기존의 행위로부터 존재한다는 것 자체로 이동시켜 윤리적 본체를 대폭 신장한 점이 최대의 공적이다. 생명을 결여한 기계적 존재로서 사회에 들어가 아픈 존재가 된 인공지능이나 로봇의 윤리적 위상에 두루 관심을 보인 점도 신선하다. 플로리티의 이론에서 기존 공동체는 로봇이나 인공지능을 포함한 정보적 공동체로 확장되는 동시에 정보윤리는 최소한의 통제원리로 기능한다.

그러나 그의 주장에도 난점이 있다. 우선 니시가키 도루가 지적한 것처럼,57 정보가치의 척도를 누가 결정하는가라는 점이다. 관점이 설정되고 나면 정보가치는 어떤 모습으로든 변할 수 있기 때문이다. 이에 대해 아마도 플로리티는 추상화 수준level of abstraction이라는 정보공학적 개념 장치를 거론할지 모른다.58 정보가치는 그때그때의 편의적이고 상대적인 척도에 불과하다. 그러나 초점은 정보윤리가 어떤 보편화의 틀을 부여한다는 점이다.

그의 주장에는 또 하나의 치명적인 오류가 있다. 그가 사회를 정태적인 정보체로 파악한다는 것이다. 그는 정보를 발신자에서 수신자로 전송되는 실체entity로 파악한다. 이는 필자가 소포 전달에 비유했던59 구태의연한 관점이다. 플로리디의 상정과 달리 사회란 루만이 설파한 연쇄적 소통의 접속으로 이루어진 역동적 운동체이다. 이런 정보사회의 역동성을 그는 완전히 놓치고 있다. 이는 단순한 견해 차이라고 보기 어렵다. 그가 은근슬쩍 생각하는 완전한 것의 단계적 붕괴라는 네오플라톤주의적 유출론

emanatio은 정보사회의 현실과 도저히 맞지 않기 때문이다. 반복하지만, 사회를 구성하는 것은 정보가 아닌 소통이다.

5-5 세 개의 윤리적 다원주의

이러한 세 가지 윤리는 공동체적 통합을 성취할 수 없는 세계사회에서 기존 행위의 동형성이나 사회적 쾌락을 대신할 보편화 가능한 변수를 추구한다. 이를 통해 새로운 윤리적 원리를 세우고자 한다는 점에서 공통된다. 즉, 하버마스는 방법의 보편성, 푀르스터는 다양성을 기반으로 선택에 입각한 자유 확대의 보편성 그리고 플로리디는 정보가치의 엔트로피 확대에 대한 저항의 보편성에 각각 새로운 윤리의 근거를 두었다. 그러나 어떤 시도도 성공했다고 보기는 어렵다. 바꿔 생각해 보면, 정보사회에서 가치의 다원성은 주어진 사실이다. 세 가지 입장도 그 사실을 대전제로 하면서 다양성 속에서 보편화 가능한 요소를 찾는다. 그렇다면 생각을 전환하여 보편성을 추구하는 것이 아니라 반대로 다원성을 추구하는 방향으로 돌릴 수 있을 것이다. 즉, 윤리적 다원주의를 탐구하는 것이다.

윤리적 다원성은 몇 가지 유형으로 구별된다. ① 프래그머티즘적 다원윤리, ② 전통주의적 다원윤리, ③ 기능적 다원윤리가 있다. 이들은 앞서 세 가지와 달리 정보사회를 전제로 하지 않으며 한 명의 사상가가 주장한 것도 아니다. 때문에 시대를 거슬러 올라가 각 윤리설의 핵심을 원리적 수준에서 소급하여 재구성하는 방법을 취할 수 있다. 즉, 윤리적 원리는 정보사회와 독립적이더라도, 그 평가는 '정보사회에서도 타당한가'라는 관점에 설

수 있는 것이다.

5-5-1 프래그머티즘적 다원윤리

프래그머티즘적 다원윤리는 심리학자 윌리엄 제임스의 다원적 우주Pluralistic Universe론에 기반한 윤리적 다원주의를 토대로 정치학자 존 롤즈의 자유주의 윤리를 거쳐 철학자 리차드 로티의 아이러니컬한 자문화중심주의ethnocentrism에 이른다. 이 흐름의 특징은 개인의 삶이나 필요와 같은 구체적 현실$\pi\rho\bar{\alpha}\gamma\mu\alpha$과는 동떨어진 진리나 가치의 실재를 거부한다는 점이다. 이 점에서 **개인의 수준에서** 가치의식이나 가치 선호, 즉 '선'의 다양성을 최대한 존중한다. 개인 수준에서 가치의 다양성을 담보한다는 원칙은 정보사회의 현상과 친화적이지만 단순한 다양성 주장에 머무른 나머지 자의적이고 무질서한 것으로 귀결된다면 결격 사유라고 하겠다. 때문에 이 입장에서 어떤 방법으로 '다多'를 '일一'로 포섭하는가 혹은 기초 짓는가가 필연적 과제가 된다. 제임스의 경우, 애머슨 이후 미국의 전통인 초월론transcendentalism을 중심으로 종교적인 차원에서 '다'를 '일'로 포섭하여 다양성의 조화를 꾀한 바 있다.60 종교마저도 다양화라는 대세에 저항할 수 없는 오늘날 초월적 차원에서 통합의 장을 구하는 것은 시대착오적인 동시에 비현실적이기도 하다. 여기서 롤즈는 제임스처럼 '다'의 '피안'에서 '일'을 구하는 것이 아니라 '다'의 '차안'에서 '일'을 구함으로써 '다'를 정치적 수준에서 자리 잡을 길을 모색한다. 즉, 개인적인 '가치 선호＝선the Good'에서 다양성의 가능성의 조건으로서 일원론적 '옳음正, the Right＝공정으로서의 정의justice as fairness'의 실현을 탐구하는 것이다.61

중요한 것은 제임스의 경우 다원성이라는 구실 아래 보편성이 뒤로 밀수입되며, 롤즈의 경우 다원성의 기반으로 칭해지는 보편성이 공공연하게 도입되고 있다는 점이다. 즉, 이 입장은 선택 가능성의 지평인 다원성을 전면에 내세우지만 그 배후에 다원성을 구성하는 선택지로 인정받기 위한 보편적 원리의 수용을 요구하는 이중성을 지니고 있다. 이는 미국적 가치관의 윤리학적 표현으로서 다양성이라는 토양을 넘어서는 조건에 해당하며, 결국 미국적 가치관의 수용을 강요한다. 다양성이라는 대의명분 아래 미국적 자유주의의 '보편화=세계화'를 은폐하는 권위주의인 것이다. 앞서 본 하버마스의 담화윤리에 은폐된 권위주의도 구조적으로는 같다. 그것은 견해의 다양성을 주어진 상황으로 전제하고 민주주의라는 불가사의한 권위를 배경으로 토론을 통한 합의를 바탕으로 견해의 일원화로 다가가는 보편주의이기 때문이다. 다시 말해, '복수성의 증대=선택지의 다양성'을 '최고선'으로 생각한다는 점에서 푀르스터의 2차 인공두뇌학 윤리 또한 정보과학의 언어로 표현된 것일 뿐 같은 입장에 속한다. 다만 푀르스터의 경우 '다양성=선택의 자유'에 대한 믿음을 칸트의 도덕률에 비유하면서 나이브하게 혹은 정직하게 표명하는 보편성의 계기를 강조하는 데에 비해, 프래그머티즘적 다원윤리의 경우 보편성의 계기가 다원성 뒤에 숨는다는 점에서 교묘하다.

프래그머티즘적 다원윤리에서 간과할만한 것이 하나 있다. 그것은 다원성의 구성요소로서 이 견해가 개인 간의 관계에서 대칭성을 당연한 것으로 본다는 점이다. 이 입장은 개개인이 보는 가치 선호는 권리상 등가이며 그 우열을 사전에 정할 수 없다고 주장한다. 또, 푀르스터와 하버마스도 이론구조 상 동형적이다.

먼저 푀르스터는 다양성으로부터의 선택에 대한 책임responsibility을 개인에게 지움으로써 가치 선호에 있어서 자기지시적 폐쇄성을 따른다. 하버마스의 경우 토론 참가자의 권리상 평등을 상정한다. 즉, 이상적 담화상황ideale Sprachsituation이라는 의제에 입각해 있다. 이런 종류의 개인에 관련하여 그 대칭성을 가장 선명하게 표명하는 경우는 롤즈의 원초적 상태the original position이다. 롤즈가 무지의 베일veil of ignorance이라고 부른 조작에 의거해 개인의 특성을 서서히 없앤 후에 남는 비인칭적인, 때문에 상호 대칭적이고 평등한 인격으로 구성된 관계가 바로 원초적 상태로서 이 수준에서 공정으로서의 정의가 강조된다. 이 방법 위에서 정치권력의 개입 시 대칭적 개인을 윤리적 다원성 실현에 필수적인 요건으로 본다. 개인을 전통이나 문화와 불가분의 존재로 보고 정치와 윤리의 관계를 파악하는 입장은 도착적이다. 이러한 개인관은 마이클 센델이 부담없는 자아unencumbered self라고 비판한 인위적 허구에 불과하다.62 미디어론적 시각에서 개인을 허구로 바라보는 것이 꼭 문제 될 것은 없지만 무지의 베일의 결과 도입된 개인들 간 관계의 대칭성은 결국 평면화 경향을 띠게 된다는 점에서 허구이다.

아이러니스트를 자임하는 로티가 '선'의 다원성의 바탕에 있는 미국적 자유주의에 입각한 '정의'를 논하는 구도는 롤즈나 하버마스와 거의 유사하다. 그러나 그는 다원성의 토대인 미국적 자유주의의 무근거성contingency을 자각하면서 다원윤리의 토대놓기 foundation를 단념한다.63 이를 대신하여 그가 내세우는 것은 자문화중심주의라는 일종의 태세 전환 전략이다. 로티는 윤리의 다원성을 교묘하게 혹은 임시 변통으로 우리We라는 복수적 주체로 표현하고 윤리적 견해의 차이를 서로 인정하는 연대Solidarity, 즉 합의를 확대해 가는 아나키스트적 연합이라는 시나리오를 그린다.64 힐러리 퍼트남은 로티의 이런 입장을 문화적 상대주의로 단정한다. 그러나65 로티는 이론적으로는 상대적임을 인정하면서도 이론 외부, 즉 정치적 합의를 통한 우리, 곧 미국의 범위를 확대하는 정책을 통해 자신의 상대주의를 부정하는 꼼수를 부린다. 이는 과거 미국이 표방했던 서부 개척의 자기정당화를 철학적 수준에서 행하는 것과 다름없다. 어쨌든 미국적 자유주의의 틀에서만 다원성을 허락하는 구도는 롤즈나 하버마스와 공유하면서도 소크라테스인체 하는 아이러니컬한 무지의 지, 정확히는 후안무치에 해당한다. 즉, 그의 미국적 자유주의라고 할 수 있는 자문화중심주의적 확신에 입각한 프래그머티즘적 다원윤리는 결국 전통주의적 다원윤리와 합류할 수밖에 없다.

5-5-2 전통주의적 다원윤리

전통주의적 다원윤리가 프래그머티즘적인 다원윤리와 다른 점은 윤리적 다원성의 단위를 개인이 아닌 공동체적 정체성에 둔다는 점이다. 즉, 개인의 경우 롤즈의 무지의 베일을 통한 조작 이후 남는 텅 빈 비인칭적 개인이 아닌, 공동체적 가치에 침윤된 개인을 상정한다는 점이다.66 다른 하나는 공동체의 윤리적 다원성의 요인을 역사적·문화적 전통에서 찾는다는 점이다. 보수주의conservatism와 공동체주의communitarianism의 분기는 공동체적 윤리의 근거로서, 먼저 보수주의는 통시적인 공동 체험의 축적을 통한 공유된 문화자원인 선례precedent와 지혜wisdom를 중시한다. 반면 공동체주의는 공시적 동일 문화의 공유를 통한 공동체의 결속을 중시한다. 그러나 윤리의 역사적·문화적 상대성을 주장하는 점에서 모두 다원주의에 속한다. 보수주의에 속하는 대표적 논객으로는 사상사가인 이사야 벌린이나[67] 정치학자 마이클 오크쇼트[68]가 있다. 또, 철학자 찰스 테일러나[69] 마이클 센델,[70] 정치학자 마이클 왈저나 한때라는 한정을 긋자면 다문화주의 논객인 윌 킴리카[71] 등이 공동체주의자로 묶이고 이들은 프래그머티즘적 다원윤리와 첨예한 대립각을 세웠다.

전통주의적 다원윤리는 일반적으로 다원성을 공동체 수준에서 적극적으로 드러내지 않는다. 이 입장은 자문화의 역사적·문화적 상대성을 제3자적 시각에서 인정하기에 자문화의 특수성도 동시에 주장한다. 즉, 다른 문화 공동체와 자문화의 병립을 인정하면서도 결코 대등한 관계를 인정하지 않으며 자문화를 정점으로 한 가치의 정도차만을 확인한다. 그렇다면 로티의 자문화중심주의는 가장 성질이 고약한 부류의 절충물임을 알 수 있다. 어쨌든 그것은 외부 공동체에 대해 다원성을 전제한 위에서의 불간섭, 외부적 가치로부터 자문화의 정체성 방어라는 소극적 태도에 머무를 수밖에 없는 것이다.[72]

로티 류의 자문화중심주의와 전통주의적 다원윤리가 갈라서는 지점은 공동체의 내부 가치를 다루는 방식이다. 로티의 자문화중심주의는 자문화, 즉 실용주의적인 미국적 자유주의라는 틀 안에서 다양한 가치를 인정한다. 이에 비해 전통주의적 입장은 자문화 내부의 가치의 일원성을 고수한다. 즉, 공동체적 가치를 각 성원이 어떻게 체현하는가에 따라 개인 간에도 인격적 가치의 정도 차이가 형성된다. 공동체적 가치를 완전히 체득한 인격은 덕virtue을 지닌 인물로 존경받지만 공동체적 덕에 반하는 행위를 하는 자는 경멸의 대상이 된다. 바꿔 말해, 로티류의 자문화중심주의에서 개인에게 요청되는 미덕은 다만 미국적인 자유주의의 틀 내에서 각자의 상이한 가치관을 가진다는 것, 즉 개성적unique인 것인 데에 비해 전통주의에서 개인에게 요청되는 것은 각자가 가치실현의 모범이 될 것, 즉 유덕virtuous할 것이다. 전자는 틀 내부에서 가치의 다양성을, 반대로 후자는 공동체 내부의 동일 가치의 공유를 전제로 삼는다는 점에 주의해야 한다. 이렇게 전통주의적 다원윤리는 아리스토텔레스 이후의 전통을 가진 덕윤리virtue ethics와 친화성을 띠고 있다. 1980년대 후반 이후 버나드 윌리엄스나73 알래스데어 매킨타이어74의 저작을 중심으로 공동체의 가치가 재검토되고 있기도 하다.75

그러나 이 입장도 실제로는 유지될 수 없다. 왜냐하면 현재의 정보사회에서 자문화의 가치를 방어하고 정체성을 유지하는 것은 매우 어렵기 때문이다. 인터넷을 사회기반 미디어로 삼는 세계사회에서 철저하게 문화적 고립을 선택하는 것은 프로테스탄스 소수파의 상황을 보더라도 현실적으로 매우 어렵다. 이 입장은 윤리에서 기술의 관여를 지나치게 간과하기 때문이다.

5-5-3 기능적 다원주의

프래그머티즘적 다원윤리는 개인 수준에서 다원성을 설정하고, 전통주의적 다원윤리는 공동체 수준에서 다원성을 설정한다. 이로 인해 양자는 자유주의적(≒개인주의적) 보편주의 대 공동체주의적 상대주의(≒역사주의)적 대립을 낳는다. 그러나 정보사회는 공동체를 구성하는 개인 또한 명확한 윤곽을 가지지 않는다. 이 점에서 공동체나 개인 수준에서 윤리적 다원성을 구하는 작업은 애초 정당성이 없다.

　이와 관련하여 아르놀트 겔렌은 자유주의적 문맥과 공동체주의적 문맥 모두와 독립적인 맥락에서 기술론 및 인류학적 관점을 바탕으로 독자적 다원윤리를 모색한다는 점에서 주목할 만하다. 그는 1957년 출간된 『기술 시대의 마음』에서 현대사회를 산업사회industrielle Gesellschaft로 규정하고 그 특성으로 ① 사회의 추상화, ② 인간의 원시화가 동시에 진행될 것으로 예견한 바 있다.76 사회의 추상화란 사회의 전문 분화와 기능적 복수화로 사회의 전모를 알 수 없는 블랙박스화 현상을 말한다. 겔렌은 이를 사회의 초구조Superstruktur화라고 부른다.77 전문 분화를 거친 의료, 법, 경제, 학문 등 각 영역은 각각의 독자적 합리성을 기반으로 고유의 전문 윤리를 형성한다. 형성된 각각의 윤리는 상이한 합리성 위에서 작동한다. 이로인해 이들을 통합하는 **유일한 윤리**를 희망할 수 없다. 이렇게 본래 사회통합의 지상 원리였던 윤리는 사회의 모든 영역에서 분산적 형태를 띠게 된다.

　분산화된 윤리와 구별되는 개인적 도덕은 개개인의 태도에 맡기지 않을 수 없다. 이때 도덕과 윤리는 완전히 괴리되는데, 전자는 객관적, 실재적, 주관적인 것에 이르기까지 자의적이고 불확실한 것으로 변화되고 만다. 같은 사태를 인격person 측면에서 보자면 모든 인격은 각 전문 영역에서 자원, 즉 **인재**로서 다중적으로 포섭된 것의 잔여물이 된다. 예컨대, 의료분야에서는 환자로서, 경제적으로는 소비자로서, 법적으로는 피고로서, 학문적으로는 연구자로서 등으로 말이다. 기존에는 개인적인 인격이 실재적 윤리를 내면화한 도덕의 담지자였지만, 이제 인격은 잔여물로서 공백에 불과한 것이 되었다. 그리고 이 공백을 메우는 것이 주관적이고 자의적인 정동Emotion이다. 겔렌식으로 말해 기술 시대에 인간의 마음은 정동의 껍데기Emotionshülsen에 불과한 것이 되었다.78 이것이 바로 겔렌이 지적한 원시화Primitivisierung라는 사태이다.79 겔렌은 윤리의 다원성의 근거를 기술의 사회적 전면화에 따른 산업사회의 기능적 분화funktionale Differenzierung에서 찾는다.80 그의 산업사회에 대한 통찰을 현재의 정보사회의 존립 구조 해명에 끌어들인 것이 루만이다.

루만은 세계사회에서 보편적 윤리를 단념하는 정도를 넘어 존립 가능성 자체를 부정한다. 그가 볼 때 세계사회(≒정보사회)는 윤리가 점해 온 정점의 자리를 정치·경제·학문 등 각자의 영역에 내주는 순간 위계성이 해체되면서 최초로 등장한다. 복합문맥적인 polykontextuell 상대성을 본질로 삼는 체계의 등장이라고 할 수 있다. 사회통합 원리로서의 윤리와 세계사회는 상쇄 관계이며 양자의 병존은 원칙적으로 불가능하다. 실제 루만의 체계에서 도덕 체계는 존재할 수 없고,81 도덕의 코드인 '존경/경멸'Achtung/Mißachtung은 서로 다른 기능적 분화체계로 분산되고 만다. 도덕적 소통의 코드가 타당한 것으로 여기는 '선/악'Gut/Schlecht이 아니라 각각의 기능적 체계 내부에서만 통용되는 가치를 전제로 이에 알맞은 형태로 조정된다. 법적·정치적 가치, 학문적 가치, 경제적 가치와 같이 루만과 푀르스터가 '고윳값'Eigenvalue이라고 부른 것들이 바로 그것이다. 이는 체계에 포섭된 인격에 적용되는 덕윤리학에서나 유용한 '존경/경멸' 개념임에 유의해야 한다. 즉, 동일한 행위, 예컨대 판매를 전제로 한 학술서의 집필이 경제체계의 소통에서는 존경이라는 값어치를 가지는 반면, 학문체계의 소통에서는 경멸의 대상이 되는 것이다. 이처럼 세계사회에서 체계의 다원성에 대비된 가치, 즉 윤리의 다원성이 존재하게 된다.

5-6 체계와 윤리

5-6-1 체계에 의한 포섭과 배제

그러나 현재의 '세계사회＝정보사회'에서 살아가는 우리에게
윤리의 기능적 다원화는 상식적인 사실로 굳이 지적할 필요가
없다. 오히려 윤리의 기능적 다원화라는 배경에서 벌어지는 사
태 속에서 루만이 새로운 윤리적 영역과 문제를 탐구했다는 사
실이 중요하다.

세계사회로서의 정보사회는 법, 정치, 경제, 학문, 친밀관계,
의료와 같은 기능적 분화체계에 의해 인격person을 **다중적으로**
포섭include한다. 이 포섭된 인격이 체계의 실체를 이루는 소통이
라는 연산Operation을 담당한다. 그러나 이는 유기적 원소의 자격
을 가질 때 그러하다. 체계의 연산을 담당하는 원소 역할을 할
수 있는 소질과 능력을 가진다고 평가받은 인격은 체계에 등록
entry되어 포섭되지만 그렇지 않으면 체계에서 배제exclude된다.
체계에서 배제되고 나면 인격은 박탈되고 체계 외부의 존재인
비인칭화된 단순한 고립된 개인individual,82 하이데거의 인간das
Man이나 조르주 아감벤의 벌거벗은 인간homo sacer으로 추락한
다.83 물론 배제당한 고립된 개인이 체계에 재등록되어 인격으로
부활할 가능성이 전혀 없는 것은 아니다. 그러나 루만이 지적한
것처럼,84 인격이 어떤 체계에서 배제될 경우 그 밖의 체계에서
도 연쇄적으로 배제되는 경향이 존재함을 고려한다면 그것은 대

단히 어렵다. 예컨대, 신용을 상실하여 경제체계에서 배제되면 정치, 교육, 친밀관계, 의료와 같은 다른 체계에서도 배제되어 고립된 개인으로 추락한다. 이 연쇄는 일본에서 마이넘버 제도로 고조되고 있다. 반대로 현재의 체계에 포섭된 인격도 언젠가 고립된 개인으로 추락할지 모른다. 왜냐하면 정보사회에서 인격이란 소통이라는 비인칭적이고 자동적인 연산을 위한 원소로 구성된 존재이기에 늘 대체 가능하기 때문이다.

그러므로 소통이라는 비인칭적이고 자동적인 연산의 실행환경 자원인 인격과 로봇은 완전히 등가의 존재로 취급된다. 청소, 세탁 같은 사무노동, 은행창구 업무ATM, 발권 업무는 거의 인격에서 로봇으로 교체되었다. 가까운 미래에 자율주행차나 물류용 드론, 감시용 씨씨티비, 휴머노이드를 통한 안내 업무 일반이 대체될 것으로 예상된다. 그렇다면 소통은 점점 로봇이 담당할 것이며 인격의 추락은 가속화될 것이다. 이때 인공지능은 인터넷을 통해 연결된 로봇 군을 클라우드 상에서 조정할 뿐 아니라 소통 과정에서 수집된 빅데이터를 통해 기능을 부과할 수 있는 것과 그렇지 않은 것을 구별하는 기준을 **통계적으로** 도출하여 인격에 대한 체계의 '포섭/배제'를 결정하는 기능을 맡는다. 그레고리 베이트슨적 의미에서 인공지능은 분산된 체계 전체의 마음Mind이 될 것이다.[85]

그러나 사실 배제는 체계 바깥으로의 추방을 의미하지 않는다. 왜냐하면 '세계사회＝정보사회'라는 체계는 실체라기보다 외부가 존재하지 않기 때문이다. 즉, '세계사회＝정보사회'에서 벌어지는 사건Ereignis은 모두 소통으로 이어져 있다. 체계 외부의 고립된 개인이든 원소이든 간에, 소통은 어떤 기능적 분화체계에도 기여하지 않는다는 점에서 사회체계로부터 배제되어 있다. 때문에 배제 또한 체계 연산의 일환이며 사실상 그것은 인재 풀이나 재활용 혹은 폐기에 따른 연산 원소의 조정을 담당하는 완충제 역할을 맡는 체계 내부에서 탄생한 외부에 불과하다. 배제는 체계 내부에서 외부화되고, 포섭은 체계 내부에서 다시 내부화되는 것이다.

이런 체계 경계의 이중화에 입각해 인간은 체계 자원이라는 관점에서 인격과 고립된 개인으로 나뉘어 비대칭화된다. 뇌사 상태는 의료체계에서, 비정규고용은 경제체계에서, 불법체류는 법·정치체계에서, 등교 거부는 교육체계에서 각각 배제되는 사례이다. 중요한 것은 배제를 통한 인격의 고립된 개인화가 개인의 다원화나 다양화 같은 가치 수준의 구별이 **아닌 생존이나 생활에 관련된 절대적 단절이라는 점이다. 체계로부터 배제된 자는 생활 혹은 생존의 권리를 보장받을 수 없기 때문이다.** 왜냐하면 그것은 인격이 아니기 때문이다. 체계로부터 인격임을 부정당한 고립된 개인이 된 이상 계속 고립된 개인이 되라는 동어반복만 존재하는데 이 반복은 데이터에 의해 정당화된다. 체계로부터의 배제는 자의적인 것이 아닌 객관적인 데이터를 통계적으로 처리한 결과이자 합리적 연산의 결과이며, 이에 항변하더라도 고립된 개인의 자기책임으로 귀결되는 논리에 저항할 수 없다. 체계에 의한 '포섭/배제'라는 작동방식에 대해 무효를 주장할 수 없는 것이다.

우리는 하버마스가 말한 생활세계라는 기반에서 체계의 내부 식민지화를 고발하려는 것이 아니다. 체계로서의 '세계사회＝정보사회'의 존재는 우리에게 주어진 사실임과 동시에 논의의 전제로서 체계란 본래 비판한다고 소멸할 성질의 것이 아니다. 체계의 외부에 생활세계라는 절대적 기반이 있어서 그것을 비판의 거점으로 삼는다는 소박한 발상은 채용할 수 없다. 왜냐하면 생활세계 또한 우리 시각에서는 체계이며 양자는 대립 관계가 아니기 때문이다.

오히려 하버마스와 이론적 지평을 공유하는 롤즈에게서 소통의 대칭성 혹은 인격의 대등성을 자명시하는 점을 질문해야 한다. 이들 모두 자신이 기대고 서있는 지평인 생활세계 혹은 시민사회를 견고한 지반으로 간주하고 그것이 체계임을 느끼지 못한 결과 외부를 보지 못하기 때문이다. 즉, 체계에 포섭된 인격이 그들 눈에는 들어오지 않는다. 그들이 동일하게 상정하는 것은 체계 내부에 포섭된 모든 인격을 중재하는 관계의 대등성, 소통의 대칭성에 대한 사상적 표현인 '공정으로서의 정의'(롤즈), '이상적 담화상황'(하버마스)이다. 그러나 실제 체계에는 외부가 존재하며 이로부터 배제된 고립된 개인이 존재한다. 그리고 체계 내부의 인격과 외부의 고립된 개인의 관계는 대등함도 대칭성도 없다. 하버마스나 롤즈와 같은 프래그머티즘적 자유주의자가 관계의 대칭성을 윤리적 원리로 강변하는 것은 그들이 편협하게 기대고 있는 기반인 미국적 자유주의에 안주한 나머지 경계를 이루는 체계를 보지 않기 때문이다.[86]

프래그머티즘적 자유주의가 최소주의적이고 일원론적인 가치인 미국적 자유주의로 세계를 물들이고자 부심하는 것과 달리 전통주의는 체계를 지연 공동체의 수준에서 이해한 채 자문화 중심의 역사적·지역적 상대성만을 인정한다. 프래그머티즘적 자유주의는 최소주의적 가치의 외부는 존재하지 않는다고 보는 대신 자신들의 가치를 수용하면 그 밖의 가치에 관해서는 다양한 선택과 선호의 자유를 허용한다. 이로부터 전통주의에 관한 두 가지 결론이 도출된다. 첫째, 체계의 외부, 즉 자문화와 다른 가치 공동체의 존재에 대한 승인이다. 그러나 이는 세계사회라는 유일한 체계가 존재한다는 것에 대한 부정, 즉 모든 사회societies에 대한 용인이라는 상쇄를 통해 이루어진다.

둘째, 체계로서의 공동체의 내부에는 가치의 다원성을 승인하지 않는 가치의 일원화가 관철되고 있다. 때문에 인격은 일원론적 가치의 척도가 되어 가치실현의 달성 정도, 즉 우수성^{αρετή}을 각 사람마다 측정한다. 프래그머티즘적 자유주의와 달리 인격의 비대칭성을 주장하는 덕윤리가 **전통주의의** 틀로 제창되는 이유가 여기에 있다.[87] 때문에 전통주의는 인격적 관계의 비대칭성을 윤리설로 적극적으로 주장할 수 있게 된다. 그러나 유의할 것은 덕윤리에서 인격의 비대칭성이 체계 내부에 갇힌 것이며, 더구나 그것이 강자를 기준으로 삼는 위계적인 윤리라는 사실이다. 바꿔 말해, 이 입장에서 체계의 외부는 윤리 적용의 논외, 인간 바깥의 경계가 될 수밖에 없다. 이 입장이 주장하는 관계의 비대칭성은 어긋난 인종주의나 우생주의로 연결된다.

5-6-2 새로운 정의와 다원윤리의 가능성

정의^{δικαιοσύνη}라는 관점에서 다시 사태를 들여다 보자. 프래그머티즘적 자유주의에서 정의는 각 인격의 출발점으로서 자원할당의 평등한 실현을 주장한 아리스토텔레스의 분배적 정의에 해당한다. 전통주의에서 정의는 공동체적 의무를 예외 없이 수행할 것을 요구하는 일반적 정의이다. 양자는 달라 보이지만 같다.

즉, 정의를 다루는 범위를 아리스토텔레스가 범위를 폴리스 내부에 한정하는 것처럼 체계 내부로 한정하면 체계 외부의 타자를 미리 윤리적 주체로 배제한다는 점이다. 비록 양자가 출발점이 다르고 공동체적 가치를 공유하지는 않더라도 말이다.

그러나 현재의 '세계사회＝정보사회'에서 고립된 개인으로 추락한 체계 외부의 타자가 '포섭/배제'의 구별을 매개로 구조적으로 그리고 사실상, 체계 내부에서 계속 나오고 있다. 그렇다면, '세계사회＝정보사회'에서 윤리적 과제는 체계 외부로 배제되어 체계의 지속적 구동을 담당하는 타자인 고립된 개인을 윤리적 주체로 파악할 것, 나아가 윤리적 주체 개념의 확장을 이루어야 한다는 것이다.

이미 그 징후가 몇 가지 윤리설에서 나오고 있다. 출산·육아·돌봄·간호 같이 주로 의료를 중심으로 하는 케어 장면에서 의사가 요청하는 규범적이고 보편적인 공정의 윤리에 대항하여 케어 현장의 당사자가 제기하는 케어윤리care ethics가 그것이다. 이들은 의료체계의 외부로 배제된 타자의 다른 음성different voice에 귀를 기울이고 맥락적contextual이고 개별화된personalized 책임과 배려의 윤리를 주장한다.88 이들에게는 체계의 경계로 막힌 인간의 비인칭적 관계성에 대한 문제의식이 뚜렷이 나타난다. 유의할 것은 덕윤리가 지향하는 관계의 비인칭성을 강조하더라도 그것이 결국 체계 내부에서 강자를 전형으로 삼는 위계를 전제하는 데에 비해 케어윤리는 체계 외부의 적극적인 주장이나 발언을 봉쇄당한 타자의 음성을 듣는 약자의 윤리라는 점에서 본질적으로 다르다는 점이다. 케어윤리가 덕윤리의 가지로서 해석되는 경향이 있음에도 불구하고 말이다.

레비나스의 윤리사상은 얼굴visage로 나타나는 타자의 명령에 대한 응답의 책임responsabilité을 근간에 두고 있다. 이때 간과할 수 없는 것은 레비나스가 타자를 이미 전체Totalité 속에 합병된 '체계=나'의 외부에 두고, 모든 것을 헤아려도 거기에 들지 않는 체계의 잔여인 무한Infini으로 파악한다는 점이다. 여기서 나와 타자 간의 관계는 전체와 무한이라는 용납될 수 없는 근원적 비대칭성과 중첩된다.89

케어윤리나 레비나스는 지금까지 윤리의 바깥에 있었던 외부의 타자를 윤리적 주체로 파악하고자 한 것이다. 그러나 우리가 주목해야 할 것은 루만과 데리다가 음성이나 얼굴에 응답하는 방식으로 새로운 정의의 방식을 제시하고 있다는 점이다.

루만의 체계론에 따르면 체계는 그 외부에 다시 내부와 외부를 설정하여 소통이라는 연산을 담당할 원소, 곧 개인의 완충지대를 만들어 인격과 고립된 개인을 구별한다. 이때 체계 내부에서 내부와 외부를 구분demarcation하는 것은 체계의 구조에 속한 프로그램, 구체적으로는 개개의 정책이나 법이다. 루만에 따르면 정의Gerechtrigkeit란 현재의 구분, 즉 프로그램이 별도로 존재할 수 있을auch anders möglich sein 가능성에 대한 관찰Bebachtung, 정확히는 체계의 자기관찰Selbstbebachtung이다. 바꿔 말해, 이는 체계 스스로 산출한 외부로 인해 구조 변용을 압박하는 사태이다. 이때 말하는 외부가 체계의 환경이 아님에 주의해야 한다! 루만은 이런 사태를 체계 구조의 우발성 정식Kontingenzformel으로 부르고 체계론의 틀 속에서 정의로 위치 짓는다.90 즉, 연산 불가능한 역설적 예외 사례에 직면하여 체계가 현재 구조의 한계를 느끼고 어쩔 수 없이 갱신을 이루는 것이 체계론의 틀에서는 정의인 것이다.

거의 비슷한 생각을 데리다도 표명하고 있다. 데리다는 체계
내부에서 연산 가능calculable한 것이 아닌, 즉 불가능한 것의 경
험expérience de l'impossible을 막다른 길aporie이라고 부른다. 이는
루만이 체계 구조에서 역설적 상황으로 특징지은 것과 동일한
사태에 대한 데리다적 표현이다. 데리다는 정의justice를 경험할
수 없는 경험, 연산 불가능한 것에 대한 연산 요구로 규정한다.
이는 현재 체계에서는 다룰 수 없는 체계 외부에서 유래하는 아
포리아와 관련된 것으로서, 체계가 별도로 있을 수 있음에 대한
통찰 그리고 거기에 기반한 체계 구조의 탈구축déconstruction을
실천하는 일이다.91 정의에 관한 데리다의 경구인 탈구축 가능성
으로서의 정의La justice comme possibilité de la déconstruction 92 혹은
탈구축은 정의이다.'La déconstruction est la jus-tice라는 말은93 사
상 수준에서 받아들여야 할 것이다.

데리다도 루만과 마찬가지로 법loi 체계의 맥락에서 '폭력＝권
력'Gewalt과 관련지어 정의를 도입한다. 유령spectre,94 우정amitié,95
증여donner,96 환대répondre,97 짐승bête98 같이 후기부터 말년까지
그의 사색에서 중요한 위상을 가진 은유들은 법·정치, 경제, 친밀
관계와 같은 여러 기능체계의 외부에 의해 주제화되어 기존 체계
의 구조에 요동을 일으켜 탈구축을 압박하는 것들이다. 이들은 정
의와 마찬가지 문제계에 속하며 윤리적·실천적 함의를 공유한다.
더구나 그 실천은 '루만＝아리스토텔레스'적인 관조$\theta\varepsilon\omega\rho\iota\alpha$의 차원
에 머물 수 없으며, 개인적 심리 차원에서도 단순한 도덕의 차원
을 넘어서지 않을 수 없다. 즉, 그것은 초월론적transzendental이고
영속적인, 체계의 부단한 자기초월 운동이다. 물론 데리다는 '차

이 différance = 산종dissemination'의 입장에서 체계의 실체화를 거부하겠지만 말이다.

루만은 체계의 자기초월로 인한 일탈적 소통이 체계로 돌아와 re-entry 재등록됨으로써 체계 내부로 다시 회수되는 체계의 자기초월의 고착화, 즉 자기동일성의 측면을 강조하였다. 이에 비해 데리다는 일탈적 연산의 고착화된 체계에 대한 구조 '해체⇒잉태'적 측면, 즉 초월의 측면을 강조한다는 점에서 차이가 난다. 그러나 양자는 '정보사회 = 세계사회'의 핵심을 만드는 동일 기제를 발견하고 이론적으로 풀어냈다는 공통점을 갖는다. 루만과 데리다는 동전의 양면과도 같다.

루만과 데리다가 폭로한 이 사태에서 간과할 수 없는 것은 현재의 체계를 '다르게 존재할'auch anders sein könnte 잠재적 양태로 상대화함에 따라 새로운 다원성의 영역이 떠오른다는 점이다. 반대로 이는 현재 체계가 비(미) 실재적인 체계와 나란한 체계의 한 존재방식에 불과한 다원성의 우발태eine kontingente Form로 파악된다는 뜻이기도 하다.

그러나 체계가 늘 다르게 존재할 수 있다고 말할 때 그것은 분석철학에 자주 등장하는 가능세계의미론possible worlds semantics이나 양상실재론modal realism 같은 황당무계한 주장이나 오늘날 사상계의 유행이 된 '베르그손－들뢰즈' 계보의 연장선상에서 출현한 사변적 실재론speculative realism 같은 철학 판타지와는99 완전히 다르다는 점에 주의해야 한다. 전통주의적 다원윤리의 입장에서 체계 외부에 별도의 체계를 도출하여 이들을 다원성의 항목으로 실체화할 때, 그 외부적 존립체가 실제 세계와 진짜로 소통한다거나 평행세계의 가상 공동체를 상상하는 것은 결코 허락되지 않는다. 왜냐하면 정보사회에서는 세계사회라는 유일한 체계가 존재할 뿐이며, 더구나 사회가 연쇄적 소통의 다른 이름인 이상 그 외부는 원칙적으로 있을 수 없기 때문이다.

루만과 데리다를 통해 지적하고자 한 것은 '정보사회=세계사회'가 구조적으로 재생산할 수밖에 없는 체계 외부의 '타자=고립된 개인'에 대한 **윤리적 관여만이** 체계의 다원성을 **매번 억지로 열 수 있다**는 체계의 윤리적 존립 구조이다. 여기서 윤리의 차원은 인간이나 공동체에서 체계로 이행한다.

앞서 구조에 주목했을 때 체계는 **확대**되는 것이라고 생각했을 수 있다. 그러나 우리가 비판적으로 검토한 정보윤리 분야에서 방침의 공백을 돕는 제도의 지배에 대한 점진적이고 연속적인 확장과정, 즉 미국의 서부개척! 따위로 이를 이미지화해서는 곤란하다. 그것은 체계의 윤리적 '자기초월=탈구축'에 매번 단절의 '흔적'trace을 남기기에 사실 확대라기보다는 비연속적인 변용 Metamorphose에 가깝다. 그것이야말로 윤리적 다원성을 구성한다. 즉, 다원성이란 체계에 의해 **주어진 것이 아닌** 체계의 '자기초월=탈구축'의 **효과이다**. 혹은 윤리는 늘 체계의 외부에서 도달한다고 말해도 좋겠다.

체계의 구동과 진화는 체계가 산출한 자신의 외부에 대한 윤리적 관여를 통해 길을 열어가며 이런 의미에서 레비나스의 경우와 다른 수준에서 이처럼 말할 수 있을 것이다. 즉, '정보사회에서는 존재론이나 인식론이 아니라 윤리학이 제1철학$^{\Pi\rho\acute{\omega}\tau\eta\ \varphi\iota\lambda o\sigma o\varphi\acute{\iota}a}$이다.' 정보사회에서 윤리야말로 정보사회의 가능성의 조건이다.

머리말

1) 2015년 1월에 구글은 일본에서 발매되어 보급된 구글글래스를 전 세계적으로 중지시키는 취지의 발언을 했다. 프라이버시 침해의 위험이 배경에 있다고 생각되지만, 이 발표를 구글글래스 혹은 스마트 글래스의 실패로 볼 수는 없다. 구글은 그 정도로 약한 기업이 아니다. 일찍이 같은 해 2월에 차세대 모델에 대한 특허가 미국특허상국 USPTO에서 공표된바 있다.(patent No. US 9195067B, '*Wearable device with input and output structures*). 놀랄 만한 것은 같은 해 1월 콘택트형 디바이스의 특허도 공표되었다는 사실이다. 통칭 '구글 아이즈'Google Eyes'.(patent No. US 20150002270 A1, 'Methods and Systems for Identification of an Eye‒Mountable Device') 구글은 그만큼 강력한 기업이다.

2) 마스다 요네지增田米二에 관해서는 졸저『情報社会とは何か?: 'メディア'論への前哨』(NTT出版, 2010) 서장을 참고.

3) 増田米二, 『情報社会入門』(ぺりかん社, 1968), 머리말.

서장

1) 日本文藝家協会編, 『文藝年鑑2011』(文藝春秋社).

2) 日本文藝家協会編, 『文藝年鑑2012』(文藝春秋社).

3) 이에 관해서는 졸저『情報社会とは何か?』, 제1장「테크놀로지에서 테크네로」, 1‒5「'일억총백치화'를 둘러싸고」를 참고.

4) 門林岳史, 『와차 두인Whacha Doin, 마셜, 매클루언?』(NTT出版, 2009).

5) Mcluhan, Marshall & Eric, *Laws of Media: New Science*, Univ of Toronto, 1988.(번역『メディアの法則』, NTT出版). 이 초고에서 매클루언은 지금으로서는 옛날 느낌이 나는 칼 포퍼의 반증가능성 falsifiability을 과학의 기준으로 설정하고 상당히 의심스럽게 좌뇌와 우뇌 간의 신경생리학적 차이에 입각해 자신의 주장을 과학적인 것으로 당돌하게 기초짓는 무모한 시도를 벌인 바 있다. 그러나 실제로 읽어 보면 변함없이 은유와 합성 및 캘리그램과 독특한 것들의 총출동하여 안심할 수 있다. 결국 매클루언 이론은 과학적으로 기초지을 수 없다고 할 수 있다.

6) Id., *The Mechanical Bride: Folkore of Industrial Man*, Vanguard Press, 1951.(번역 『機械の花嫁』, 竹內書店).

7) Id., *The Gutenberg Galaxy: the Making of Typographic Man*, Univ of Toronto, 1962.(번역 『グ＿テンブルグの銀河系: 活字人間の形成』, みすず書房).

8) 매클루언의 '나서길 좋아하는 사람'으로서의 성격이 유감없이 발휘된 것은 우디 앨런 감독 및 주연, 다이앤 키튼 공동주연작인 『애니홀』(1977)에 출연한 일일 것이다. 유의할 것은 매클루언이 등장하는 영화관 입장을 기다리는 장면의 연출이 묘하다는 점이다. 입장을 기다리면서 나란히 줄을 선 우디 앨런과 다이앤 키튼 키플 뒤에서 들리는 연인의 대화가 그것이다. 연인에게 득의양양하게 영상에 관한 해박한 지식을 뽐내는 인물(곧바로 그가 컬럼비아대학에서 '텔레비전 미디어와 문화'를 가르치는 대학 강사임이 판명된다.)이 매클루언의 이론에 관해 언급하기 시작하자 우디 앨런이 갑자기 카메라의 시선에 잡히더니 안보이던 매클루언을 그에게 끌어당긴다. 이 대면에서 매클루언의 대사는 앞의 선생에게로 향한다. "당신은 나의 작업이 뭔지 하나도 이해하지 못하고 있소. 그래서는 좋은 선생이 되기 어렵소."라며 일갈한다. 이 파격적인 연출에는 매클루언이나 우디 앨런이라는 대중매체에 의존하는 지식인의 학문우월주의(학자)에 대한 조롱과 악의가 담겨있다.

9) 다케무라 겐이치竹村建一는 『マクル＿ハンの世界: 現代文明の本質とその未來像』(講談社, 1967), 『マクル＿ハン理論の展開と適用』(講談社, 1967), 『マクル＿ハンとの對話: 日本文化とマクル＿ハンニズム』(講談社, 1968)이라는 매클루언 삼부작, 오오마에 마사오미大前正臣는 『マクル＿ハン: その人物と理論』(大光社, 1967), 『百万人のマクル＿ハン: ビジネスから家庭敎育まで』(德間書店, 1968)을 냈다. 이른바 자습서류의 책은 회피하는 것이 학계에서의 미덕이지만 매클루언 붐 시기에 그의 사상이 어떻게 소개되고 어떻게 받아들여졌는가를 보여주는 자료로서의 가치를 포함해 일독을 권한다. 특히, 다케무라의 『マクル＿ハンとの對話: 日本文化とマクル＿ハンニズム』는 매클루언과의 회견이나 포덤대학에서의 합동 강의 형태로 르포르타주 풍의 기술도 있어서 매클루언의 개성을 알고자 한다면 필독해야 할 저서이다. 이런 이해를 현재의 해설서와 비교해 보면(몇 가지 치명적 오해도 있지만) 그럭저럭 괜찮은 수준을 보여주며 쓸모없는 것은 아니다.

10) 다만 필자는 어떤 문맥에서 매클루언의 선형성에 대한 완곡한 부정을

중시한다. 이는 신체미디어의 문맥에서 그러하다. 이 논점이 미온적으로 느껴지는 것은 토론토학파 중에서는 오로지 매클루언 밖에 없기 때문이다.

11) Mcluhan, M., *The Classical Trivium: The Place of Thomas Nashe in the Learning of His Time*, Gingko Press, 2009. 덧붙여, 매클루언의 레토릭론을 이어받아 발전시킨 연구가 월터 옹의 대작 *Ramus, Method and the Decay of Dialogue: From the Art of Discourse to the Art of Reason*. Cambridge, Mass: Harvard University Press(1958)이다.

12) 이니스의 미디어 사상에 관해서는 졸저『メディアの哲学: ルマン社会體系論の射程と限界』(NTT出版), 1.1.1.1~7을 참고.

13) 이 논점에 관해서는 앞의 졸저『メディアの哲学: ルマン社会體系論の射程と限界』(NTT出版), 1.1.1.13~15를 참고.

14) 다만 '핫 대 쿨'의 구별은 적어도 상대적인 것에 불과하다는 것에 주의. 즉, 비교 대상이 변함에 따라 '쿨'이었던 것이 '핫'으로, '핫'이었던 것이 '쿨'로 바뀔 수 있다. 예컨대, 본문에서 '핫'으로 예를 든 '애니메이션'이라는 장르 자체가 '소설'이라는 장르와 비교되면 '쿨'한 것이 된다.

15) 뒤에 (제3장) 우리는 이 매클루언의 기대를 배경으로 성립한 뜻밖의 '지구촌'을 '세계사회'Weltgesellschaft로 파악하게 될 것이다.

16) Löfgren, L., "Life as an Autolinguistic Phenomenon", in *Autopoiesis: A Theory of Living Organization*, ed. Milan Zenely, 1981.

17) 廣松渉,『弁証法の論理: 弁証法における体系構成法』(青木社, 1980).

18) 이 점에 관해서는 앞서 소개한 나의 책『情報社会とは何か?』, 3-20「군중과 고립된 개인」절을 참고할 것.

제1장

1) 2015년 1월에 시험작동단계를 마치고 현재 제품화 프로젝트가 진행 중. 이 책 제4장 4-1-1 소절을 참고.

2) 예컨대, 빠올로 비르노의『ポストフォーディズムの資本主義』(人文書房, 원서는 2002년 이탈리어판으로 출간되었으며, 영역본은 2015년 *When the Word Becomes Flesh: Language and Human Nature*, Semiotext(e)로 출간되었다.)이나 크리스티안 마라찌의『現代経済の大轉換: コミュニケ—ションが任事になるとき』

(靑木社)를 참고할 것.

3) Beller, J., *The Cinematic Mode of Production: Attention Economy and the Society of the Spectacle*, Dartmouth College, 2006 중 에필로그를 참고할 것.

4) 예컨대, Anderson, C., *Free: The Future of a Radical Price*, 2009.(번역 『ラリ＿(無料)からお金を生みだす新戰略』, 日本放送出版協会)를 참고할 것.

5) 예컨대, Surowiecki, J., *The Wisdom of Crowds, Anchor*, 2005.(번역 『「みんなの意見」は案外正しい』, 角川書店)을 참고할 것.

6) 대중매체 사고방식과 네트워크 사고방식에 관한 함의에 관해서는 졸저 『情報社会とは何か?: ‘メディア’論への前哨』(NTT出版, 2010).

7) www.google.com/intl/ja_JP/about/

8) Havelock, E. A, *Preface to Plato*, Harvard Uni. Press, 1963. (번역 『プラトン序説』, 新書館).

9) Id., *The Greek Concept of Justice*, Harvard Uni. Press, 1978.

10) 물론 린네가 주장한 분류학으로서의 박물지를 부정하고 철학적 설명에 몰두하는 뷔퐁과 같은 박물학자도 있지만, 결국 린네의 승리로 판정되었다. 뷔퐁 또한 린네와는 별도로 박물지가 광범위한 층으로 확대되는 데 기여하였다.

11) Foucault, Michel, *Les mots et les choses*, Gallimard, 1966.(번역 『言葉と物』, 新潮社)를 참고할 것.

12) Leibniz, G. W., *Die Philosophische Schriften*, hg. von C. Gerhardt. Ⅶ. 중 「보편학」에 연관된 논문의 사례로는 「Praecognita ad Encyclopaediam sive universalem」.(번역 『ライブニッツ著作集』), 10, 工作社)를 참고할 것.

13) Hegel, G. W. *Enzyklopädie der philosophischen Wissenschaften im Grundrisse*, Einleitung §16. 다만 헤겔의 『엔티클로페디』는 원래 입문적 함의를 띤 것임에 주의할 것. 국역본은 『헤겔의 자연철학 1·2: 철학적 학문의 백과사전 강요』, 박병기 옮김(2008), 나남.

14) 이 소절에 나온 라무스에 관한 논의는 졸저 『メディアの哲学: ルマン社会體系論の射程と限界』(NTT出版), 1·1·1·14－15에서 인용한 것이다.

15) Ong, W. J., *Ramus, Method, and the Decay of Dialogue: From the Art of Discourse to the Art of Reason*, paperback edition, 2005. preface ti the paperback edition.

16) Comenius, J. A., *Didactica Magna*, 1633－8.(번역 『大敎授学』,

明治圖書出版) 제2~3장. 국역본은『대교수학』, 정일웅 옮김(2015), 나눔사.

17) 이 점에 관해서는 모리우치 마모루堀內守의『コメニウス硏究』(福村出版, 1970) 참고. 코메니우스는 열렬한 프로테스탄트, 구체적으로는 체코형제단의 지도자였다.

18) 자기조직화에 관해서는 본서 제3장 3-2절에 필요한 최소한의 개념을 서술하였다. 또, 제2장 2-6절도 참고할 것.

19) 바이너리 데이터로서의 정보과학적 정보와 어떤 '목적=형상'적 계기를 띤 정보의 차이에 관해서는 본서 제2장 2-4절을 참고할 것.

20) 유동성의 정의에 관해서는 졸저『情報社会とは何か?』마지막 장을 참고.

21) 사회적 아프리오리(soziales Apriori)에 관해서는 종장의 주석 35를 참고할 것.

22) 세계의 이중화에 관해서는 졸저『情報社会とは何か?』, 제3장「이중화된 세계」를 참고.

23) 지식, 정보 그리고 데이터의 개념적 구별에 관해서는 다음 장 2-4를 참고. 여기서 문제삼는 정보는 -앞의 미주 19번의 반복임을 염두에 두고 말하자면- 데이터의 연속적 추이관계에서 벗어나 '목적=형상'적 계기를 결여한 것으로서 통신이라는 물리적 차원의 소재화된 정보이자 정보과학적 수준의 그것임에 주의할 것. 이에도 불구하고 사회적 차원에서 정보는 반드시 '목적=형상'적 계기를 잉태하고 있다.

24) Bush, Vannevar; "As We May Think", in *The Atlantic Monthly*, 1945.

25) 西垣通,『思想としてのパソコン』(NTT出版, 1997), P.16 참고.

26) 정보사회에서 인공지능의 의의와 본질적인 상호작용의 성격에 관해서는 본서 제4장에 로봇 문제와 더불어 다시 주제로 삼는다.

27) 전문가 시스템에 관해서는 본서 제4장 4-2-1-2의「인공지능의 사회화」를 참고.

28) Car, N., *The Big Switch: Rewiring the World, From Edison to Google*, W. W. Norton& Co Inc. 2008.(번역『クラウド化する世界』, 翔泳社) 제11장을 참고.

29) Heidegger, M. "Aufklärung meins Falles", in *Der Spiegel*, 1976.(번역「ハイデッガ—の弁明」,『理想』, 520호.

30) Id., "Uberwindung der Metaphysik", in *Vorträge und Aufsätze*, 1954.

31) 그 외에 소통 영역과 신체 영역 및 공동체 영역이 상이한 최전선을

구성한다. 그러나 이 점에 관해서는 본래 제3장(소통), 제4장(신체), 종장(공동체)에서 '몰아세움'의 연동을 다시 체계론적 시각에서 파악하고자 하였다. 이 네 개의 최전선은 상호 연동되어 있다.

32) 사변적 실재론에 관해서는 종장의 미주 100번에서 다시 언급할 것이다.

제2장

1) www.whitehouse.gov/blog/2012/03/29/big−data−big−deal (2016년 7월 15일)

2) Mayer−Schönberger, V. & Cukier, K. *Big Data: A Revolution that will Transform How We Live, Work and Think*, Eamon Dolan/Mariner, 2013.(번역『ビッグ・データの正体: 情報の産業革命が世界のすべてを変える』, 講談社)

3) 물론 어떤 시점 이후의 데이터 생성을 볼 수 없어서 자의적으로 모집단을 설정하는 것은 가능하다. 그러나 이는 빅데이터의 본질을 헤치는 결과를 낳는다. 빅데이터의 본질이 '운동=생성'으로 존재하기 때문이다.

4) Mayer−Schönberger, V. & Cukier, K. *ibid.*

5) 사실 빅데이터에는 매우 중요한 특성이 있지만, 이 점에 관해서는 본장 끝에서 자세히 다룬다.

6) 감시와 네트워크 사고방식에서 기능적 등가물인 '주변−시야'Um−sicht에 관한 주제는 다음 장 3−2−3 소절을 참고.

7) 본 장 초고를 집필하던 시점인 2014년 4월 28일에 트위터에서 중얼댐의 내용을 해석하여 범죄예방이 가능하다는 연구가 발표되어 화제가 된 바 있다.(www.businessinsider.com/twitter−crime− predict−2014−4) 그러나 이 충격적 내용의 연구 또한 데이터 트래킹을 통한 감시나 스필버그와 톰 크루즈 콤비가 영화화한 주제인 필립 K. 딕 원작의『마이너리티 리포트』에서 묘사한 범행에 대한 사전예측과 범인의 특정 같은 SF류의 이야기에 불과하다. 그것은 과거의 방대한 트윗 데이터와 실제 일어난 범죄 데이터의 조합을 통해 패턴을 추출하여 감시경관을 최적화하여 배치하고자 하는 의사결정 알고리즘인 것이다.

8) 이 방법을 담당하는 것이 데이터 과학자나 인공지능이다. 인공지능의 가치 창출에 관해서는 제4장 4−2−3 소절을 참고.

9) Bauman, Z., *Liquid Modernity*, Polity, 2000.(『リキッド・モダニティ 液状化する社会』, 大月書店)

10) Id., *Wasted Lives: Modernity and its Outcasts*, Polity, 2004.(번

역『廢棄された生: モダニティ_とその追放者』, 昭和堂)

11) 지식의 체계성을 얻은 형태의 다양성에 관해서는 조르주 루이 보르헤스의 단편소설집『픽션들』(岩波書店) 중 한 편인「틀뢴, 우크바르, 오르비스 테르티우스(*Tlön, Uqbar, Orbis Tertius*)」가 큰 시사점을 준다. 국역본은『픽션들』, 송병선 옮김(2011), 민음사.

12) 이 점에 관해서는 정보의 의미의 경우도 사정은 마찬가지로서 질료적 계기를 결여한 순수한 의미는 존재할 수 없다.

13) 우리가 일상적으로는 추리된 형상적 계기나 추리된 질료적 계기 혹은 양자의 합성 어느 쪽이든 정보로 자주 부른다는 점이다. 데이터라는 말 또한 다양성이라기보다는 융통성있게 사용되는 말임에도 불구하고 정보로서의 데이터는 그것이 사회적 문맥 위에 서는 순간 '목적=형상'적 계기를 -설령 그것이 잠재적이라 하더라도- 반드시 잉태 prägnant한다는 점을 다시 강조한다.

14) Stigler, S. M., *The History of Statistics: The Measurement of Uncertainty before 1900*, Belknap Press, 1990.

15) Hacking, I., *The Taming of Chance*, Cambridge Univ. Press, 1990.(번역『偶然を飼いならす: 統計学と第二次科学革命』, 木鐸社)

16) Porter, Th. M., *The Rise of Statistical Thinking 1820－1900*, Princeton Univ Pr., 1988.(번역『統計学と社会認識: 統計思想の發展 1820－1900年』, 梓出版社)

17) Id., *Trust in Numbers: The Pursuit of Objectivity in Science and Public Life*, Princeton Univ Pr., 1996.(번역『数値と客観性: 科学と社会おける信頼の獲得』, みすず書房)

18) 현재 문맥상 우리는 정보와 데이터를 연속적인 것으로 취급한다. 본 장 2-3절을 참고.

19) Achenwall, G., *Statsverfassung der heutigen vornehmsten Europäischen Reiche und Völken im Grundrisse*, 1752.

20) Süssmilch, J. P., *The Divine Ord er in the Changes in the Human Sex from Birth, Death and Reproduction of the Same*, 1741.(번역『神の秩序』, 粟田出版会)

21) Buckle, H. T., *History of Civilization in England*, 1884.

22) 그러나 스펜서의 사회진화론은 니클라스 루만의 사회체계론 등으로 연결되어 사회의 기능분화를 중심으로 유기체 모델로서 사회를 파악한다. 이는 사회생물학과 같은 생존전략이론을 이미지화함으로써 사회의 형태를 파악하는 작업에 오해를 불러일으킨다.

23) Galton, F., *Hereditary Genius*, 1869.(번역『天才と遺伝』, 岩波書

店), Lombroso, C., *Genio e follia*, 1864.(번역『天才論』), 春秋社)

24) Pearson, K., *The Grammer of Science*, 1st ed. in 1982, 2nd ed.in 1900, 3rd, revisied, ed. in 1911.

25) 지금까지 꺼려온 것, 올바르지 못한 방법으로 취급되었던 베이즈 통계의 복권도 이런 배경에서 이해할 수 있다.

26) 고립된 개인 개념의 함의 및 권리에 관해서는 졸저『情報社会とは何か?: ‘メディア’論への前哨』(NTT出版), 제3장 3－19절을 참고할 것.

27) 2011년 1월에는 인터넷이 주도한 자스민 혁명, 7월에는 대대적인 캠페인에도 불구하고 불발로 그친 텔레비전의 지상파 완전 디지털화의 해였다. 본서 서장을 참고.

28) 자기조직화에 관해서는 제3장 3－2절을 참고.

29) 소통의 조직화에 관해서는 다음 장에서 신체의 조직화에 관해서는 제4장에서 각각 검토한다.

제3장

1) 라인LINE은 음성을 기반으로 서비스를 개시하였다. 스마트폰 전화번호를 통해 실명과 연동된 서비스를 기반으로 조직되어 있지만, 익명성의 규정치에 관한 원리에 관해서는 다른 서비스와 마찬가지로 예외는 없다.

2) 그러나 다이렉트 메시지DM인 한에서 2015년 7월부터 일만자로 확장되었다. 일반 트윗은 종전과 같다.

3) 이 사태는 이미 앞 장에서 의사결정의 자동화로 지적한 바 있다.

4) Sunstein, Cass, R., *Republic.com*, Princeton University Press, 2001.(번역『インターネットは民主主義の敵か』, 毎日新聞社)

5) 예컨대, Luhmann, N., *Soziale Systeme: Grundriß einer allgemeinen Theorie*, 1984, Suhrkamp, 13ff. 또, Id., *Einführung in die Theorie der Gesellschaft*, Carl Auer Verlag, 2005, 1. Vorlesung를 참고.

6) 수리사회학 또한 통속적이고 실재적인 사회 개념을 전제로 한다면 다른 개별 사회학 분야와 마찬가지로 추상적인 것은 아니다.

7) 왜 관례에 따라 Gesellschaft를 전체사회로 번역하지 않는가에 관해서는 뒤에 나오는 미주 38번을 참고할 것.

8) Luhmann, N., *Die Gesellschaft der Gesellschaft*, 1997. Kapitel 4: Differenzierung, XⅢ. & XⅣ를 참고.

9) 루만은 한때 사회에 체계가 존재Es gibt한다는 것을 부당한 전제가 아니냐고 의심한 적이 있다. 이런 이유로 루만의 사회체계론의 근본 결함을 지적하는 주장도 나왔다. 그러나 이런 논의는 사회라는 각별한 존립체의 본질을 놓치는 잘못된 비판이다. 체계와 사회는 본문에서 본 것처럼 상호불가분의 관계로서 이들을 떼어놓고 논하는 것은 넌센스이다. 체계가 부당하게 전제된 것이라면 같은 이유로 사회도 부당하게 전제한 것밖에 안 된다. 이런 종류의 논의는 루만 사회체계론의 본질을 완전히 오해한 것이다.

10) 그러나 이 의견도 신체미디어의 차원에서 소통을 고려하는 시점에서는 즉각 철회될 수 있음에 주의할 것.

11) 이런 인간주의적 함정에 빠지지 않고 상호행위 자체의 구조와 논리를 밝힌 것은 어빙 고프만이다. 고프만 사회학은 사회체계론과 친화성이 높다.

12) 의심이 가는 독자는 앞 소절의 '사회는 체계이다.', 본 소절의 '소통은 체계를 형성한다.'에서 직접 '사회가 소통으로 구성된다.'라는 테제는 도출되지 않는다고 반론할 수도 있을 것이다. 'A(사회)⊂B(체계)' 및 'b(소통)∈B(체계)'로부터 'b(소통)∈A(사회)'를 도출할 수 없다는 이유이다. 이런 의심을 해소하기 위해 다음 절에서는 다른 각도에서 사회와 소통의 관계를 고찰한다.

13) Thatcher, M., in Interview by Douglas Keay, for *Woman's Own*, 1987. 상세한 것은 www.margaretthatcer.org/document/106689(2016년 7월 15일)를 참고.

14) 루만 자신도 정보사회에서 소통의 변용을 명확히 의식하고 있다. 예컨대, Luhmann, N., *Die Gesellschaft der Gesellschaft*, S31.을 참고.

15) 본서 재편집 시점인(2016년 6월) 커플 상호 노출에 특화된 SNS인 믹스채널MixChannel이 중고생을 중심으로 인기를 끌고 있다.

16) 필자의 저서인 『情報社会とは何か?: 〝メディア〟論への前哨』에서 이미 노출광이라는 말을 블로그를 고찰하는 부분에서 쓴 바 있다. 당시 이 말이 가진 논쟁적이고 도발적인 어감 때문에 사용하기에 겁났지만 5년을 경과한 지금 무대가 블로그에서 SNS로 이동하였고, 사용인구도 증가하였다.

17) 다나카 다쓰오와 야마구치 신이치의 최근작 『ネット炎上の研究』(勁草書房)는 많은 이들에게 해당될 것으로 예상되는 수치적 뒷받침을 제공한다는 의미에서 일정한 자료적 가치를 갖지만, 비방 댓글이 쇄도한 출발 지점은 극소수의 특정한 인물들로서 실제로 댓글 비방에

개입하는 사람 수가 사용자 전체의 극히 일부분이라는 통계 결과는 그것이 사실인가 아닌가와는 별도로 비방 댓글이라는 현상의 본질 분석에 따르면 그다지 중요한 것이 아니다. 그것은 하품이라는 권태감의 전염 현상처럼 누군가 최초로 하품을 하거나 전염 당하게 된다는 것이 그다지 중요한 사실이 아닌 것과 마찬가지이다. 이 문제의 본질은 오히려 이유도 없이 **반복해서 일어난다**는 사실, 이유가 있어서 일어나는 것이 아니라는 사실, **누구에게나 일어날 가능성이 있다**는 것이다. 즉, 댓글 비방이 의견의 대립 때문이 아니라 정동 전염이라는 기제에 의해 생긴다는 점이다.

18) 들뢰즈가 말하는 관리사회société de contrôle에서 적정화modulation에 가깝다. 들뢰즈의 'société de contrôle'이라는 문제적 개념은 관리사회로 번역되는 것이 통상적이지만, 이 개념이 70년대에 유행한 것임을 감안한다면 그다지 새로운 의미가 담긴 것은 아니라고 볼 수 있다. 이 개념에 현대적 의미를 부여하고자 한다면 'contrôle'은 자기지시적이고 자기조직화적인 자율적 자기 제어로 해석될 필요가 있다. 이 경우 중요한 것은 어떤 경우에도 지배의 주체가 없고 '주변−시야'나 적정화가 창발하고, 자기지시적으로 기능한다는 점이다. 이 주제에 관한 현재의 대표적 논객인 데이비드 라이언의 감시surveillance는 이 점에서 결국 위계적 지배의 주체를 상정하고 있다. Lion, D., *Surveillance Society Monitoring Everyday Life*, Open University Press, 2001.(번역『監視社会』, 青木社)

19) 이것이 차례로 언급할 세계사회의 의미이다.

20) 이처럼 분별없는 노출 경향은 누구도 SNS 소통에만 머무르지 않는다. 예컨대, 최근 대학에서 성희롱 방지, 연구의 투명성 실현을 위해 연구실을 문자 그대로 투명하게 디자인하거나 설계 콘셉트로 잡는 것이 유행이다. 교실을 투명하게 만들어 애초 성희롱을 방지하자는 생각, 또 연구의 투명성 등을 위해 동물원에서조차 하지 않는 연구실 벽이나 문을 투명하게 대체하는 행정은 지식인과 자칭 연구자들의 지적 수준을 그대로 보여준다.

21) 본 절의 논의에 대해 SNS가 갈라파고스적 정향진화를 수행한 일본의 특수사례를 모범으로 보는 부당한 일반화가 아닐까라는 의심을 보일 수 있다. 확실히 일본의 현상은 세계적 기준에서 볼 때 특이한 것이다. 그러나 이는 지나치거나excessive, 징후적인symptomatic 사례일 수는 있어도 결코 예외적anomaly이거나 일탈적인deviance 사례는 아니다. 예컨대, 분석의 각도나 문제의식은 필자와 다르지만 쉐리 터클의 최근작인『一緒にいても独りぼっち』에서 SNS를 통한 상호행

위의 변용을 논한다. Turkle, S., Alone Together: *Why We Expect More from Technology and Less from Each Other*, 2011, Basic Books.

22) 한때 유행한 공동체론, 예컨대, 장 뤽 낭시의 무위의 공동체communauté inavouable, 조르주 아감벤의 도래할 공동체comunità che viene가 구상하는 공동체는 기존의 공동체와 비슷하면서도 그렇지 않다. 다분히 문학적인 이들의 논의는 공동체론이라는 외관을 취한다. 그러나 한 꺼풀 벗겨보면 단독자들의 무정부주의적인, 즉 상호승인만을 통해 연합을 이상화한 것에 불과하다. 즉, 그 본질은 신자유주의와 같은 뿌리를 가지며 문학적으로는 어떨지 몰라도 사상적으로는 선전 도구에 불과한 어떤 새로움도 없다.

23) 이 점에 관해서는 이 책 종장을 참고.

24) '오퍼레이션'Operation은 작동이라고 번역하는 것이 일반적이지만 이 책에서는 연산이라는 말을 쓴다. '오퍼레이션'은 비유가 아니라, 말 그대로 연산이다. 작동이라는 번역어가 오역은 아니지만, 그것이 기계 이미지를 떠올리게 하는 대신 원어가 가진 계산의 뉘앙스를 소멸시켜 오독으로 이끌 수 있기 때문이다.

25) 이는 인간이 사회 프로그램을 지정하는 일의 불가능성, 즉 사회의 설계 불가능성을 함의한다. 이 점에 관해서는 3-2-3-3 항목의 '설계 대 진화'에서 다룬다.

26) 사회체계론의 문맥에서 미디어와 사회적 기억Soziales Gedächtnis의 관계, 또 사회구성 기제에 관해서는 에레나 에스포지토의 문헌을 참고. Espositio, E., *Soziales Vergessen: Formen und Medien des Gedächtnisses der Gesellschaft*, 2002, Suhrkamp Verlag. 및 エレナ・エスポジト, 「デジタル・メモリ_: ウェブにおける記憶と忘却の技術」, 『情報コミュニケ_ション研究』, 제15호, 2015.

27) Luhmann, N., "*Die Weltgesellschaft*", in *Archiv für Rechts und Sozialphilosophie* 57(1971), S. 1-35.

28) Id., "The World Society as a Social System", *in International Journal of General Systems*, 8-3(1982), pp.131-138.

29) Id., *Die Gesellschaft der Gesellschaft*(1997), Kapitel1, Ⅹ. Weltgesellschaft.

30) Id., "Globalization or World society: How to conceive of modern society?", in *International Review of Sociology*, 7-1(1997), pp. 67-79.(번역 「グロ_バリゼ_ションか, それ

とも世界社会か: 現代社会をどう概念化するか?」, 『現代思想』 2014, vol. 42−16.

31) 1992년에 행해진 강의에 있어서도 세계사회가 주제화된다.(출판은 2005년, Luhmann, N., *Einführung in die Theorie der Gesellschaft, 3. Vorlesung*)

32) 다만 『사회의 사회』의 서술은 1997년 논문과 시기적으로 가깝고 1971년 논문의 재정식화의 성격이 강하기에 언급한 것이다.

33) Luhmann, N., *Soziale Systeme: Grundriß einer allgemeinen Theorie*, 1984, Suhrkamp.(번역 『社会システム理論』 상·하, 恒星社原生閣)

34) 이 시기 루만은 아직 사회의 구성요소로서 소통이라는 아이디어에 이르지 못하고 '상호행위'Inter*aktion*의 확대이라는 선에서 사회를 파악한다. 즉, 파슨스의 틀에 아직 갇혀 있는 것이다. 자기조직화 개념을 축으로 한 소통의 총체인 세계사회라는 규정은 1997년의 『사회의 사회』에서 재정식화를 기다려야만 했다.

35) 이는 예컨대, 같은 시기(1974년)에 제안된 루만의 세계사회처럼 사회의 세계성과 유일성을 강조하는 월러스틴의 근대 세계체제*The World− System*가 국가군으로 구성된 지리적, 공간적 개념임을 훌륭하게 보여준다. Wallerstein, L., *The Modern World−System: Capitalist Agriculture and the Origins of the European World−economy in the Sixteenth Century*, Academic Press, 1974.

36) 이와 유사한 논의로는 프리드리히 하이에크의 사회진화를 통한 자생적 질서spontaneous order의 성립설을 연상케 한다. 그러나 루만의 진화론은 하이에크에게서 보이는 목적론이나, 항상성을 유지하는 사회를 이상화하지 않는다.

37) 한때 세계화로 국가라는 조직이 해체됨에도 불구하고 왜 국가 간의 대립이 격화되는가라는 물음이 융성한 바 있다. 이런 물음은 '가까움'(공간적 은유)과 '친밀함'(심리적 개념)에 불과하다. '가까움'은 동료에게는 긍정적으로 기능한다. 그러나 사이가 나쁜 사람에 대해서는 부정적으로 작용하여 대립을 격화시키는 것이 보통이다. 루만에 동의하는 나로서는 세계화라는 공간적·거리적 틀이 아니라 세계사회라는 소통의 틀에서 문제를 바라볼 필요가 있다고 생각한다. 세계사회의 틀에서는 오히려 내셔널리즘이라는 문제 이상으로 정보사회 성립 이전에 실질적으로 '세계사회'를 무대로 활동을 넓혀온 (이스라엘 건국 이전) 유대인 '국가'나 현재 국경이나 국토 같은 공간적 제도를 잃고

국제 테러를 감행하는 이슬람'국'이라는 네트워크국가의 문제해결이 큰 과제이다.

38) 이 때문에서 이 책에서는 'Gesellschaft'의 번역어로 통하는 **전체**사회 대신 포괄사회라는 말을 쓴다. 실제 루만 본인이 'Gesellschaft'의 영어 번역어로 'whole society'가 아닌 'encompassing society'를 채용하고 있다.

39) 이 외에도 '기억/진폭'이라는 시간 구조의 분석에서 세계화와 세계사 회의 차이를 지적하는 논의가 있지만 줄이기로 하고 앞서 미주 30번에 나온 논문을 참고하기 바란다.

40) 자원이 사회 존립의 '소재', 즉 '미디움'임에도 주의하자.

41) 다만 **루만에 따르면** 사회체계와 인간의 의식(마음)Bewußtsein od. Gemüt 체계는 본래 소통과 사상(표상)Gedanke od. Vorstellung이라는 근본적으로 이질적인 연산을 구성요소로 삼는 체계이면서 의미 Sinn를 미디어로 삼는 공통점이 있다. 양 체계에는 강한 구조적 연결 strukturelle Kopplung이 확인된다. 이 점에서 사회와 자연 및 인간 간에 큰 차이가 난다.

42) 여기서 중요한 것은 인격, 고립된 개인이 모두 비인칭적이라는 점이다. 이로 인해 양자는 교대가 가능한 것들이라는 점이다. 즉, 인격으로서의 체계에 등록된 자winner들이 고립된 개인으로 전락할지 모른다. 반대로 고립된 개인으로서 체계에서 배제된 자loser가 인격으로 상승하는 것도 가능하다. 어쨌든 양자는 교대 **가능한** 자원이라는 점에서 기능적으로 등가이다.

43) Agamben, G., *Homo Sacer: Il potere soverano e la vita nuda*, Einaudi, 1995.(번역 『ホモ・サケル: 主權權力と剝き出しの生』, 以文社刊) 및 Id. *Stato di Eccezione, Bollati Boringhieri*, 2003.(번역 『例外狀態』, 未來社刊) 참고.

44) Luhmann, N., *Die Gesellschaft der Gesellschaft*, S. 359f.

45) 졸저 『メディアの哲学: ルマン社會體系論の射程と限界』(NTT出版, 2006, 전자판, 2013 제4부)

46) 세계사회와 세계체계의 공통점과 차이에 관해서는 미주 35번에서 이미 지적하였다. 네그리와 하트의 제국 개념에 관해서는 네그리 자신이 루만의 영향을 받았음을 인정하고 있다.(M. Hardt and A. Negri, *Empire*, 2000, pp.13-15). 그러나 에스포지토가 말한 것처럼(필자의 인터뷰인 「루만 이후의 사회체계론과 현대사회학」, 『現代思想』, 2014, vol. 42-16), 루만의 세계사회 개념의 정밀함과 비교할 때 이 책의 도식성과 낙관성은 뒤집기 어려울 정도이다. 제국 개념을 둘러

싼 문제점은 많지만 한 가지만 거론해 보면 다중(이는 루만의 소통에 해당한다.)의 실체화(네그리와 하트는 루만의 체계를 제국으로 실체화해 버렸다.)와 (해방의 주체로서) 안이한 가치부여를 지적할 수 있을 것이다.

47) Luhmann, N., *Die Gesellschaft der Gesellschaft*, S. 150. 인용 부분의 세계의 일어섬Sichereignen이라는 말이 루만 이론의 열쇠 개념인 사건Ereignis을 함의한다는 점에 주의할 것. 세계 또한 실체가 아닌 사건이다.

48) 그러나 칸트적인 **윤리적** 실천에 관해서는 여기서 고려하지 않는다.

49) 이는 사회의 규범적·윤리적 파악으로부터 객관적·자기서술적 파악으로의 전환과 연동이다. 이 점에 관해서는 이 책의 종장을 차목.

50) Ebenda, S. 847ff.

51) Luhmann, N., "Globalization or World Scociety: How to Conceive of Modern Society?"에 대한 기존의 내 번역을 담은 제4절을 참고.

52) 필자는 루만이 새로운 사회체계로서 제안한 저항운동 이상으로 이 장에서 주제로 삼는 SNS가 실현되는 새로운 소통이야말로 이후 사회에서 가장 중요하다고 생각한다. 소통의 '추상적 구체화'를 체현한 그야말로 지금까지는 없었던 사회체계를 필자는 이미 예전 책에서 브뤼노 라투르를 채용하여 집합성으로 제시한 바 있다.(졸저, 『情報社会とは何か?: 'メディア'論への前哨』, 3-24절 참고). 에스포지토 등은 라투르의 주장에 야박한 평가를 내리지만 필자는 라투르의 ANTActor-Network Theory를 사회체계론 안에 도입하는 것은 충분히 가능하다고 생각한다. 또, 필자는 점차 사회구조를 '구조변동의 구조화'로 정식화할 수 있다고 생각한다. 그러나 여기서는 루만의 주장에서 멈추기로 하고 앞서 말한 과제의 이행은 이후 정보사회의 진화 상황을 보아가면서 훗날을 기약하기로 한다.

53) 사회적 아프리오리의 함의와 학설사적 권리부여에 관해서는 종장의 미주 35번을 참고.

54) 기본적으로 사회체계의 역사적 구조와 변이 및 미디어 사고방식의 변용은 평행론을 통해 파악할 수 있다. 즉, 음성 사고방식은 분절적 구조에, 손으로 쓴 문자 사고방식은 '중심-주변' 구조에, 활자 사고방식은 성층 구조에 그리고 대중매체 사고방식은 기능적 분화 구조에 **거의** 대응된다. 물론, 엄밀히 양자가 대응하는 것은 아니다. 예컨대, 손으로 쓴 문자 사고방식은 성층 구조에도 있으며, 활자 사고방식은 준비를 일구어 나간다는 의미에서 기능적 분화 구조로까지 침투하고

있다. 문제는 현재의 네트워크 사고방식에 적합한 체계 구조이다. 루만과 달리 에스포지토는 기능적 분화 구조가 쭉 이어져 왔다고 생각하는 데 비해 베커는 새로운 구조가 창발한다고 본다.(미주 46번에서 언급한 에스포지토와 필자의 인터뷰 참고). 루만 본인은 단정적 언급을 자제한다.(Luhmann, N., "Globalization or World Society: How to Conceive of Modern Society?"). 필자로서는 이 책 전체에서 보이다시피, 기본적으로 베커에 가깝다. 새로운 구조는 미주 52번에서 말한 것처럼 '구조변동의 구조화'를 기본으로 삼는 것으로 예상할 수 있지만, 그것이 구체적으로 어떻게 정제된 형태를 띨 것인가에 관해서는 현시점에서 시기상조이다.

제4장

1) McLuhan, M., *Understanding Media: The Extension of Man*(1964), Introduction.
2) Ibid, 18. Printed Word: Architect of Nationalism.
3) '기관-투사'란 물리적인 기술적 기구Mechanismus를 인간의 유기적 기관Organismus이 외부로 확장하여 투사Projekt함으로써 객관Objekt화하여 파악한다는 의미의 'Objekt'라는 말 자체가 Ob(주관적인 것에) jekt(투사된 것)이라는 원뜻을 가진다는 점에 유의할 것. 기술철학적 입장이다. kapp, E., *Grundlinien einer Philosophie der Technik*(1877), Noiré L., *Das Werkzeug und seine Bedeutung für die Entwickelungsgeschichte der Menschheit*, 1880.(번역은 『道具と人類の發展』, 岩波書店)를 참고.
4) 뇌사 기관이식이나 iPS 세포의 개발 또한 신체의 현저한 자원화를 보여주는 징후이다.
5) 곧바로 인공지능은 인공신체기술이 아니라 마음의 인공적 실현이라는 반론이 예상되지만 우리는 '마음 대 신체'라는 범주 이후의 구도를 전제로 삼아 인공지능을 마음의 철학에 고유한 문제 영역으로 간주하는 발상 자체를 배척한다.
6) 그러나 인공신체의 문제에 관해서는 확장된 신체라는 매클루언 류의 미디어 이해가 네트워크 사고방식에서도 역시 적용 불가능함을 예상할 수 있다.
7) Kurzweil, R., *The Singularity is Near: When Humans Transcend Biology*, Penguin Books, 2006.(번역 『ポスト・ヒューマン誕生: コンピュ―タ―が人類の知性を超えるとき』,

日本放送出版協会)

8) 이하를 참고. www.wired.com/2013/04/kurzweil−google−ai/
(2016년 7월 15일)

9) 그러나 빌 게이츠에 관한 자료가 미국의 전자게시판인 래딧raddit의
질문에 대한 그의 대답이 있기에 우연적일 확률은 높지 않다. 이하의
URL을 참고. www.techradar.com/news/world−of−tech/ scared−
of-robots−bill−gates−voices−concern−about−the−future−of−
ai−1282712 (2016년 7월 15일)

10) 2014년 12월에 BBC와 박사가 행한 인터뷰가 있다. www.
bbc.com/ news/technology−30290540(2016년 7월 15일)

11) singularityu.org/

12) Moravec, H., *Mind Children: The Future of Robot and
Human Intelligence*, Harvard University Press, 1988.(번역『電
脳生物たち: 超AIによる文明の乗っ取り』, 岩波書店.

13) 예컨대, 이하를 참고. techchurch.com/2015/08/31/yes−it−can−
handle−deer/(2016년 7월 15일)

14) www.wired.com/2013/03/google_hinton/(2016년 7월 15일)

15) Ng, A. et al., "Building High Level Features Using Large Scale
Unsupervised Learning." in *Proceedings of the 29th
International Conference on Machine Learning*, 2012.

16) ir.baidu.com/phoenix.zhtml?c=188488&p=irol−newsArticle&ID
=1931950&highlight=(2016년 7월 15일)

17) 인공지능의 역사를 다루는 문헌으로는 파멜라 매코덕의 *Machines
Who Think*(W. H. Freeman, 1979)가 유명하다. 그러나 저널리스
틱한 문체와 서술 범위가 연결주의의 등장 이전까지로 한정되는 치
명적 난점이 있다.(번역『コンピュ_タ_は考える: 人工知能の歴
史と展望』, 培風社). 2004년에 나온 개정판(25th Anniversary
Update, Natick, MA: AK Peters)에서 1980년대 이후 사반세기를
전망하는 로보틱스의 발전을 비롯한 후기가 보완되었지만 기호계산
주의에 편중된 입장은 변함이 없다. 카발라로 대표되는 유대교 신비
사상과 인공지능을 결합한 논의로는 Marcus, M., "Computer
Science, the Informational and Jewish Mysticism," in *Science
and the Spiritual Quest: New Essays by Leading Scientist*,
Routledge, 2002.를 참고.

18) 정보적 세계관에 관해서는 졸저「情報的世界觀と基礎情報学」(니시
가키 도리 외 편『基礎情報学のヴィアアビリティ_: ネオ·サ

イバネティックスにとる開放系と閉鎖系の架橋』、 東京大学出版
会に所収)을 참고.

19) Ashby, R., *Design for a Brain*, Chapman & Hall, 1952.(번역『
頭脳への設計』, 宇野書店)

20) 노버트 위너가 생리학자인 아르토 로젠블루스, 수학자 줄리안 비겔로
와 같이 쓴 사이버네틱스에 관한 초창기 논문인「행동, 목적 및 목적
론」에서 이는 명료하게 독해되고 있다. Wiener, N., Rosenblueth,
A. and Bigelow, J., "Behavior, Purpose and Teleology," in
*Philosophy of Science*10(1943).

21) Gardner, H., *The Mind's New Science: A History Of The
Cognitive Revolution*, Basic Books, 1985.(번역『認知革命: 知の
科学の誕生と展開』, 産業図書)

22) Leibniz, G. W., *Dissertatio de arte combinatoria*, (1966).
Elementa Characteristicae universalis, (1679) in Hauptschriften
zur Grundledung der Philosophie. Zur allgemeinen Charakteristik.
Philosophische Werke Band1.(번역『ライプニッツ著作集1 概念
記法』)

23) Boole, G., *An Investigation of the Laws of Thought on Which
are Founded the Mathematical Theories of Logic and
Probabilities*, 1854.

24) Frege, G., *Begriffsschrift: eine der arithmetischen nachgebildete
Formelsprache des reinen Denkens*, 1879.(번역『フレーゲ著作
集1 概念記法』, 勁草書房)

25) Whitehead, A. N., & Russell B., *Principia Mathematica*,
1910－13.

26) Gödal, K., "Über formal unentscheidbare Sätze der Principia
Mathematica und verwandter Systeme I," in *Monatschefte für
Mathematik und Physik38*. 1931.

27) Turing, A., "On Computable Numbers, with an Application to
the Entscheidungsproblem", in *Proceedings of the London
Mathematical Society*, 1937.(번역「計算可能な數似ついて、その
決定問題への応用」, 『コンピュータ理論の起源[第1卷] チュー
リング』所収, 近代数学社)

28) 튜링은 하나의 튜링머신이 다른 모든 튜링머신을 모방하여 재현할 수
있음을 증명함으로써, 원칙적으로 그것은 하나 밖에 존재할 수 없음을
보여주었다. 이른바 만능 튜링머신(universal Turing machine)이다.

29) Shannon, C. E., "A Symbolic Analysis of Relay and Switching Curcuits," in *Transaction of AIEE 57*, 1938.

30) 예컨대, 튜링이 살던 시대의 영국에서 계산이란 지성을 요구하지 않는 단순한 노동으로 간주되었다.(많은 경우 여성이 담당했다.) 컴퓨터란 이런 작업에 소요되는 노동자를 가리키는 말이었음에 주의할 것. 즉, 현재의 계산기는 원래 계산이라는 인간노동을 대체하여 자동화한 기계로 구상된 것이다. 이 점에 관해서는 4-3절의 로봇에 관한 고찰에서 별도로 다룬다. 또, 다음 문헌을 참고할 것. Croarken, M., "Human Computers in Eighteen- and Nineteenth-century Britain," in *The Oxford Handbook of the History of Mathematics*, Oxford Univ. Pr., 2008.(번역 「18世紀および１９世紀の英国における計算者」, 『Oxford数学史』, 共立出版)

31) Turing, A., "Computing Machinery and Intelligence," in *Mind* vol. 59, No. 236, 1950.(번역 「計算機械と知能」, 『コンピュータ理論の起源[第1卷] チューリング』所収, 近代数学社)

32) McCorduck, P., *Machines Who Think*, Ch. 5 & 6. 를 참고.

33) 그러나 기술적으로는 당시의 한계인 암기영역 자원의 효율적인 배분을 실현할 리스트처리list processing를 낳았다. 이는 훗날 매커시가 인공지능 프로그램의 표준고급언어인 LISP를 탄생시키는 데 직접 연결된다.

34) 전문가 시스템의 아버지라고 불리는 컴퓨터 과학자 에드워드 파이겐바움, 노벨상을 받은 유전학자 조슈아 레더버그 등이 1965년부터 개발에 착수하였다. 인공지능의 역사에서 덴드럴DENDRAL의 의의는 다음을 참고. Rindsey, R. K., Feigenbaum, E. A. et al., "DENDRAL: A Case Study of the First Expert System for Scientific Hypothesis Formation," in *Artificial Intelligence* 61, 1993.

35) 1972년에 스탠포드대학에서 개발하기 시작했다. 마이신MYCIN에 관해서는 다음 문헌을 참고. Buchanan, G. B., Shortliffe, E. H., *Rule Based Expert Systems: The Mycin Experiments of the Stanford Heuristic Programming Project*, Addison-Wesley, 1984.

36) 제5세대 컴퓨터와 전문가 시스템의 관계에 관해서는 다음 문헌을 참고. Feigenbaum, E. A., McCorduck, P., *The Fifth Generation: Artificial Intelligence and Japan's Computer Challenge to the World*, Addison-Wesley, 1983.(번역 『第五世代コンピュータ:

日本の挑戦』, 阪急コミュニケ_ションズ). Feigenbaum, E. A., McCorduck, P., and Penny, H., *The Rise of the Expert Company*, Macmillan, 1988.(번역 『エキスパ_ト・カンパニ_: 第五世代コンピュ_タ挑戦と成功の物語』, TBSブリタニカ)

37) 전문가 시스템 이외에 기호계산주의 인공지능에서 성공한 것은 1997 년에 세계 챔피언이던 카스파로프를 이긴 체스 프로그램인 딥블루 IBM나 2011년 미국의 제퍼디 퀴즈쇼에서 인간을 꺾고 우승한 '질문 −응답' 프로그램인 왓슨IBM 등으로 대표되는 게임 분야일 것이다. 현재 일본의 국립정보학연구소가 진행 중인 동경대 합격을 목적으로 하는 너무나도 일본적인 인공지능 프로젝트 또한 이런 계보에 속한 다. 그러나 이 분야는 지식이나 규칙의 폐쇄성으로 인해 전문가 시스 템과 비교할 수 없을 정도로 사회성이 희박하다. 게임 프로그램은 실 용적이기보다는 기호계산주의에서 인공지능을 진화시킨 지표나 이정 표로 보는 것이 타당할 것이다.

38) Newell, A., "Computer Symbol Systems," in *Cognitive Science*, 4, 1980, 135−183. 또, Newell, A., & Simon, H. A., "Computer Science as Empirical Inquiry: Symbols ans Search," in *Communications of the ACM*, 19(3), 1976, 113−126.

39) McCarthy, J., Hayes, P. J.(1969). "Some Philosophical Problems from the Standpoint of Artificial Intelligence", in *Machine Intelligence* 4, 1969, 463−502.(번역 『人工知能になぜ哲学が必要化: フレ_ム問題の發端と展開』, 哲学書房) 및 McCarthy, J., "Applications of Circumscription to Formalizing Common Sense Knowledge", in *Aritificial Intelligence*, vol. 26(3), 1986, pp.89−116.

40) Dennet, D., "Cognitive Wheels: The Frame Problem in Artificial Intelligence", in *The Robot's Dilemma: The Frame Problem in Aritificial Intelligence*, 1987.(번역 「コグニティブ・ホイル: 人工知能おけるフレ_ム問題」, 『現代思想』 1987・4' 青土社)

41) Harnad, S., "The Symbol Grounding Problem", in *Physica* D 42, 1990, 335−346.

42) Winograd, T., *Understanding Natural Language*, Academic Press, 1972.(번역 『言語理解の構造』, 産業図書)

43) Minsky, M., "A Framework for Representing Knowledge," in *The Psychology of Computer Vision*, 1975.

44) Schank, R. C. & Abelson, R. (1977). *Scripts, Plans, Goals, and*

Understanding, Psychology Press.

45) Dreyfus, H., *What Computers Can't Do: A Critique of Artificial Reason*, The MIT Press, 1972.(번역『コンピュータには何できないか: 哲学的人工知能批判』, 産業図書)

46) Winograd, T., Flores, T., *Understanding Computers and Cognition: A New Foundation for Design*, Intellect Books, 1987.(번역『コンピュータと認知を理解する: 人工知能の限界と新しい設計理念』, 産業図書)

47) 제5세대 컴퓨터에 대한 평가에 관해서는 니시가키 도오루『ペシミスティック·サイボーグ: 普遍言語機械への慾望』(靑土社, 1994)도 참고.

48) McCulloch, W. S., Pitts, W., "A Logical Calculus of the Ideas Immanent in Nervous Activity," in *Bulletin of Mathematical Biophysics* vol. 5, 1943.

49) Bolter, J. D., *Turing's Man: Western Culture in the Computer Age*, Univ of North Carolina Pr., 1984.(번역『チューリング·マン』, みすず書房)를 참고.

50) Searl, J. R., "Minds, Brain and Programs," in The Behavioral and Brain Sciences, vol. 3, 1980.(번역「心, 脳, プログラム」,『マインズ·アイ: コンピュータ時代の心と私』, [下], 所収)

51) Hebb, D. O., *The Organization of Behavior*, 1949.(번역『行動の機構』, 岩波書店)

52) Rosenblatt, F., *Principles of Neurodynamics: Perceptrons and the Theory of Brain Mechanisms*, 1961.

53) Minsky, M. L., and Papert, S. A., *Perceptrons*, MIT Press, 1969.(번역『パーセプトロン』, パーソナルメディア)

54) 수록된 두 명제 중 하나만이 참일 경우 진리값이 참이 되는 추론인 배타적 논리대수(XOR 및 친숙한 벤다이어그램으로 치자면 두 개의 원에서 중복되지 않는 부분)를 퍼셉트론이 인식불가능함을 증명하였다. 그러나 이는 단층 퍼셉트론에 한정될 수밖에 없다. 민스키와 패퍼트의 저서에서 퍼셉트론 일반의 한계라는 인상이 드는 것은 부정할 수 없다.

55) McCorduck, P., *Ibid*, pp. 105ff. 그러나 매코덕의 서술은 민스키 쪽의 정보에 지나치게 의존하여 공평하다고 보긴 어렵다.

56) 로젠블랫은 당초보다 이 점을 자각하였다. Rosenblatt, F., "The Perceptron: A Probabilistic Model for Information Storage and

Organization in the Brain", in *Psychological review*, 65(6), 1958. (밑줄은 필자가 그음.)

57) 물론 기호계산주의에서도 예컨대, 탐색 나무search tree와 같은 발견 학습 프로그램이 존재한다. 그러나 여기서 중요한 것은 그것이 발견 적 학습이라는 의미는 어디까지나 그 프로그램을 쓰는 **사람**에게 해당 된다는 사실이다. 대부분의 인공지능은 인간이 쓴 발견 학습적 프로 그램에 **결정론적으로** 따를 수밖에 없다.

58) 이 점에 관해서는 기호계산주의 진영의 거두 민스키 자신이 '인공지능 은 1970년대 이후 원칙적으로 진전하지 않았다.'는 자조섞인 의견을 낸 바 있다. 이하를 참고. archive.wired.com/science/ discoveries/ news/ 2003/05/58714 (2016년 7월 15일)

59) 물리학자 존 홉필드가 격자 속의 원자가 가진 스핀 배열 상태에 서 힌트를 얻어 1980년대 초 개발한 동적안정을 실현한 뉴럴네트 워크.

60) 현재 딥러닝의 제1인자로 지목된 제프리 힌턴과 세노프스키가 1980 년대 후반에 개발한, 국소해에 갇혀 준안정 상태를 이룬 최적해를 발견할 수 없었던 홉필드 모델의 결점을 몬테카를로법을 사용해 개 량한 모델.

61) 데이비드 럼멜하트, 힌턴 등이 개발한 다층 퍼셉트론의 학습 프로그 램. 퍼셉트론의 출력이 최초의 교사신호와 일치하게 각 층 간의 중첩 된 결합을 수정하는 것이 기본. 이때 부여된 교사신호와 네트워크의 출력 오차가 최소화되도록 각 유닛의 중첩된 결합을 갱신한다. 즉, 최종 층 유닛의 출력 **오차**를 최초 층 유닛의 학습으로까지 **역진적으로** 소급 수정해 나간다.

62) Rumelhart, D., McClelland, J., *Parallel Distributed Processing: Explorations in the Microstructure of Cognition*, A Bradford Book, 1986.(번역 『PDPモデル: 認知科学とニューロン回路網の 探索』, 産業図書)

63) 전형적으로는 제리 포더나 필리신.

64) Minsky, M., The Society of Mind, Simon & Schuster, 1987.(번역 『心の社会』, 産業図書) 기호계산주의 진영의 몇 안 되는 성공 분야 인 게임 인공지능에서도 인간을 넘어서기는 어렵다는 바둑 대국에서 2016년 3월 한국의 이세돌 구단을 이긴 (구글 산하의 영국 딥마인드 사가 개발한) 알파고가 기호계산주의에 기반한 설계가 아닌 연결주의 에 기댄 기계학습(딥러닝) 방법을 쓴 것에 주목할 가치가 있다.

65) 「1984년」 같은 문학작품이나 사회현상을 포함한 것들의 미디어사적

의의에 관해서는 졸저 『情報社会とは何か?』 제3장을 참고.

66) Pearl, J., *Probabilistic Reasoning in Intelligent Systems: Networks of Plausible Inference*, Morgan Kaufmann, 1988.

67) 구글 인공지능이 심층학습으로 묘사한 얼굴을 재현한 것을 개념형성을 이룬 것처럼 말하는 경향이 있지만(예컨대, 다니구치 다다히로의 『기호창발 로보틱스』 제2장), 이는 개념형성이라고 볼 수 없다. 당연히 개념형성이 이루어졌다면, 털없는 스핑크스나 이국적인 숏컷 머리를 구별해내야만 할 것이다. 인간의 개념형성은 본래 힐러리 퍼트남이 정확히 지적한 것처럼 실천적 기제의 개입을 기대하는 것으로서, 간단한 지각적 인지로 이루어지지 않는다.(Putnam, H., Much Ado About Not Very Much, in *The Artificial Intelligence Debate*, MIT Press, 1988). 인간은 의자의 형상形狀에서 의자 개념을 추상하는 것이 아니다. 인간에게는 걸터앉는 행동을 집슨식으로 말해 '형편에 맞게' 하는 것이 의자의 개념화인 것이다.(때문에 앉아있는 느낌이 드는 돌조차 의자로 범주화된다.) 필자는 심층학습을 통한 인공지능의 얼굴의 재현에 대해 트집잡을 생각은 접혀 없거니와 그 획기성을 인정하는 데 하등 주저함도 없다. 다만 그 획기성이란 인간의 개념형성과 같은 것이 아니라 인간은 할 수 없는 다양한 장면을 패턴으로 추출해 낸 것이라는 점이다. 고양이의 얼굴에 대한 묘사는 가장 갈채받는 인상적 사례에 지나지 않는다. 구글의 세일즈 토크를 진심으로 받아들여 인공지능을 인간과 유사한 존재로 보는 사태로 잘못 인도할 필요는 없다.

68) 인공지능을 통한 데이터마이닝이 빅데이터라는 쓰레기 산에서 과제나 문제라는 가치를 길어올리는 작동이라는 지적은 제2장(2−3절)에서 이미 지적하였다.

69) 예컨대, Cohen, J., *Human Robots in Myth and Science*, A. S. Barnes, 1967. 번역서로는 로봇공학자인 간노 시게키의 『人が見た夢ロボットの來た道』.(JIPM ソリューション, 2011)

70) Čapek, K. R., *R. U. R.*, 1920.(번역『ロボット』, 岩波書店 외)

71) l'Isle−Adam, *Villiers de, L'Ève future*, 1886.(번역『未來のイブ』, 岩波書店)

72) Ford, H., *Today and Tomorrow*, 1926.(번역『藁のハンドル』, 中央公論新社)

73) Hochschild, A. R., *The Managed Heart: The Commercialization of Human Feeling*, Univ. of California Press, 1983.(번역『管理される心: 感情が商品になるとき』, 世界思想社)

74) Illich, I., *Shadow Work*, 1981.(번역『シャドウ・ワーク: 生活の あり方を問う』, 岩波書店)

75) 예컨대, 이하를 참고. www.pewinternet.org/2014/08/06/future-of-jobs/ (2016년 7월 15일). 또, Boynjolfsson, E. and McAfee, A., *Race Against The Machine*, Lightning Source Inc., 2011.(번역『機械との競争』, 日経BP社)를 참고할 것.

76) Hillis, W. D., "Intelligence as an Emergent Behavior; or, The Songs of Eden," in *The Artificial Intelligence Debate*, MIT Press, 1988.(번역「創発的行爲としての知能, またはエデンの唄」, 『知能はコンピュ_ターで実現できるか?: 人工知能(AI)大論爭』, 森北出版株式会社, 所收)

77) 그러나 힐리스 본인이 개발에 참여하였기에 그가 염두에 둔 병렬 컴 퓨터는 하드웨어 수준에서의 그것이다. 설계 사상으로서의 연결주의 와 꼭 등가는 아니다.

78) Brooks, R. A., *Flesh and Machines: How Robots Will Change Us*, Vintage, 2002, pp. 22ff.(번역『ブルックスの知能ロボット 論: なぜMITのロボットは進化し続けるのか?』, オ_ム社)

79) Brooks, R. A., "Intelligence without Representation," in *MIT Tech Report*, 1988. のち*Artificial Intelligence*47: 139_59, 1991.(번역「表象なしの知能」, 『現代思想』, 1990, vol. 18-3 所 收)

80) 어정거리는 프로그램은 연결주의로 말하자면 볼츠만 머신에 가 깝다.

81) Brooks, R. A., *Flesh and Machines*, Ch. 3.

82) 사르트르의 비지정적 의식conscience non thétique 외에 무의식의 인과성이라고 말하는 논자도 있지만, 어떻게 말해도 좋다. 이하를 참 고. Crane, T., The Mechanical Mind, 1995.(번역『心は機械で作 れるか』, 勁草書房)

83) Brooks, "Intelligence without Representation."

84) 이 점에 관해서는 이하의 논고 및 대담을 참고. 히로마츠 와타루「AI問 題についての偶感: 完璧なロボットには意識は無用なのでは?」.(『哲 学 vol. Ⅱ-4』, 哲学書房, 1988년에 수록, 甘利俊一・廣松渉「意識 という脳のダイナミックス」, 『現代思想』, 1998, vol. 16-4)

85) Brooks, R. A., *Flesh and Machines*, pp.51-2.

86) 브룩스는 활동이라는 타자 지향적 기제를 로봇에게 집어넣으려 했지 만 곤충을 모델로 하기 때문에 사회성 수준으로 승화되지 못할 것을

염려하였다. 예외는 휴머노이드인 코그Cog와 발전형인 키스Kismet
이다. 그러나 동시에 우리는 가사라는 인간노동이 자동화로 대체됨으
로써, 로봇의 사회성을 최초로 실현한 청소기 로봇인 룸바Roomba가
브룩스가 세운 아이로봇사의 제품임을 기억할 필요가 있다.

87) 谷口忠大,『記号創発ロボティックス: 知能のメカニズム入門』,
    (講談社, 2014), 『コミュニケーショするロボットは創れるか:
    記号創発システムへの構成論的アプローチ』(NTT出版, 2010).

88) 石黒浩,『ロボットとは何か: 人の心を映す鏡』(講談社, 2009).

89) 石黒, 앞의 책, 제6장.

90) 石黒,『ロボットは涙を流すか: 映画と現実の狭間』(PHP研究所, 2010).

91) 社会的知能発生学研究会編,『知能の謎: 認知発達ロボティックス
    の挑戦』(講談社, 2014)에 수록된 좌담회에서 이시구로의 발언.

92) 인간을 모델로 삼는 것이 아닌 정보를 초점에 두면서 사회에 **어떤 종
    류의** 지능이나 주체성을 귀속시키고자 할 때 그레고리 베이트슨의 생
    태학적 정보Mind를 사회에서 확인하고자 하는 방향이 생각된다. 그
    러나 이 경우도 사회의 의식의 앙금은 불식되지 않은 채, 서투른 뉴
    사이언스의 지구생명체나 전체적 방향으로 잘못 인도되고 만다. 이에
    비해 루만의 사회체계론은 의식이 심리 체계에 위임됨으로써 사회로
    부터의 의식이 일소된다. 이것이 우리가 루만의 용어들을 채용하는
    이유이다.

93) 전형적으로 포더와 필리신. Fodor, J. A., *The Language of
    Thought*, Harvard University Press, 1975. *The Modularity of
    Mind: An Essay on Faculty Psychology*, MIT Press, 1983.(번역
    『精神のモジュール形式』, 産業図書), Pylyshyn, Z. W.,
    *Computation and Cognition: Toward a Foundation for
    Cognitive Science*, A Bradford Book, 1984.(번역 『認知科学の計
    算理論』, 産業図書)

94) Searl, J. R., "Mind, Brains, Programs," in *The Behavioral and
    Brain Sciences*, vol. 3, 1980.(번역 「心·脳·プログラム」,『マイ
    ンズ·アイ』, TBSブリタニカ所収), *Intentionality: An Essay in
    the Philosophy of Mind*, 1983.(번역 『志向性』, 誠信書房)

95) Penrose, R., *The Emperor's New Mind: Concerning
    Computers, Minds, and The Laws of Physics*, Oxford Univ. Pr.,
    1989.(번역 『皇帝の新しい心: コンピュータ·心·物理法則』, み
    すず書房)

96) Chalmers, D. J., *The Conscious Mind: In Search of a*

Fundamental Theory, Oxford Univ Pr., 1996.(번역 『意識する 心: 脳と精神の根本理論を求めて』, 白揚社)

97) Bernal, J. D., *The World, the Flesh & the Devil: An Enquiry into the Future of the Three Enemies of the Rational Soul*, Jonathan Cape, 1929.(번역 『意識する心: 脳と精神の根本理論を 求めて』, 白揚社)

98) Teilhard de Chardin, P., *Le Phénoméne Humain*, Seuil, 1955. (번역 『現象としての人間』, みすず書房)

99) McLuhan, M., *The Gutenberg Galaxy: The Making of Typographic Man*, Univ of Toronto press, 1962.(번역 『グ_テン ブルクの銀河系: 活字人間の形成』, みすず書房). *Understanding Media: The Extensions of Man*, McGraw Hill, 1964.(번역 『メ ディア論: 人間の拡張の諸相』, みすず書房)

100) 물론 이 경우의 정보사회란 네트워크 미디어 사고방식을 가리킨다. 또, 바날에서 매클루언에 이르는 사상사적 전통이 가톨릭 공동체주 의라는 뿌리를 가진데 비해 특이점은 이런 전통에서 비판의 대상이 되는 프로테스탄티즘에서 파생한 유니테리언 보편주의Uniterian Universarism라는 사상적 계보에 속한다. 커즈와일의 언행을 보더라 도 특이점은 공동체보다 개인을 전면에 내세우는 경향이 현저하다. 여기서는 미디어 신학에서 가톨릭 전통이 프로테스탄티즘을 뛰어넘 는다. Kurzweil, K., *The Singularity is Near: When Humans Transcend Biology*, p19f.

101) Foucault, M., *Les mots et les choses*, Gallimard, 1966.(번역 『 言葉と物』, 新潮社)

102) 현재 미국과 유럽에서는 부정적인 형태로든 어떻든 인간이라는 말에 구 애된 포스트휴먼post human이라는 말을 보다 중립적이고 실재적 함의 를 지닌 비인간non human이라는 말로 대체하는 경향이 있다.(Grusin, R., *The Nonhuman Turn*, Univ. of Minnesota press, 2015)그러 나 이는 역사성을 고려한 것이 아니라 형이상학적 존재 내지 사변적 실재를 확대해 나갈 문제점을 안고 있다. 이 점에 관해서는 다음 장 의 미주 100번에서 다른 각도로 언급하겠다.

종장

1) 인터넷의 등장 초기에 사용자로 자주 불리던 네티즌net+citizen – 일본에서는 이것이 지혜로운 시민으로 번역되었다– 이라는 말에는

소수파라는 넷유저의 자의식 과잉, 선각자 의식이 들어간 선량한 윤리관이 현저했다.

2) Moor, J. H., "What is Computer Ethics?", in *Metaphilosophy* 16(4), 1985, pp.266－275.

3) 물론 초기 미국의 무어가 주장한 로마주의적 자연보호 사상이나 레오폴트의 토지윤리까지 거슬러 갈 수 있지만 여기서는 1960년대 말 레이첼 카슨의 『침묵의 봄』(Carson, R., *Silent Spring*, Houghton Mifflin, 1962), 화이트의 「生態学的危機の歷史的根源」(White, L., "The Historical Roots of Our Ecological Crisis," in *Science* 155, 1967, pp.1203－ 1207) 등의 등장을 계기로 문제가 세계적으로 공유된 1970년대~80년대를 환경윤리분과의 확립기로 생각한다.

4) 일본에서 생명윤리가 확립된 것은 환경윤리와 마찬가지로 1970년대 미국에서 생명윤리Bioethics의 성립에서 유래한다. 이 배경에는 의료기술의 진전에 따라 이 시기에 현저해진 여러 문제 -인공척수치료 같은 고도 의료자원의 배분격차, 심장이식 기증을 둘러싼 새로운 죽음의 기준, 연명장치에 대한 시비나 인체실험, 보수적인 기독교 윤리에 항거하는 인공임신중절- 가 존재했다. 그러나 인간 게놈의 전체 염기배열해독의 완료를 기축으로 생명윤리 문제는 1990년대에 새로운 국면을 맞이하였다. 이 새로운 단계에서 생명윤리는 개별적 사례에 맞춰 당사자의 정서나 신조에 의거한 판단의 영역을 넘어 유전자치료, 출생 전 진단, 착상전 진단과 같은 첨단의료기술의 고동화로 촉진된 생명이란 본래 무엇인가라는 한 층 근원적인 물음을 다각도로 펼치게 된다. 최근 예컨대, 고마즈 요시히코와 가가와 도모아키의 『メタバイオエシックスの構築へ: 生命倫理を問いなおす』(NTT 出版, 2010) 등에서 이런 문제의식이 확인된다.

5) Merton, R. K., *Social Theory and Social Structure: Toward the Condition of Theory and Research*, 1949.(번역 『社会理論と社会構造』, みすず書房)

6) 1940년대의 레오폴트의 토지윤리에서 이미 이런 발상의 맹아가 확인되는 한편, 1970년대에 공리주의윤리를 표방하는 피터 싱어의 동물윤리는 동물의 권리 수호를 윤리적 혁신으로 삼은 데 비해, 데카르트의 의식중심주의를 중심에 두는 극단적인 인간중심주의·이성중심주의로 함몰하여 오히려 사상적 퇴보가 엿보인다. 즉, 식물 상태인 인간이나 뇌사 상태인 인간보다 인간과 마음을 통하는 강아지 쪽이 의식 수준에서 보다 **정상적인** 인간에 가깝기에 생존의 우선성이 높다고 생각하였다. 이는 데카르트의 틀을 준용하여 첨단 의료를 추인하는

것에 불과한 윤리적 반동에 불과하다.

7) 특히, 마이클 툴리의 임신중절에 관한 문제제기를 발단으로 공리주의적 입장의 피터 싱어, 의료윤리의 트리스트램 엥겔하르트 등이 주장한 의식중심적 인격person에 대한 정식화를 거쳐 의식과는 다른 차원에서 이념의 기반을 구한 인격의 복합이론을 주장한 마이클 콴테나 페르소나론의 모리오카 마사히로 등의 시도와 연관되어 이른바 인격론 분야에서 그 성과를 볼 수 있다. Tooley, Michael, "Abortion and Infanticide," *Philosophy & Public Affairs*, Vol. 2, No. 1, 1972.(번역 「妊娠中絶と新生児殺し」, 『妊娠中絶の生命倫理』, 勁草書房), Singer, Peter, Practical Ethics, 1993.(번역 『実践の倫理』, 昭和堂), H. T., Engelhardt, Medicine and the Concept of Person, in *Ethical Issues in Death and Dying*, 1977.(번역 「医学における人格の概念」, 『バイオエシックスの基礎』, 東海大学出版会), Quante, Michael, *Person*, 2007.(번역 『人格』, 和泉書房), 森岡正博, 「パーソンとペルソナ」, 『人間科学: 大阪府立大学紀要』 5, 2010을 참고.

8) Stallman, R., GNU Manifesto. *Dr. Dobb's Journal of Software Tools*, Vol. 10, No. 3, 1985.

9) Lessig, L., *The Future of Ideas: the Fate of the Commons in a Connected World*, Random House, 2001.(번역 『コモンズ: ネット上の所有権強化は技術革新を殺す』, 翔泳社)

10) Torvalds, L., & Himanen, P., *The Hacker Ethic: A Radical Approach to the Philosophy of Business*, Random House, 2002.(번역 『リナックス革命: ハッカ—倫理とネット社会の精神』, 河出書房新社)

11) Winner, L., "Cyberlibertarian Myths and the Prospects for Community," in *Computers and Society*, September, 1997.

12) 우리는 뒤에 양자를 개념적으로 구별할 예정이지만, 당분간 이 절에서는 그렇게 하지 않고 양자를 사용하기로 한다.

13) 19세기 후반에서 20세기 초에 걸쳐 입장을 달리하는 철학학파가 도덕적 대상의 이런 특성을 일치시키고 있음을 알 수 있다. 분석철학에서는 직관주의를 탐구한 무어, 현상학파에서는 실질적 가치 윤리학의 막스 쉘러, 신칸트학파에서는 가치철학의 하인리히 리케르트, 그라츠학파에서는 대상론의 알렉시우스 마이농 그리고 신실재론의 니콜라이 하르트만, 사회학에서는 에밀 뒤르켐이 문맥과 이론의 차이를 넘어 비슷한 인식에 이르렀다.

14) 가치적 대상의 이면성에 관해서는 Rickert, H., *Der Degenstand der Erkenntnis: ein Beitrag zum Problem der philosophischen Transcendenz*, 1892.(번역『認識の対象』, 岩波書店)을 참고.

15) Hegel, G. W. F., *Grundlinien der Philosophie des Rechts*, 1820. §142.

16) Mandeville, B., *The Fable of the Bees*, 1714.(번역『蜂の偶話: 私惡すなわち公益』, 法政大学出版局)

17) Smith, A., *The Theory of Moral Sentiments*, 1982.(번역『道德の感情論』, 講談社). 스미스의 공감Sympathy이 스승인 허치슨의 도덕감각moral sense이나 박애benevolence와 같은 종교적 함축을 벗어나 공평한 관찰자impartial spectator의 입장에서 타자와의 입장 교환(타자의 입장에 서봄으로써) 성립하는 '합리적=이기적' 상호행위 기제를 함의한다는 점에 주의할 것. 선배 격인 흄의 공감도 스미스의 그것에 가깝다.(Hume, D., *Treatise of Human Nature*, 1978). 루만 등은 스미스의 공감에 조지 허버트 미드의 타자의 태도 취득(taking the attitude of the other)을 선취했다.(Luhmann, N., "Ethik als Reflexionstheorie der Moral," in *Gesellschaftsstruktur und Semantik, Band* 3, 1989.)

18) Kant, I., *Kritik der prakticshen Vernunft*, 1877.

19) Bentham, J., *An Introduction to the Principles of morals and Legislation*, 1789.(번역『道德と立法の諸原理序説説』, 中央公論社) 존 스튜어트 밀이나 헨리 시지윅의 윤리설 또한 이런 계열의 정제된 판본이다.

20) 이는 지금까지 종교적인 피안의 차원에서 신과의 관계에서만 문제시되었던 – 때문에 변신론Theodizee의 설명 대상은 되더라도 인위적으로는 어떻게 하기 어려운– '선/악'이 도덕철학의 등장으로 차안에 있는 인간의 상호관계 차원에서 문제로서 세속화됨으로써 (때문에 인위적 조정의 대상이 됨으로써) '선/악'이 피안과 차안에서 각각 분열, 이중화된다는 의미도 있다.

21) 물론 이하에서 보여줄 논의에서 모든 구별의 변이들이 드러나는 것은 아니다. 이에도 불구하고 이하의 삼인의 논의는 이후 우리의 고찰에서 중요한 구별이라고 할 수 있다.

22) Hegel, G. W. F., *Phänomenologie des Geistes*(1807) Ⅳ. Die Wahrheit der Gewißheit seiner selbst.

23) Ibid, Ⅲ. Kraft und Verstand, Erscheinung und übersinnliche Welt.

24) 和辻哲郎, 『人間としての倫理学』(岩波書店, 1934), 제1장 1, 和辻
哲郎, 『倫理学』(1937, 岩波書店), 序論 제1절 「人間の学としての
倫理学の意義」, 和辻哲郎, 『日本倫理思想史』(岩波書店, 1952) 서
론을 참고할 것.

25) 和辻哲郎, 『倫理学』, 제4장, 제5절 「国民的当為の問題」를 참고할
것.

26) Luhmann, N., "Ethik als Reflexionstheorie der Moral", in
Gesellschaftstruktur und Semantik, Band 3, 1989.(번역 「道德
の反省理論としての倫理学」, 『社會構造とゼマンティク3』, 法政
大学出版局) 이는 역시 공동체에 맞춰 윤리를 논할 수 없는 정보사
회에서 윤리를 어떻게 규정하는가라는 물음에 대한 루만의 대답으로
간주할 수 있다. 분석철학의 '규범윤리/메타윤리'의 구별에 가깝지만
루만의 경우 용어론적 구별보다 '체계 내부의 타당성/체계 외부의 관
찰'이라는 구별이 중요한 계기로서 빠질 수 없다.

27) Ebenda.

28) 이 책 서장 0−3−1 소절을 참고.

29) 물론, 제3장의 말미(3−2−4소절)에서 지적한 것처럼 아리스토텔레
스에게 관조적인 '인지=이론'적 활동 $\theta\epsilon\omega\rho\eta\tau\iota\kappa\eta$도 실천으로 간주한
다면 루만의 구별도 충분히 실천적 함의를 지니지만 이 문맥에서는
위력행사적인 정치적 수준에서 이를 상정한다.

30) 대중매체의 탄생을 20세기, 거슬러 올라간다 해도 19세기 후반으로
보는 필자의 견해는 졸저 『情報社会とは何か?』, 제2장 「マスメ
ディアと最初の'情報社会'」를 참고.

31) Cooley, C. H., *Social Organization: a Study of the Larger
Mind*, 1909.(번역 『現代社会学大系4, 社会組織論』, 青木書店).
Wallas, G., *The great Society*, 1914.(번역『社会傳統論』, 文明協
会事務所). Dewey, J., *The Public and its Problems*, 1927.(번역
『公衆とその諸問題』, みずず書房)

32) 미디어론은 토론토대학 재직자들을 중심으로 완성된 토론토학파, 구
체적으로는 해럴드 이니스, 해블록, 매클루언, 옹 등을 중심으로 프
리드리히 키틀러에게 계승되었다. 상세한 것은 『メディアの哲学:
ルマン社会体系論の射程と限界』(NTT出版, 2006)를 참고.

33) 이 점에 관해서는 이 책 서장도 참고.

34) 아미쉬에 관해서는 Kraybill, D. B., *The Puzzles of Amish Life*,
Good Books, 1990.(번역 『アーミッシュの謎: 宗教・社会・生活
』, 論創社)를 참고. *The Amish of Lancaster Country*, Stackpole

Books, 2008.(번역 『アーミッシュの昨日・今日・明日』, 論創社)를 참고. 또, 아미쉬, 메노나이트, 하테라이트(후터파), 플리머스 브레즈렌(기독교회)를 포함한 프로테스탄트 소수파 전반에 관해서는 같은 저자가 쓴 *Concise Encyclopedia of Amish, Brethren, Hutterites, and Mennonites*, Johns Hopkins Univ. Pr., 2010을 참고.

35) 이 개념은 물론 칸트 연구를 필두로 자신의 경력을 시작한 사회학자인 게오르그 짐멜의 뛰어난 칸트적 질문, '어떻게 사회가 가능한가?'Wie ist Gesellschaft möglich?라는 물음과 이에 대한 답변인 세 개의 사회적 아프리오리(Simmel, G., "Exkurs über das Problem: Wie ist Gesellschaft möglich?, in *Soziologische Untersuchungen über die Formen der Vergeselllcshaftung*, 1908) 및 저명한 칸트 연구자인 오스트리아 마르크스주의자인 막스 애들러가 칸트의 인식론과 마르크스주의를 결합한 개념인 사회적 아프리오리(das Sozialapriori)의 계보로 이어지며(Adler, M., *Das Rätsel der Gesellschaft: Zur erkenntnis- kritischen Grundlegung der Sozialwissenschaft*, 1936) 또한 이러한 학적 전통을 잇고 있다. 그러나 그들의 개념이 주관성의 형식이라는 칸트 본래의 심리주의적 편향에 기대는 반면 우리의 사회적 아프리오리das soziale Apriori는 인간의 인식형식이나 인간의 상호관계의 형식과 같은 함의로부터 완전히 자유롭다. 왜냐하면 제3장에서 다룰 사회체계는 인간이 만든 체계가 아니라 비인칭적 소통의 연쇄적 접속이 구성한 체계이기 때문이다.

36) 앞 장에서 본 특이성은 이런 감미로운 몽상의 퇴락한 형태이다.

37) 졸저, 『情報社会とは何か?』, 제2장 「マスメディアと最初の'情報社会'」 2-26을 참고.

38) Thomas, W. I. & Znaniecki, F. W., *The Polish Peasant in Europe and America. Monograph of an Immigrant Group*, 1918-1920.(번역 『生活史の社会学: ヨーロッパとアメリカにおいてポーランド農民』, お茶の書店)

39) Cooley, C. H., *Social Organization: a Study of the Larger Mind*, 1909.(번역 『現代社会学大系4, 社会組織論』, 青木書店)

40) MacIver, R. *Community*, 1917.(번역 『コミュニティー: 社会学的研究: 社会生活の性質と基本法則に関する一試論』, ミネルヴァ書房)

41) Park, R. E., *Burgess*, E. W., & McKenzie, R. D., *The City*. Chicago, 1925.(번역 『都市化の社会学』, 誠信書房)

42) 이 점에 관해서는 이미 서장에서 논한바 있다.

43) '방―송'의 개념 규정에 관해서는 졸저 『情報社会とは何か?』, 제3장 3―10을 참고.

44) 이 점에 관한 상세한 설명은 제3장 SNS 분석을 상기할 것.

45) 이 책 제3장 3―2절.

46) 물론 이 경우 페르디난트 퇴니스의 고전적 대립, 즉 사회란 공통의 목적을 가진 이들이 만든 결사체의 확대판으로 보는 견해, 다시 말해 이익사회로 해석되기도 한다.

47) Luhmann, N., "Die Weltgesellschaft," in *Archiv für Rechts―und Sozialphilosophie* 57, 1971.

48) 인터넷의 등장에 앞서 텔레비전 미디어에서 이미 공간적 속박의 이완을 지적하는 논자도 있다. 예컨대, 이하를 참고. Meyrowitz, J., *No Sense of Place: The Impact of the Electronic Media on Social Behavior*, Oxford University Press, 1985.(번역 『場所感の喪失: 電子メディアが社会的行動に及ぼす影響』, 新曜社)

49) 졸저, 『情報社会とは何か?』, 제3장 「二重化された社会」 3―24를 참고. 또, Latour, B., "Gabriel Tarde and the End of the Social," in *The Social in Question. New Bearings in History and the Social Sciences*, 1999. pp.117―132.도 참고할 것.

50) 인터넷에서 인격적 동일성의 어긋남이 발생할 것을 일찍이 예견한 사람은 셰리 터클이다. Turkle, S., *Life on the Screen: Identity in the Age of the Internet*, 1995.(번역 『接続された心: インターネット時代のアイデンティティ』, 早川書房) 최근 그녀는 인터넷이 초래한 연결에 대한 강박에 따른 자아 상실의 문제로 관심을 옮기고 있다. Id., *Alone Together: Why We Expect More Technology and Less from Each Other*, Basic Books, 2012.

51) 이 점에 관해서는 졸저, 『情報社会とは何か?』, 제3장 「二重化された社会」에서 무라카미 하루키의 소설 『1Q84』에 대한 독해를 축으로 한 논의를 참고하길 바람.

52) Habermas, J., *Moralbewußtsein und kommunikatives Handeln*, Suhrkamp Verlag, 1983.(번역 『道德意識とコミュニケーション行為』, 岩波書店). Id., *Erläuterungen zur Diskursethik,* Suhrkamp Verlag, 1991.(번역 『討議倫理』, 法政大学出版局)를 참고. 물론 하버마스 자신이 전자적 공공권에 대한 논의를 실제로 전개한 것은 아니지만, 그의 주장이 전자민주주의와 친화성을 띤다는 점은 다음에 나올 논의를 보면 명확하다. Ess, C., "The Political Computer: Democracy, CMC, and Habermas," in

Philosophical Perspectives on Computer—Mediated Communication, State Univ of New York Pr., 1996. Tsagarousianou, R., "Back to the Future of Democracy? New Technologies, Civic Networks and Direct Democracy in Greece", in *Cyberdemocracy: Technology, Cities and Civic Networks*, Routledge, 1998. 또, 吉田純, 『インターネット空間の社会学: 電子ネットワーク社会と公共圏』(世界思想社, 2000)도 참고할 것.

53) 프로세스에서 윤리를 보고자 하는 우리의 관점에 관해서는 이 장 최종 절을 참고. 다만 우리는 하버마스와 같은 프로세스를 내부적 수단으로 생각하지 않는다. 그것은 늘 외부에서 초래된다.

54) 푀르스터의 다양성diversity 윤리는 정치적 각도에서 볼 때 뒤에 검토할 다원성pluralism의 윤리와 중첩되는 부분도 많지만 여기서는 '보편'적 윤리상의 원리를 구하는 입장에서 다원성 윤리와의 차별화를 시도하고자 한다. 푀르스터의 다양성의 윤리의 초점은 정보의 관점에서 차이difference를 최대화하는 데에 있다. 베이트슨의 정보information에 대한 정의인 차이를 산출하는 차이a difference which makes a difference로 이해되는 것처럼 정보(그러나 정보과학적 차원의 그것)의 실체는 차이이다. 푀르스터의 윤리는 정보의 창조에 있으며, 그런 의미에서 이제 거론할 플로리디의 정보 엔트로피의 감소를 윤리적 원리로 세우는 입장과 사상적으로 가깝다.

55) 푀르스터의 윤리에 관해서는 다음을 참고할 것. Foerster, H. von, "Ethics and Second—Order Cybernetics," in *Systèmes, Ethique, Perspectives en théapie familiale*, 1991. 및 *KybernEthik*, Merve, 1993.

56) 플로리디의 윤리에 관해서는 다음을 참고. Floridi, L., *The Ethics of Information*, Oxford Univ. Pr., 2013. 및 "Information Ethics, its Nature and Scope", in *Information Technology and Moral Philosophy*, Cambridge University Press, 2006.(번역「情報倫理の本質と範囲」, 『情報倫理の思想』, NTT出版에 수록)

57) 西垣通, 「情報倫理への模索: 解説を代えて」.(『情報倫理の思想』에 수록)을 참고.

58) *The Ethics of Information*, Ch3—The Method of abstraction. 3—2.

59) 졸저 『メディアの哲学』, 「緒論」, 0・0・2를 참고.

60) James, W., A *Pluralistic Universe*, 1909.(번역『多元的宇宙』, 日

本教文社), "The Moral Philosopher and the Moral Life", in *The Will to Believe and Other Essays in Popular Philosophy*, 1897.(번역『信ずる意志』, 日本教文社)

61) 구체적으로는 사회적 기본재social primary goods의 평등한 배분으로 실현된다. Rawls, J. B., *A Theory of Justice*, Belknap Press, 1971.(번역『正義論』, 紀伊國屋書店)을 참고. 법철학자 로널드 드워킨도 선호나 선택의 자유가 문제인 인격personality의 차원과 자원resources이 문제시되는 환경circumstances의 차원을 명확히 구별하여 후자의 환경의 평등equality of circumstances의 실현이야말로 정의라고 본 점에서 롤즈와 거의 동일한 입장이다. 이하의 문헌을 참고. Dworkin, R., *Sovereign Virtue: the Theory and Practice of Equality*, Harvard University Press, 2000\.(번역『平等とは何か』, 木鐸社)

62) Sandel, M., *Liberalism and the Limits of Justice*, Cambridge University Press, 1982.(번역『リベラリズムと正義の限界』, 勁草書房).

63) Rorty, R., *Philosophy and the Mirror of Nature*, Princeton Univ. Pr., 1979.(번역『哲学と自然の鏡』, 産業図書)

64) Id., *Contingency, Irony, and Solidarity*, Cambridge University Press, 1989.(번역『偶然性・アイロニ__・連帶: リベラル・ユ__トピアの可能性』, 岩波書店)

65) Putnam, H., "Why Reason Can't Be Naturalized", in *Philosophical Papers* vol. 3, Cambridge University Press, 1983.

66) 킴리카와 같은 확고한 표현을 빌리자면 문화culture 또한 롤즈가 말한 사회적 기본재에 포함되어야 한다.

67) Berlin, I., *Four Essays on Liberty*, Oxford University Press, 1969.(번역『自由論』, みすず書房) Id., *The Crooked Timber of Humanity*, Princeton University Press.(번역『バ__リン選集第四卷: 理想の追求』, 岩波書店)

68) Oakeshott, M. J., *Rationalism in Politics and Other Essays*, Liberty Fund, 1962.(번역『政治における合理主義』, 勁草書房). Id., *On Human Conduct*, Oxford University Press, 1975.(번역『市民状態とは何か』, 木鐸社)

69) Taylor, C., *Sources of the Self: The Making of the Modern Identity*, Harvard University Press, 1989.(번역『自我の原泉: 近代的アイデンティティ__の形成』, 名古屋大学出版会). Id., *The*

Ethics of Authenticity, Harvard University Press, 1992.(번역『ほんものという倫理: 近代とその不安』, 産業図書)

70) Sandel, M., *Democracy's Discontent: America in Search of a Public Philosophy*, Belknap Press, 1996.(번역『民主政の不滿: 公共哲学を求めるアメリカ』, 勁草書房), *Public Philosophy: Essays on Morality in Politics,* Harvard University Press, 2005. (번역『公共哲学: 政治における道德を考える』, 筑摩書房)

71) Walzer, M., *Spheres of Justice: A Defense of Pluralism and Equality*, Basic Books, 1983.(번역『正義の領分: 多元性と平等の擁護』, 而立書房), Id., *On Toleration*, Yale University Press, 1997.(번역『寬容について』, みすず書房)

72) Kymlicka, W., *Multicultural Citizenship: A Liberal Theory of Minority Rights*, Oxford Univ. Pr., 1995.(번역『多文化時代の市民権』, 晃洋書房). 그러나 킴리카는 후에 다문화주의와 자유주의 간의 절충적 입장으로 전환한다.

73) 이 자문화 방위가 왈저에 대한 평판을 떨어뜨린 정의로운 전쟁just wars론의 한 축인 개전법규jus ad bellum 수준에서 구성되기도 한다. Walzer, M., *Just and Unjust Wars: A Moral Argument with Historical Illustrations,* Basic Books, 1977.(번역『正しい戰爭と不正な戰爭』, 風行社). 1970년 자위대에게 궐기할 것을 촉구한 후 자해한 미시마 유키오의 문화방위 개념도 국화와 칼이라는 공포스럽고 아날로그틱한 문학적 은유로 문화 개념이 이념적으로 표현된 것이지만 동종의 논리에 기반하고 있다.(三島由紀夫, 「文化防衛論」, 『中央公論』, 1968년 7월호)

74) Williams, B., *Ethics and the Limits of Philosophy*, Harvard University Press, 1985.(번역『生き方について哲学は何が言えるか』, 産業図書)

75) MacIntyre, A., *After Virtue: A Study in Moral Theory*, University of Notre Dame Press, 1984.(번역『美德なき時代』, みすず書房)

76) 분석철학의 맥락에서 이미 1958년에 안스콤이 후터나 하스터하우스 등의 '아리스토텔레스=토마스' 주의적 덕윤리의 조류를 기점으로 논문을 발표했다. 그러나 의무deontological 윤리비판으로 재빨리 입장을 바꾸지 않고 심리학주의적인 편향이 현저해졌기에 여기서는 다루지 않는다. Anscombe, G. E. M., "Modern Moral Philosophy," in *Philosophy* 33, No. 124, 1958.

77) Gehlen, A., *Die Seele im technischen Zeitalter*, Rowohlt, 1957.(번역 『技術時代の魂の危機』, 法政大学出版). 겔렌의 다원적 윤리pluralistische Ethik에 대한 주장은 평판이 안 좋은 말년의 『道德と超道德』(1969)이 유명하다. 그러나 이 책은 학생들을 중심으로 당시 이의제기 운동이나 진보적 지식인에 대한 비판이 전면화된, 급박하고 논쟁적인 성격이 짙다. 때문에 내용면에서도 박애 Humanitarismus라는 가족이나 친족의 친밀한 영역에 그 적용이 한정되는 부분적 도덕을 과잉요구Überforderung함으로써 비대화 Hypertrophie를 일으킨 결과 보편성을 참칭하고 마는 초도덕에 대한 비판으로 기울어, 국가주의적인 제도의 관점에서 현재의 체제를 옹호하는 사상적 퇴행에 이르고 만다.

78) Id., *Die Seele im technischen Zeitalter*, Ⅰ. 2. Neuzeit: Die Superstruktur.

79) Id., *Die Seele im technischen Zeitalter*, Ⅳ. 1. Veränderung der Erlebnisweisen.

80) 이 점에 관해서는 다음을 참고할 것. Id. *Urmensch und Spätkultur. Philsophie Ergebnisse und Aussagen*, Vittorio Klostermann, 1956.(번역 『原始人と現代文明』, 思索社). 또, 제3장에서 언급한 정보사회에서 소통의 정동화와 단편화에 관한 논의도 겔렌의 원시화에 대한 생각과 통한다.

81) Id., "Industrielle Gesellschaft und Staat"(1956), in *Arnold Gehlen Gesamtausgabe*, Band 7: Einblicke.

82) 루만 사후 푀르스터Detlef Horster 등이 편집한 *Die Moral der Geselschaft*, 2008.(번역 『社会の道徳』, 勁草書房)과 같은 윤리·도덕 관련 논문집에 나왔지만 이는 기능적 분화체계로서의 도덕체계의 존재를 루만이 인식했음을 뜻하지 않는다. 실제 논문에서 루만은 도덕체계의 존재를 부정한다. 루만이 살아있었다면 절대로 허락하지 않았을 것이다. 폭거라고 해도 좋을 잘못 이해된 제목이 어떻게 출판되었는가는 알 수 없으나 이 책이 (물론 개별 논문이 아니라) 위서임은 확실하다.

83) 루만에게 인격과 고립된 개인의 구별에 관해서는 이 책 제3장 3-3- 3-5를 참고.

84) Agamben, G., *Homo sacer*, Einaudi, 1995.(번역 『ホモ・サケル』, 以文社). 우리는 비오스βίος와 조에ζωή를 기존과 다른 방식으로 구별하면서 후자와 호모 사케르를 등치시킨다는 한때의 유행을 따를 수 없다. 데리다도 지적한 것처럼 아감벤의 이 개념 조작은 건강부회한

것이다. 데리다의 아감벤 비판에 관해서는 이하를 참고. Derrida, J., *Séminaire: La bête et le souverain*, Galilée, 2008.(번역『獸と主権者』, 白水社). Troisième et Douzième séances.

85) Luhmann, N., "Globalization or World Society: How to Conceive of Modern Society?", in *International Review of Sociology*, Vol. 7, No. 1, 1997.(번역「グローバリゼーションか, それとも世界社会か: 現代社会をどう概念化するか?」, 『現代思想』, 2014, vol. 42-14.)

86) Bateson, G., *Steps to an Ecology of Mind*, University of Chicago Press, 1972.(번역『精神の生態学』, 新思索社)

87) 로티가 자신이 가진 입장의 체계성을 알기라도 하듯 자문화중심주의라는 아이디어를 제출한 사실은 이미 보았다.

88) 신아리스토텔레스주의를 표방하는 누스바움은 후생경제학자인 아마티아 센과 더불어 아리스토텔레스의 가능태δύναμις —이것이 현실태ένεργεια로서 활동έργον으로 발현된다— 개념을 현대사회라는 맥락에서 잠재태capability로 부활시킨 것으로 유명하다. 그녀가 기여한 것은 롤즈의 기본재를 잠재적 리스트로 전환하여 덕윤리를 상대주의로부터 벗어나게 하여 보편화를 기도한다는 점이다. 그러나 롤즈의 틀을 답습함으로써 결과적으로 프래그머티즘적 자유주의로 기울고 만다. 이하의 논문을 참고. Nussbaum, M., "Non Relative Virtues: An Aristotelian Approach," in *Ethical Theory: Character and Virtue*, University of Notre Dame Press, 1988.

89) 이 서술에 관해서는 해명할 필요가 있다. 케어윤리의 창시자인 길리건을 필두로 넬 나딩스, 에바 피더 키테이 등의 논의는 페미니즘이라는 거대한 맥락과 맞물려있다. 그러나 필자는 여기서 감히 케어윤리를 페미니즘이라는 틀 바깥에서 논하고자 한다. 남성 대 여성이라는 대립축을 세우는 순간 그것은 공정이나 평등, 즉 롤즈적인 정의의 수준으로 가버리기 때문에 관계의 대칭성을 전제로 하는 체계 내부라는 기존의 윤리에 결박되어 케어윤리의 독자성·획기성이 무화된다고 생각하기 때문이다. 길리건의 기념비적 저서에 맞춰 구체적으로 말해보자. 정확히 길리건의 논의에서 다른 음성different voice란 필자 본인이 언명한 여성의 음성이다. 그러나 이처럼 해석하는 순간 그 음성은 남성의 음성과의 동위적 대립, 즉 공정, 평등을 요구하는 롤즈류의 정의의 음성으로 전환되어 체계 내부화된다. 반면 길리건의 논의에 전면화되지 않은 **한 가지** 다른 음성이 늘 울려퍼지고 있다. 그것이 케어 현장에서 돌봄을 받는 태아, 말기 의료환자, 중점 보호노인과

같은 체계 내부에서 배제된 관계에 있어서 비인칭적인 타자의 음성
이 아니면 안되는 음성이다. 필자는 이 음성에서 최초로 케어윤리의
지평이 개시된다고 생각한다. 이하를 참고할 것. Gilligan, C., *In a
Different Voice*, Harvard University Press, 1982.(번역 『もうひ
とつの声: 男女の道徳観のちがいと女性のアイデンティティ』,
三島書店)

90) Levinas, E., *Totalité et Infini: essai sur l'extériorité*, Poche,
1961.(번역 『全体性と無限: 外部性についての試論』, 国文社) 그
러나 레비나스의 제3자를 매개로한 정의론은 말년의 종교적 편향이
과도하게 개입된 윤리에 대한 정초를 시도 작업은 도저히 받아들이
기 어렵다.

91) 루만은 실제로 범체계의 틀 내에서 내부의 프로그램에 맞게 우발성
정식으로서의 정의를 도입한다. 그러나 데리다의 경우와 마찬가지로
원칙적으로는 모든 기능체계에서 마찬가지 사태가 성립할 수 있다.
또, 루만 자신도 이를 자각하고 있다. 이하를 참고. Luhmann, N.,
Das Recht der Gesellschaft, Suhrkamp, 1995.(번역 『社会の法』,
法政大学出版局), 5. Kontingenzformel Gerechtigkeit.

92) Derrida, J., *Force de loi*, Galilée, 1994.(번역 『法の力: 法政大学
出版局) 또, 데리다와 루만에게 정의 개념의 비교에 관해서는 다음의
논문도 참고할 것. Teubner, G., "Selbstsubversive Gerechtigkeit:
Kontingenz- oder Transzendenzformel des Rechts?", in
Zeitschrift für Rechtssoziologie 1, 2008.(번역 「自己破壊的正義:
法の偶発性定式あるいは超越形式」, 『デリダ, ルーマン後の正義
論: 正義は'不'可能か』, 新泉社)

93) Ibid., p.36.

94) Ibid., p.35.

95) Id., *Spectres de Marx: l'etat de la dette, le travail du deuil et
la nouvelle Internationale*, Galilée, 1993.(번역 『マルクスの亡
霊たち』, 藤原書店)

96) Id., *Politiques de l'amitié*, Galilée, 1994.(번역 『友愛のポリティ
クス』, みすず書房)

97) Id., *Donner la mort*, Galilée, 1992.(번역 『死を与える』, 筑摩書房)

98) Id. *De l'hospitalité*, Calmann-Lévy, 1997.(번역 『歓待について』,
産業図書)

99) Id., *Séminaire: La bête et le souverain*, Galilée, 2008.(번역 『獣
と主権者』, 白水社)

100) 퀑탱 메이야수가 제창한 사변적 유물론Matérialisme spéculatif 또한 '지금-여기'hic et nunc라는 어떤 현실의 특권성과 자명성을 부정하고 우연성contingence 혹은 잠재성virtualité의 지평에서 절대적 실재를 지정함으로써 현실이 달리 존재할 수 있는 것으로 묘사한다. 그러나 그녀의 경우 논의의 초점은 루만이나 데리다와 달리 사실 현실의 불확정성Kontingenz이나 탈구축décontruction이 아니다. 관심의 중심은 인간의 의식이나 인식의 필터에 걸리지 않는 수학을 모델로 한 실재 쪽이다. 이 점에서 사변적 유물론은 하만이 제창한 객체지향철학object-oriented philosophy —다종다양한 대상들이 독립적·단편적으로 실재함을 한참 전에 유행한 프로그래밍이라는 산업용어의 비유를 통해 든다. 이는 우리와는 정반대에 위치한 '철학'이다— 과 더불어 사변적 실재론speculative realism의 입장에 속한다. 우리 또한 인간이라는 참고틀을 자명시 하길 거부하는 점에서 그녀와 마찬가지로 인간중심주의anthropocentrisme로부터의 탈각을 지향한다. 그녀가 말하는 이른바 사고 불가능한 것이나 물질은 우리의 핵심개념인 미디어에 상응한다. 이에도 불구하고 우리는 어떤 관계성corrélation으로부터도 자유로운 그들의 실재에는 단호히 동조할 수 없다. 그들의 이른바 실재는 '뵈메=셸링'의 무저Abgrund나 '볼차노=마이농'의 대상Gegenstand나아가 구키 슈조의 원시우연 등과 비교해 현대적 판본으로 볼 수 있다. 그러나 문제는 그들의 이런 '실재'를 철학의 원시ἀρχή로 본다는 점이다. 그리고 이를 출발점으로 세계의 상관관계corrélation —헤겔의 말을 빌리자면 매개관계Vermittelung— 를 해명하는 걸음을 내딛는 것이 철학의 핵심이라고 생각한다. 우리는 실재를 둘러싼 판타지에 취할 이유가 없다. 철학적 방법이나 기본 틀에 엄밀히 관련되는 이 문제계에 관해서는 차기 저작에서 다시 문제로 다루고자 한다. 또, 이 책 서장 0-3-1소절도 참고할 것. Meillassoux, Q., *Après la finitude. Essai sur la nécessité de la contingence*, Paris, Seuil, 2006.(번역 『有限性の後で』, 人文書院), Harman, G., *The Quadruple Object*, John Hunt Publishing, 2011.

이 책은 2010년에서 2015년에 걸쳐 발표된 일곱 편의 원고를 기초로 수정하여 묶은 것이다. 원고의 최초 출처 목록은 다음과 같다.

서장

「미디어 2010」, 『문예연감 2011』(2011년, 일본문예가협회편, 新潮
　社)

「미디어 2011」, 『문예연감 2012』(2012년, 일본문예가협회편, 新潮
　社)

「매클루언에게 비가시적인 것」, 『와세다문학4』(2011년, 와세다 문
　학편집실)

제1장

「Google의 범지 기획과 철학의 종말」, 『현대사상: 특집 Google의
　사상』(2011년 1월호, 靑土社)

제2장

「빅데이터의 사회철학적 위상」, 『현대사상: 특집 포스트통계학과 빅
　데이터의 시대』(2014년 6월호, 靑土社)

제3장

「세계사회와 정보사회: 루만 사회체계론의 사회 파악」, 『현대사상:
　특집 사회학의 행방』(2014년 12월호, 靑土社)

제4장

「인공지능의 새로운 차원」, 『현대사상: 특집 인공지능』(2015년 12
　　월호, 靑土社)

　흔쾌히 최초 원고의 게재를 허락한 여러 출판사 편집부에 이
자리를 빌어 감사의 마음을 전한다. 하지만 최초 원고가 나온 뒤
어느 정도 시간이 흐른 경우도 있고 하여 가능한 한 사실 관계
를 업데이트하고자 하였다. 로봇에 관련된 제4장 및 종장은 이
책을 위해 다시 썼다. 그렇다 해도 6년에 걸쳐 쓴 자신의 원고를
보고 있자니 정보사회가 믿지 못할 속도로 빠르고, 놀라운 스케
일로 변모했음을 실감한다. 솔직히 몇몇 서술은 시대에 뒤쳐진
감도 없지 않다.

　이 책에서 다룬 정보사회는 구조적으로 지식을 데이터로 단편
화하고 정동으로 바꿔나가는 사회이다. 이에도 불구하고 개별적
이고 단편적인 데이터에는 정보사회의 본질이 드러나지 않는다.
단편을 아무리 이리저리 뒤집어 본들 아무것도 나오지 않는다.
문제는 이런 단편적 데이터를 생성하고 유통시키며 재생산하는
체계에 있다. 단편적인 데이터는 곧바로 진부한 것이 되지만 체
계는 지속적으로 존재하면서 새로운 데이터 군을 만들어 나간다.
단편화 사회인 정보사회에서 체계에의 의지 그리고 체계적인 지
식으로서의 철학이 요청되는 이유이다.

　이 책은 필자의 전작 『정보사회란 무엇인가? 미디어론으로의
전초』(NTT출판)의 속편에 해당한다. 전작의 마지막 장에서 '문제로
서의 정보사회: 권력과 신체'라는 제목으로 부분적으로만 다루었
던 네트워크 미디어를 이 책에서 중심 주제로 다루었다. 최신 사

례에 맞춰 이 새로운 미디어 사고방식을 토대로 출현한 사회에 대한 체계적 서술을 시도하였다. 전작에서는 단계론을 중심으로 서술했지만 이번에는 정보사회의 현상을 분석하는데 중점을 두었다. 원리론에 해당하는 『미디어의 철학』의 속편도 써보려고 한다. 그러나 생각의 진전이 더뎌 언제 할 수 있을지는 미지수이다. 속편에서는 정보사회에 대한 역사적 탈구축 작업을 시도하고자 한다.

이번 작품에서도 여러 단체의 도움을 받았다. 제3장인 SNS 분석에서는 필자가 코디네이터로 일한 메이지대학교의 'M-Navi 위원회' 주최로 워크숍에서 학생들의 활발한 토론과 보고를 접했다. 감사드린다. 또, 종장은 필자의 모교인 동경 고마바에 있는 철학과에서 2015년 여름 학기에 강의한 '응용윤리학 특강' 자료를 기반으로 하고 있다. 후배들에게 고맙다. 제4장은 동료인 인지과학자 이시가와 미기토, 컴퓨터 공학자인 야마자키 고지의 소중한 조언을 받은 것이다. 종장은 철학과 선배이기도 한 과학사가 고마츠요 시히코로부터 가르침을 받았다. 마지막으로 출판을 위해 수고를 아끼지 않은 게이소쇼보 편집팀의 세기도 쇼코와 야마다 마사히로씨에게 깊은 감사를 전한다.

2016년 1월 8일

저자 다이고쿠 다케히코(大黒岳彦)

1. 로봇의 진화

2015년 여름, 일본의 소프트뱅크사는 휴머노이드 소셜 로봇인 '페퍼'Pepper를 판매하기 시작했다. 이해 4월에는 이미 '애플워치'와 '구글글래스'가 발표된 바 있어 웨어러블 원년으로 불린다. 페퍼는 마이크로폰과 카메라, 감압 및 진동센서를 장착하여 인간과 교감할 수 있다. 예컨대, 밖에서 돌아온 주인이 힘든 일로 울고 있으면 '까꿍' 하면서 달랠 줄 안다. 페퍼가 모은 정보는 인터넷의 클라우드에 보관되고 피드백된다. 사람의 얼굴이 달아오른다거나, 체온이 높아지는 등의 반응을 보이면 실시간으로 기록하여 피드백한다. 이런 식의 데이터는 매우 정확한 마케팅 자료가 될 수 있다. 일반적인 설문조사와 달리 의식적 개입이 이루어질 틈이 없기 때문이다. 이처럼 최근 로봇은 산업용을 넘어 사회성을 갖춘 존재로 진화하고 있다.

원래 로봇은 인간의 고된 노동을 덜어주기 위해 고안된 것이었다. 1920년 카렐 차페크Capek, K. R.는 자신의 희곡 『로썸 만능회사』에서 생식능력을 제외한 모든 능력을 갖춘 로봇을 상상했다. 여기에 나온 로보타robota는 본래 '노예노동'이라는 뜻으로 장난감을 넘어 산업적 필요에서 만든 것이었다. 사람으로 치면 프롤레타리아인 셈이다. 아르바이트를 해 본 사람이라면 쉽게 이해될 것이다. 오늘날 우리는 단순한 업무의 반복, 방사능 물질을 다루는 위험한 작업, 반도체 회로의 조립과 같은 미세한 작업을 로봇이 해주길 기대하고 있다.

이렇게 백년 가까운 세월에 걸쳐 발전한 로봇은 '감정 노동'을 해내기 시작했다. 그러나 현재의 기술 수준은 외모만 사람을 닮았을 뿐 그저 인간을 흉내내는 수준이다. 즉, 로봇이 구사하는 지능은 사람처럼 중앙집중식의 두뇌를 가지고 있지 않다. 대신 네트워크화된 정보를 통해 끊임없이 사람과, 더 정확히는 사람으로부터 얻은 정보와 교환한다. 앞서 본 페퍼 같은 로봇은 가슴팍에 디스플레이를 달고 있는데 이는 정보의 '매개체'인 것이다. 즉, 그 모양이 휴대폰이라고 해도, 안경이라고 해도 상관없다. 문제는 이런 흉내내기에 우리의 마음이 끌린다는 점이다. 오사카대학교의 이시구로 히로시石黑浩(1963~현재)는 인간을 그대로 닮은 로봇을 오랫동안 개발해 왔다. 집착에 가까운 그의 노력에도 불구하고 그가 만든 휴머노이드를 보면 편안하기보다 섬뜩함을 준다. 너무 닮아서 일까, 아니면 진짜 같지 않아서 일까? 사람마다 느끼는 바가 다를 것이다.

그렇다면 로봇은 감정 노동이나 육체노동을 대신하는 단순한 존재에 불과한 걸까? 이들은 우리가 살아갈 세상을 바꾸는 일과 전혀 무관할까? 당연히 그렇지 않다. 이들과의 교감 속에서 우리가 살아갈 사회의 모습은 크게 바뀔 것이다. 이런 질문을 던지면 많은 사람들은 로봇과의 대결, 우선 전쟁을 떠올린다. 이런 상상을 '특이점singularity 문제'라고 하는데 2045년을 기점으로 로봇이 인간을 뛰어넘을 것으로 예상하는 것에 관한 논의이다. 로봇이 현재 구현된 보행 기능과 같은 기계적 능력을 넘어 정치적 결정, 경제적 분석과 예술적 창작, 심지어 종교적 문제에 이르기까지 인간보다 뛰어날 것으로 예상한다. 특히, 일자리 같은 예민한 문제는 최근 미국에서 인기를 끈 <서부>West World 같은 드라마에 잘 표현되어 있다. 서부 개척 시대의 낭만과 인간의 원초적 욕망을 서부라는 인위적 공간에 구현한 이 드라마에서, 로봇은 인간에 의해 제어되고 사용되다가 수리와 폐기를 반복하는 존재로 그려진다. 이들에게 주입된 백일몽이 도화선이 되어 자신들에게 고통을 안긴 인간에게 복수한다는 것이 줄거리이다.

이런 상상도 흥미롭지만 중요한 것은 인터넷을 기반으로 한 사회가 어떤 식으로 소통하는가, 즉 사회를 구성하는가에 있다. 최근 전 세계를 강타한 '코로나19'는 비대면 소통이 전면화된 사회의 전조를 보여준다. 사회적 거리두기로 예상보다 비대면 소통이 앞당겨진 것이다. 그간 우리는 모든 일을 처리할 때 직접 사람을 만나 웃고, 떠들고, 먹으면서 상대방의 생각을 이해하는 데 익숙해져 있었다. 우리는 그간 직접적 대면 소통을 통해 사람과 사람이 만나는 시공간을 사회라고 생각해 왔다. 그러나 이런 생각은 인터넷의 전면화로 무너지기 시작했다. 필자 또한 '코로나19'로 갑자기 바뀐 온라인 교육 환경에 당황하다가 어느새 익숙해진 자신을 발견했다. 멀리까지 이동하지 않아도 되고, 혼자 생각할 시간을 많이 가지게 되었다고 위로하면서 말이다. 가끔 느끼는 고립감은 산책 등으로 달랬다. 이렇게 살아도 그간 영위해 온 것들이 문제없이 지속된다!

그러나 사회적으로는 일자리를 잃은 사람들이 늘어나고, 우울

감을 호소하는 이들 또한 많아졌으며, 돌봄과 교육의 공백으로 인생의 중요한 시기를 망친 아이들이 늘어났다는 점이다. 반대로 주식과 부동산의 급등으로 큰 돈을 번 개인과 새로운 사업의 창출로 부자가 된 기업도 제법 있다. 그렇다면 이렇게 다양한 사람들과 로봇이 소통하는 사회는 과거와 어떤 점에서 다를까?

정보사회는 이전 사회와 비교해 몇 가지 특징을 꼽을 수 있다. 첫째, 정보자산과 현물자산이 동등하게 취급되는 사회이다. 둘째, 물리적 폭력보다는 정보조작을 통해 사람들을 관리하는 사회이다. 셋째, 거대한 정보의 바다에서 바른 정보를 선별하는 미디어 리터러시가 필수적으로 요청되는 사회이다. 이 외에도 여러 가지 특징을 거론할 수 있다.

2. 지식과 정보

1) 네트워크 미디어의 시대

미디어학자인 마셜 매클루언Herbert Marshall McLuhan에 따르면 인류는 크게 네 시기에 걸쳐 큰 변화를 경험했다. 첫 번째는 고대 구송 문화가 지배하던 시대로 대략 기원전 4세기 무렵, 문자가 정착되기 이전의 시기를 가리킨다. 이 시기에는 입말을 통해 부모와 공동체 성원으로부터 기술과 역사를 물려받았다. 오늘날에 비유하자면 가수와 팬들이 공연장에서 '떼창'을 부르는 것처럼 마음을 함께하는 상황과 같다. 기원전 8세기 인물인 헤시오도스의 『일과 날』 *Ergakai Hemerai* 및 『신통기』 *Theogonia*는 전형적인 구송 작품이다. 기원전 4세기에 살았던 플라톤은 문자 문화 정착에 기여한 것으로 평가받는다. 그가 남긴 70여 편의 대화편에는 구송의 흔적들이 여기저기 남아 있지만 문자의 추상성을 반영한 사고방식의 전형을 보여준다. 대표적인 것이 세상에 존재하지 않는 '이데아'에 대한 그의 생각들이다. 플라톤 이래로 교회를 중심으로 한 식자층은 문자의 '의미'를 음미하고 가다듬으면서 문화를 발전시켜 나갔다.

매클루언이 '구텐베르크 은하계'로 부른 15세기, 곧 요하네스 구텐베르크가 세계 최초로 금속 '활자'를 발명한 시기－물론 이보다 앞서 고려의 직지가 있었다－를 기점으로 일반 대중도 책을 통해 쉽게 지식을 얻을 수 있게 되었다. 고급 양피지가 아닌 종이를 통해 문자를 접할 수 있게 되자 지식의 양이 폭발적으로 늘어나기 시작한다. 18세기 후반에 간행된 디드로의 『백과전서』 *L'Encyclopédie*는 영역별 구획에 따른 공간적 질서와 발생 순서에 따른 시간적 질서 그리고 대상의 중요도를 고려하지 않는 알파벳 순의 기계적 질서를 따랐다. 과거의 성서가 구약과 신약이라는 시간적 순서만을 따랐다면, 백과사전들은 사용자의 필요에 따른 검색 형식을 최초로 보여준 셈이다.

구송과 문자, 활자 은하계를 지나 맞이한 것은 대중매체, 특히 텔레비전 은하계이다. 가톨릭 교도였던 매클루언은 텔레비전이 세계를 연결하여 구송 시대의 공동체가 부활할 것으로 기대했다 (McLuhan, 2003). 그러나 전 세계 사람들이 같은 프로그램을 보고 같은 생각을 공유할 것이라는 그의 바람과는 달리 현재 텔레비전 이후 나온 인터넷, 곧 '네트워크 미디어'에 의해 비대면 공동체가 구현되고 있다. 텔레비전, 라디오, 신문이 전형적인 '매스 미디어', 즉 대중매체라면 SNS, 유튜브, 페이스북 등은 인터넷을 기반으로 쌍방향 소통, 즉 네트워킹이 가능한 미디어이다. 예컨대, 텔레비전은 전문 제작자를 통해 일방향적으로 정보를 제공하기 때문에 만일 제작자가 왜곡하기로 마음먹으면 얼마든지 할 수 있다. 예컨대, 일본 언론은 2011년 일본 후쿠시마 앞바다에서 발생한 동일본 대지진의 여파를 제대로 알리지 않았다. 원전사고가 은폐되고, 기상청도 국민들에게 정보를 제공하지 않았다. 이들을 대신해 나선 것이 반反 원전학자의 블로그였다. 독일 기상청에서 받은 풍향 정보를 바탕으로 도쿄전력의 원전사고 은폐를 고발한 것이다. 네트워크 미디어는 자본주의의 꽃인 엔터테인먼트도 바꾸고 있다. 사용자 중심의 온디맨드 전송 방식은 영상·가전 업계의 재편을 견인 중이며 넷플릭스의 약진이 두드러진다. 이렇듯 네트워크 미디어는 전문가만이 아닌 누구나 제작자가 될 수 있는 환경, 사용자 중심의 환경을 만들고 있다.

2) 쓰레기가 된 지식

이렇듯 네트워크 미디어는 매스 미디어의 한계를 보완하면서 우리의 삶을 바꿔 놓고 있다. 그러나 이런 긍정적 측면이 다일까? 분명 네트워크 미디어는 전문가가 아닌 개인도 지식을 생성할 수 있음을 보여주고 있다. 유튜브와 같은 채널에는 아마추어들이 가득하다. 그러나 이런 눈앞의 현상을 넘어 우리의 주제인 지식의 변화에 관해 생각할 필요가 있다. 전통적인 의미의 지식과 네트워크 미디어에서 생성된 정보는 어떻게 다를까?

우선 전자정보의 특징을 보자. 전자정보는 활자 미디어로는 한계가 있었던 이미지, 동영상, 음성까지도 디지털화하여 보관할 수 있다. 그것은 메모리, 하드디스크 등에 저장되지만 사실상 공간을 차지하지 않으며 동일한 정보를 무한대로, 여러 공간에서 재현할 수 있다. 즉, 색도 없고, 맛도 없는 에테르와 같다. 이전의 활자 미디어는 책 등의 물질과 특정한 장소를 필요로 했지만 전자정보는 디지털이라는 하나의 형태로 수렴된다. 보이지 않는, 거대한 단일한 정보 덩어리가 존재할 수 있게 된 것이다. 또, 책은 진짜 세상을 복사한 것인데 비해 전자정보는 그 자체로 세상의 구성요소이다. 전자화폐, GPS 정보 등은 별도의 공간에 존재하는 것이 아니라 곧바로 전자정부의 요소가 되기 때문이다. 이제 현실을 벗어난 가상현실VR: virtual reality이나 현실을 강화한 증강현실AR: augmented reality은 단순한 허구가 아니라 실제 세계와 '더불어' 존재하는 또 하나의 세계인 것이다.

전자정보에는 지식의 위상과 관련해 주목해야 할 또 하나의 특징이 있다. 활자 미디어가 대상의 의미나 중요도에 따라 그것을 활자화할 것인가, 말 것인가를 정했다면 전자정보는 대상의 중요도를 가리지 않고 일단 모든 것을 데이터로 등록한다. 예컨대, 트위터에 올라오는 수다, 인스타그램에 올라온 이미지, 유튜브의 동영상 등이 일단 데이터로 등록된다. 아무런 가치도 없어 보이는 일종의 쓰레기에 불과한 데이터가 무차별적으로 등록되는 것이다. 왜 무차별적이라고 할 수 있을까? 전자정보는 내가 깨어 있을 때나 잠들어 있을 때를 가리지 않기 때문이다. 더구나 과거 백과사전이 설계자의 의도에 따라 필요한 것을 최대한 많이 사전에 등록하는 방식으로 설계자와 이용자를 구분했다면, 전자정보는 설계자 자신의 데이터도 일단 등록 대상으로 삼는다. 정확히 말해, 무차별적 데이터라는 쓰레기 산에서 채굴을 통해 쓸모있는 정보와 그렇지 못한 것을 구분한다. 바로 이것이 오늘날 유행하고 있는 데이터마이닝 기술이다. 데이터마이닝이란 많은 데이터 가운데 숨겨져 있는 유용한 상관관계를 발견하여, 미래에 실행 가능한 정보를 추출해 내고 의사결정에 이용하는 과정을 말한다.

이렇듯 '끊임없이' 생성되는 데이터는 빅데이터로 불린다. 보통 빅데이터라고 하면 범용 컴퓨터에서 신속하게 해석할 수 없는 테라바이트(TB, 10^{12}byte)~엑사바이트(EB, 10^{18}byte) 범위의 데이터를 가리킨다. 그러나 빅데이터의 양은 그 본질이 아니다. 데이터가 끊기지 않고 생성된다는 사실이 그것의 본질이다. 밤낮없이 올라오는 시트 데이터, 스마트폰 카메라로 업로드된 스냅쇼트 데이터, 지도 검색이나 경로 검색, 내비게이션에서 활용되는 GPS 데이터, 상품 구매나 의사 표현에 '좋아요'를 다는 데이터까지 빅데이터의 경계는 확정하기 어렵다.

자, 그렇다면 우리가 알고 있는 지식과 정보의 차이는 무엇일까? 보통 지식이라고 하면 독립적인 논리를 갖춘 대상을 말한다. 여기서 독립적 논리를 갖추었다는 것은 대상에 대한 체계적 이해력을 갖추고 있음을 뜻한다. 이는 이미 고대 그리스인에게서 철저했다. 예컨대, 우리가 말馬을 안다는 것은 그것이 어떻게 생겼는지, 무슨 색인지, 어떤 냄새가 나는지만이 아니라 그에 대한 '폭넓은 견문'historia을 가졌음을 뜻한다. 말이 많이 나오는 지역이 어디인지, 말이 새끼를 어떻게 낳는지, 말을 타고 하는 전투 방식은 어떤지, 적토마는 어떤 과정을 통해 관우의 말이 되었는지 등을 아는 것이다. 이러한 지식에 더해 말을 탈 줄 알아야 하고, 또 타는 법까지 가르칠 줄 알아야 말을 안다고 할 수 있다.

그런데 여기에 한 가지가 더 중요한 것이 있다. 바로 순수한 앎이 그것이다. 말은 어떤 디엔에이DNA를 가졌는지, 해부학적 구조는 어떤지 등을 알 때라야 비로소 실용적 지식들의 근거를 설명할 수 있다. 결국 말에 대한 감각적 느낌, 말과 관련된 다양한 사실, 말을 탈 줄 알고 말타기를 가르칠 줄 아는 기술 그리고 말의 과학적 본질, 이 네 가지를 모두 터득했을 때 우리는 말을 '잘 안다'라고 할 수 있는 것이다.

정리해 보면 이렇다. 단순한 데이터의 본질은 소재성에 있다. 어떤 실용적 목적을 가지기에 앞서 일단 클라우드 상에 등록되는 것이다. 물론 이때의 소재성은 에테르와 같다. 여기서 실용적인 것을 뽑아낸 것이 정보이다. 따라서 정보의 본질은 실용성에 있다. 그리고 정보와 구별되는 지식의 본질은 체계성이다. 이렇게 소재성, 실용성, 체계성을 각각의 본질로 삼아 데이터, 정보, 지식을 구별할 수 있다.

앞서 고대 그리스인들이 생각한 지식을 참조한다면 정보에는 순수한 앎이 빠져있다. 곧, 실용성만 존재하는 것이다. 순수한 앎에는 분석이 들어가 있다. 특정 저자의 관점, 연구자의 시각, 주장, 가치관 등이 담겨있는 것이다. 그러나 정보는 지식처럼 생산자가 통제할 수 없다. 어떤 것이 옳고 그른지, 어떤 것이 더 중요하고, 덜 중요한지에 대한 가치판단은 정보에서 아무 쓸모가 없다. 왜냐하면 정보의 본질은 오로지 순환에 있기 때문이다. 데이터가 정보로 변환되어 순환할 수 있는가, 정보가 데이터 생성을 위해 얼마만큼 존재했는가가 중요할 따름이다. 누군가 데이터를 생성한다고 치자. 그것을 이용하는 사람이 생겨난다. 그리고 이를 받아 분석하는 사람도 있다. 이렇게 생산자와 이용자 그리고 분석자 간에 유의미한 것은 단순 데이터와 쓸모있는 정보 간의 순환뿐이다. 오늘날 우리는 유튜브에 올라온 동영상, 셀럽들의 인스타그램, 유명 정치인들의 트윗이 십억 뷰를 넘어도 새롭지 않은 세상에 살고 있다. 정보는 오로지 순환할 때에만 가치를 갖는다.

3. 인격과 고립된 개인

순환하는 데이터만이 가치 있는 정보이다. 이 정보의 가치를 보증해 주는 것은 생산자의 관점이나 시각, 견해가 아니라 데이터의 연쇄성일 뿐이다. 여기서 커다란 사회적 폐해가 등장한다. 바로 SNS 같은 공간에 무차별적으로 올라오는 이른바 '어그로'aggro이다. 관심을 끌고, 광고를 받기 위해 비윤리적 행위가 마구 업로드된다. 예컨대, 연인 간의 행위는 은밀한 것이지만 익명의 제3자에게 중개되고 이를 강제로 보게끔 갤러리로 초청받기도 한다. 교사가 학생을 꾸짖는 장면을 중개하는가 하면 담임교사의 사진을 온라인 마켓에 올려 판다는 어이없는 광고도 나온다. 독자 중에는 이와 비슷한 경험을 가진 분들도 있을 것이다.

이와 같은 상황 속에서 전통적 의미의 인격person은 분열된다. 전통 사회에서 인격을 갖춘 사람이란 실제 말과 행동이 일치하는 존재를 가리켰다. 그리고 그런 사람들이 직접 만나 대화를 통해 합의를 이루는 것을 의사소통이라고 불렀다. 사회의 본질이 직접적 의사소통과 합의에 있었던 것이다(Harbermas, 1981). 그러나 네트워크 미디어를 통해 발현되는 인격은 실제 삶과는 아무 관련이 없다. 이 시대에 인격은 연산의 한 '계기=노드'일 때에만 성립한다. 노드란 네트워크에서 연결 포인트, 데이터 전송의 종점 혹은 재분배점을 말한다. 정보사회에서 특정한 기능을 담당하는 것이 인격이라면 아무런 기능도 부여받지 못한 '쓰레기'는 고립된 개인, 곧 착취 대상에 불과하다. 조르조 아감벤이 말하는 죽여도 되는 존재, 곧 '예외 상태'stato di eccezione의 존재인 것이다. 아감벤은 이 말의 어원을 유럽 중세에 성 밖으로 쫓겨난 이들에게서 구했다. 성 안에서 범죄를 저질렀거나, 도덕적 파멸을 선고받은 이들은 성 밖으로 쫓겨나 늑대의 먹이가 된다. 그들에게는 애도도, 장례도 필요 없다(Agamben, 2003). 현대사회에서 예외 상태의 존재는 바로 정보로서 무가치한 존재, 고립된 개인이다.

시야를 넓혀보자. 오늘날의 사회는 법·경제·정치·의료·교육 및 개인적 관계 등 다양한 분야와 수준으로 분화되어 있다. 각 분야에서 쓸모 있는 존재로 인정받은 인격은 해당 분야에 등록되지만 그렇지 못한 개인은 배제된다. 예컨대, 신용불량자가 된 사람은 법적 보호, 의료 서비스, 교육 서비스 나아가 인간관계까지 단절된다. 이 고립을 정당화해 주는 것은 과거의 왕과 같은 무소불위의 인격이 아니라 무색무취한 데이터이다. 일본에서 사회보장을 위해 만든 '마이넘버'나 한국의 주민등록번호가 대표적인 사례이다. 데이터에 잡히지 않아 사회보장에서 제외되어 일가족이 자살하고, 장애인이 거리를 헤매는 광경을 우리는 안타깝게 목격하곤 한다.

인격으로 등록되었다는 사실은 알고 보면 비인칭적이고 자동적인 연산을 위한 요소로 가치를 인정받았기 때문이다. 앞서 우리가 본 로봇은 바로 이 인격의 자리를 대체해 나가고 있다. 청소나 세탁, 서빙 같은 단순노동, 은행의 자동창구가 대표적이다. 가까운 미래에 자율주행 자동차나 물류용 드론, 감시용 CCTV나 휴머노이드를 통한 안내 업무 등이 로봇으로 대체될 것이다. 여기서 인격과 로봇의 가치는 같다. 이때 활용되는 인공지능은 빅데이터를 통해 값어치 있는 정보와 그렇지 않은 정보를 선별하고 인격을 체계적으로 포섭하거나 배제하는 역할을 맡는다.

그러나 이때의 배제가 의미하는 바는 과거 성 밖으로 쫓겨난 물리적 배제가 아니라, 단일한 연산작용이라는 '내부'에서 배제된 사태, 즉 체계 내부의 완충제로서 폐기되거나 예비자원으로서 그렇게 취급된다는 것을 가리킨다. 예컨대, 뇌사상태에 빠진 인간은 의료체계에서, 비정규노동자는 노동체계에서, 불법체류자는 법과 정치체계에서, 신용불량자는 경제체계에서 배제된 이들이다. 여기서 주목할 것은 이들과 다른 이 간의 수준 차이가 아니라 **생존면에서 절대적 단절을 경험한다**는 사실이다. 인격을 부정당한 이상 계속 고립된 개인으로 남으라는 '합리적' 동어반복만 되풀이된다. 객관적인 데이터를 통계적으로 처리한 결과이자 합리적 연산의 결과인 고립된 개인. 여기에 항의해 봐야 아무 소용이 없다.

4. 정보윤리의 대두

네트워크 미디어에서 소통의 기본값은 익명이다. 우리는 보통 대면 상황이라면 사회적 지위와 부, 나이에 따라 존댓말이나 반말을 쓴다. 그러나 온라인 공간에서 그런 것은 의미가 없다. 설령 실명을 알렸다 해도 이를 보증할 방법은 없다. 이로 인해 기존의 공적 공간에서는 나올 수 없었던 혐오표현이 무제한으로 방출된다. 그야말로 감정의 찌꺼기를 쏟는 식이다. 몰염치와 무교양을 동반한 발언들이 집단적 힘을 얻으면서 정책에 영향을 끼치기도 한다. 소수자, 외국인, 장애인 등에 대한 혐오발언들이 그러하다.

이러한 상황에서 요청되는 정보윤리는 무엇일까? 우선 시중에서 정보윤리는 수험서의 형태로 팔려나가고 있다. 저작권, 프라이버시, 정보보호, 표현의 자유, 미디어 리터러시 등이 주류를 이루고 각 장마다 요약과 연습 문제가 붙어 있다. 그러나 본래 정보윤리는 1980년대 후반 컴퓨터 윤리Computer Ethics라는 이름으로 미국에서 맨처음 등장했다. 이때는 애플이 매킨토시를 판

매하기 시작했고 인터넷의 전신인 군용 아르파넷이 미국과학재
단네트워크라는 학술 네트워크로 확장된 여명기였다. 당시 컴퓨
터 윤리는 소프트웨어나 정보의 취급을 둘러싼 전문가 윤리였다.
1990년대에 네트워크가 개방된 인터넷이 크게 확대되면서 정보
사회의 규범, 즉 정보윤리Information Ethics로 발전한다.

　1985년 이 분야의 개척자인 제임스 무어는 『컴퓨터 윤리란 무
엇인가?』라는 글을 발표하면서 큰 반향을 일으켰다. 그에 따르면
컴퓨터 윤리(정보윤리)의 과제는 방침의 공백Policy Vacuum을 틀어막
는 데 있다. 여기서 그는 컴퓨터 프로그램으로 대표되는 무형의
지적재산을 어떻게 다룰 것인가, 컴퓨터의 도입으로 인해 일과
돈의 의미는 어떻게 변할 것인가, 전통적 교육은 어떻게 변할 것
인가, 프라이버시 침해와 일상적 감시에 어떻게 대응할 것인가
와 같은 당시 '핫한' 주제를 다루었다. 컴퓨터 기술의 발달로 기
존 제도로 대응할 수 없는 새로운 사회적 문제들이 생겨나고 이
를 메꾸는 것이 정보윤리가 할 일이라는 것이다.

　역사적으로 볼 때 정보윤리는 환경윤리나 생명윤리와 더불어
발전하였다. 따라서 1970년대 이후 과학기술의 발전으로 세계적
규모의 도시화가 일어나고 관광산업이 비약적으로 성장하였다.
대규모의 토지개발, 공해와 자동차 매연, 오염수의 증가로 멸종
위기종이 늘어났다. 이런 분위기 속에서 인간이 아닌 자연도 윤
리적 존재로 보아야 한다는 시각이 등장한다. 1990년대 들어서자
유전자 조작이 상업화되면서 의료윤리 문제도 등장한다. 1996년
복제양 돌리의 탄생 및 인공기관의 대량생산, 2003년 완료된 휴
먼게놈 프로젝트 등으로 생명윤리에 대한 관심도 높아졌다.

　2000년대 들어 인터넷의 대중적 보급은 그 관심을 소통의 문

제로 옮겨 놓았다. 미디어 기술을 통해 세계화가 달성되고, 정보로 사람들을 실시간 관리하는 체제가 등장했기 때문이다. 따라서 정보윤리의 주된 관심사는 미디어와 윤리의 관계로 모아진다. 이를 상징하는 사건이 1930년대 미국 영화계에 도입되어 1968년 폐지된 '헤이스 코드'Hays Code이다. 당시 미국 영화계는 주 정부와 사회의 비판을 면하기 위해 영화에 쓸 수 있는 장면과 없는 장면을 사전에 검열하였다. 예술적 표현에 대한 사전 감시가 있었던 것이다. 사실 예술적 표현은 누군가는 좋아하고, 누군가는 싫어할 수 있다. 그런데 시야를 확대해 보면 이는 윤리 전반에 내재된 문제이다. 본래 윤리라는 말은 그리스어로 관습을 뜻하는 '에토스'ηθος라는 말에서 유래했다. 이는 같은 동굴에서 사는 공동체가 이상적으로 숭배하는 가치라는 뜻을 가지고 있다. 예컨대, 이슬람 사회에서 여성이 히잡을 착용하는 것은 당연한 윤리이지만 다른 사회에 사는 사람들이 볼 때는 낯설다.

문제는 오늘날 네트워크화된 사회를 단일 세계사회로 볼 때 등장한다. 우리는 앞서 데이터에 의해 인격으로 대접받거나 고립된 개인으로 배제되는 현상을 목격하였다. 즉, 연산의 요소로 인정받아 인격적 대접을 받는 이가 있는가 하면 바깥에 내쳐진 다수의 고립된 개인이 존재한다. 바로 이들을 어떻게 대할 것인가가 오늘날 윤리의 핵심과제이다. 독자들은 이 대목에서 우리 사회에서 유행하고 있는 '파이어족'이니, '영끌'이니 하는 말들이 떠오를지도 모르겠다. 젊었을 때 돈을 최대한 많이 모아 조기은퇴를 꿈꾼다는 '파이어족', 대출은 물론 가족 재산까지 끌어모아 부동산을 구입하는 '영끌'. 조사에 따르면, 20~30대 청년들이 주식에 올인하는 이유는 부자가 되기 위해서가 아니라 사랑하는 가족과 오붓한 시간을 갖는 평범한 삶을 위해서라고 한다. 그만큼 사회 양극화와 더불어 사람들의 불안이 극에 달했다. 고립된 개인이 되지 않기 위함이다.

이 책의 번역에 많은 분들이 힘써 주셨다. 먼저 추천사를 써주신 경희사이버대학교 이정우 교수님과 고려대학교 진태원 교수님께 감사드린다. 이정우 교수님은 역자가 어린 시절부터 연구자의 길을 걸을 수 있도록 이끌어 주신 분이다. 이 교수님과의 만남이 없었다면 이 책은 나오지 못했을 것이다. 진태원 교수님 또한 프랑스 철학에 관한 지적 자극으로 오랜 시간 역자를 이끌어 주셨다. 이번 추천사를 계기로 진태원 교수님의 학문적 깊이를 다시 한번 체감하였다. 김명희 편집 차장님의 꼼꼼함은 부족한 이 책에 안정감을 주었다. 잘 팔리지 않는 학술 서적의 출판을 위해 애써주신 김한유 대리님, 노현 사장님의 관심과 정성에도 감사드린다. 부족한 점이 있다면 전적으로 역자의 몫일 것이다.

2021년 4월 봄기운을 마주하며

저자

다이고쿠 다케히코(大黒岳彦)

메이지明治대학 커뮤니케이션학부 교수. 전공은 철학·정보사회론. 도쿄대학교 교양학부를 졸업한 후 도쿄대학교대학원에서 과학사·과학기초론 전공으로 박사 학위를 취득했다. 1992년 일본방송협회에 입사하였고 (프로그램 제작 디렉터), 퇴직 후 도쿄대학교대학원 정보학부에서 박사 학위를 취득했다. 저서로는『미디어의 철학: 루만 사회체계론의 범위와 한계』,『정보사회란 무엇인가: 미디어론으로의 전초』,『가상사회의 철학: 비트코인·VR·포스트트루스』(2018) 등이 있다.

역자

최승현

충북대학교 교육학과 교수. 고려대학교대학원에서 박사 학위를 취득했다. 교육과 포스트모더니즘, 포스트휴머니즘, 기술철학, 미디어철학의 관계에 관심을 가지고 있다. 저서로『미래학교를 위한 놀이와 교육』(공저, 2020),『근대 한국 교육 개념의 변용』(공저, 2020) 등이, 역서로『물질과의 새로운 만남: 관계와 연결로서의 유아시기 교육 재료 탐구』(공역, 2021),『포스트모던 교육사상: 일본교육학은 포스트모던을 어떻게 수용했는가』(2020),『바이로이드적 생명: 니체와 탈인간의 조건』(2019) 등이 있다.

정보사회의 철학: 구글 · 빅데이터 · 인공지능

초판발행	2021년 4월 15일
지은이	다이고쿠 다케히코(大黒岳彦)
옮긴이	최승현
펴낸이	노 현
편 집	김명희
기획/마케팅	김한유
표지디자인	최윤주
제 작	고철민 · 조영환
펴낸곳	㈜ 피와이메이트
	서울특별시 금천구 가산디지털2로 53 한라시그마밸리 210호(가산동)
	등록 2014. 2. 12. 제2018-000080호
전 화	02)733-6771
f a x	02)736-4818
e-mail	pys@pybook.co.kr
homepage	www.pybook.co.kr
ISBN	979-11-6519-145-0　93100

* 파본은 구입하신 곳에서 교환해 드립니다. 본서의 무단복제행위를 금합니다.
* 저자와 협의하여 인지첩부를 생략합니다.

정 가　　　14,000원

박영스토리는 박영사와 함께하는 브랜드입니다.